礼宾轶事

吴德广 著

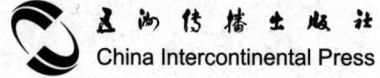

五洲传播出版社
China Intercontinental Press

图书在版编目（CIP）数据

礼宾轶事 / 吴德广著 . -- 北京 : 五洲传播出版社，2017.5
ISBN 978-7-5085-3560-9

Ⅰ . ①礼… Ⅱ . ①吴… Ⅲ . ①外交礼节—史料—中国
Ⅳ . ① D829.11

中国版本图书馆 CIP 数据核字 (2016) 第 277274 号

“外交风云亲历记”丛书

礼宾轶事

著　　者：吴德广
出 版 人：荆孝敏
策划编辑：高　磊
责任编辑：黄金敏
装帧设计：丰饶视觉
出版发行：五洲传播出版社
地　　址：北京市海淀区北三环中路 31 号生产力大楼 B 座 6 层
邮　　编：100088
发行电话：010-82005927，010-82007837
网　　址：http://www.cicc.org.cn，http://www.thatsbooks.com
印　　刷：中煤（北京）印务有限公司
开　　本：787x1042　1/16
印　　张：20
字　　数：270 千
版　　次：2017 年 5 月第 1 版第 1 次印刷
书　　号：ISBN 978-7-5085-3560-9
定　　价：38.00 元

目录

序 …… 1

前言 …… 2

第一章　国事礼仪 …… 5

新中国外交部成立轶事 6

紧抠细节的周总理 13

“周到，周到” 19

毛泽东指示要改革 25

国宴的讲究 30

别具特色的地方宴 39

国礼的背后 44

周总理倡导的“礼宾革命” 57

迎来送往有讲究 61

美国总统访华大“折腾” 68

美国总统与中国文化 73

见证重大历史时刻的钓鱼台国宾馆 79

回忆钓鱼台国宾馆的趣闻轶事 84

人民大会堂的“迎送政治” 88

永不消逝的礼炮声 92

说不尽的军乐外交 96

多彩的外交乐章 100

“国家门面”三军仪仗队 104

“红旗”礼宾车的“风雨路” 109

签字仪式见证外交成果 114

礼宾工作的“严、准、细” 117

第二章　国事访问 …………………………………… 121

周总理“客随主便” 122

欢迎仪式上的面包和盐 125

别样的欢迎仪式 129

专机上的往事 132

战机护航和摩托护卫 137

随邓小平访日追忆 142

随邓小平访缅追忆 148

满园樱花烂漫时——我为江总书记访日打前站 154

随杨尚昆主席在“蒙古包”做客 160

访问“一带一路”沿线四国 164

谒陵献花的背后 175

外国国宴往事拾趣 179

“应该有中国人民的声音” 188

贺电里的外交秘密 194

“国葬”上的大国外交 200

第三章　国之礼俗 …………………………………… 205

鲜花里的政治和友情 206

“刀叉外交”行礼如仪 211

外交场合的“握手艺术” 215

外交场合“礼多人不怪” 219

文艺演出的讲究 223

大使递交国书轶事（上） 227

大使递交国书轶事（下） 233

“将军大使”的外交轶事 239

并不简单的国庆招待会 245

礼宾次序之妙用 251

“攻心”的“文化外交” 256

外交电话里的国际风云 260

美国驻华联络处“陆战队事件” 265

第四章 国之风采 269

国宾踏访长城的瞬间 270

国宾爱“读”故宫 276

“烤鸭”外交情趣盎然 281

秦兵马俑“醒来”之后 287

小国旗，大世界 291

国徽里的多彩世界 296

国歌旋律声彻春秋 303

大熊猫的特殊“使命” 309

各国外交“国服”大不同 314

APEC 峰会上的“服装秀” 318

后记 ………… 322

序

吴德广同志曾被任命为我国首任驻古晋总领事。此前，在外交部礼宾司先后任职长达20多年，历任处长、参赞、司领导成员等职，是一位熟悉多方面礼宾工作的资深外交官。他在驻日本使馆等驻外机构工作期间也从事礼宾业务，一辈子与外交礼宾结下不解之缘。

退休后，他加入外交部老干部笔会已有17年之久，并长期担任外交笔会副会长兼秘书长至今。他勤奋努力，笔耕不辍，已著有《从礼宾官到总领事》《礼宾官背后的外交风云》《花园国度——马来西亚》等著作。《礼宾轶事》是他的最新力作，此书以亲历亲闻和翔实的史料，并用生动的笔触写出新中国鲜为人知的礼宾背后的故事，从礼宾的另一个侧面，见证新中国外交事业发展的历程。作者融故事性、趣味性、史料性、知识性为一体，是一本值得一读和收藏的好书。

我深信本书的出版将有助于读者对新中国礼宾工作在外交事业中的重要作用及其独特风格有进一步了解。

蔡方柏

2016年4月于北京

（注：蔡方柏曾任中国驻瑞士和法国大使、九届全国人大外事委员会副主任委员。现为中国外交部外交政策咨询委员会委员、外交部老干部笔会名誉会长、外交学院兼职教授等）

前　言

新中国成立，中国外交开启新篇章。礼宾作为外交的重要部分也开始它新的历史进程。

中国被誉为“礼仪之邦”。新中国礼宾继承和发扬中华文明的优良传统，学习借鉴国际惯例，通过不断改革创新，逐步建立了较完整的体系，从初创、发展到不断成熟、创新的阶段，已走过60多年的历史，形成新中国礼宾的独特风格。

礼宾的政治政策是最敏感的，包括礼宾的规格、礼宾实践、政治气候的冷暖怎么掌握等，都大有讲究。

礼宾是外交工作的寒暑表、先行军，是国家的窗口，是门面工作，是第一时间最先给外宾留下印象的工作。

曾为外交部副部长、驻联邦德国大使和驻奥地利大使，现为外交部老干部笔会名誉会长王殊，在数年前为我写的《礼宾官背后的外交风云》书稿的序言，至今我还牢记心中。他在《重视礼宾工作》序言中这样写着：“我希望，今后如有可能，德广同志一个人也好，同做过礼宾工作的几个人也好，写出一本更全面和更深入的有关礼宾工作的书来，包括礼宾的规定纪律、经验教训以及耳闻目见的趣闻轶事等，对大家将会更有益。”我感到很高兴，在外交部老前辈以及外交笔会各位领导的积极支持和帮助下，经过努力，我终于写出《礼宾轶事》新书来！

《礼宾轶事》大都是我亲历亲闻的趣闻轶事，取材于外交礼宾历程的点滴瞬间，寓大背景于小事情，叙述记录，以人为本，以事为主。周总理在领导我国外交工作的岁月里，一贯重视礼宾工作，把它作为整个外交事业的重要组成部分和必不可少的形式和手段。他身体力行，具体过问，经常直接给礼宾司下达指示，在礼宾工作也率先垂范。

我感到很荣幸，我不仅亲自聆听他谆谆的教导，还亲历亲闻很多周总理的轶事。耳濡目染周总理的做事风格和与礼宾人员的往事，在此书中有多处记录和叙述，我也想借此表达对周总理的崇敬和怀念之情。

此书分为“国事礼仪、国事访问、国之礼俗、国之风采”等四章。其趣闻轶事，各有特点，鲜为人知，反映不同的历史背景的国事礼仪和国事访问等。当然有的轶事早已流传，众说纷纭。作者努力地把准确性、可读性、趣味性、知识性的轶事融为一体，把不同历史时期、具有鲜明的时代特征的礼宾背后的故事献给读者。作者在叙述往事时，也把国之礼俗、国之风采介绍给读者，寥寥可数，聊胜于无。

如果按时间段分，我认为新中国礼宾可分成四个阶段：新中国成立至“文革”开始，是新中国礼宾初建时期；“文革”开始至改革开放之初，是礼宾被“文革”冲击影响阶段；改革开放之初至20世纪末是礼宾为适应改革开放的需要，继续推进改革，建章立制和探索多边外交礼宾的发展时期；21世纪伊始至今，是礼宾全面服务外交发展战略、在双边和多边外交中不断完善外交礼宾、不断创新礼宾阶段。各阶段礼宾背后的故事，折射着新中国的外交历程。

60多年来，新中国外交彰显几代中国国家领导人的外交智慧和风采，也展示了历代外交人员和礼宾人员无私的奉献和聪明才智。我希望《礼宾轶事》成为抛砖引玉之书，期待更完美的礼宾背后的故事新书问世。

第一章

国事礼仪

新中国外交部成立轶事

1965 年 7 月，我毕业于外交学院，从校门走进外交部大门。我第一次迈进外交部大门的时候，心中无限感慨。我是一个出身贫苦家庭的孩子，能走进新中国外交部大门，感到十分庆幸，心情万分激动。进礼宾司之后，耳濡目染外交部的轶事甚多。

清朝外务部旧址

那时的外交部位于东单外交部街 31 号（现在是 33 号），原为清朝外务部旧址。新中国成立之初，中央外事组的部分人员和北平军管会外事处的工作人员在东城的御河桥原日本使馆旧址办公，后来才搬到此。

外交部院内有东、西两楼。楼房已旧，但古色古香。东楼是一座希腊式的建筑。据说是 1900 年八国联军打入北京订立《辛丑条约》后，德国皇太子要求访华，慈禧太后破例拨款修建的。后来德国皇太子因故未来，这座建筑就成为清朝外务部和袁世凯政府外交部部址。孙中山先生北上实践“南北议和”也曾在这里住过。东楼和西楼，皆为两层，两楼之间有个带顶的走廊。我记得，除东、西两楼外，1952 年在东楼的东侧盖了职工食堂，1953 年在部的东面盖了工字式的宿舍楼。位于东楼的东北面还有一座小楼，是文印处，几乎所有的外交文件在此印刷。中央领导人为国宾举行国宴时用的祝酒辞、讲话稿在此印就，还有专门为周总理举行国宴时用的大字体讲话稿。

外交部有两座大门，东大门是西洋拱顶式门楼，西大门是朱漆铜钉中国传统式大门。那时外交部工作人员上下班有专门进出，重要外交活动和部领导接见重要外宾及驻华使节时才走正门。朝南的正门为双层，上面的为阳台装饰，下面的楼门古典而庄重，红木作框，内镶厚玻璃，雕刻着两条巨龙。

新中国外交部地址外观（摄影 王 瑰）

如何确定新中国外交部地址

新中国成立前夕，内政、外交等大事非常多。当时，党的对外事务由中央外事组负责，组长是叶剑英，副组长是王炳南。1949 年 9 月某一天，周总理把王炳南找去，给他布置两项任务，一是抓紧组建新中国外交队伍；二是赶快寻找和确定外交部办公地址。王炳南按照周总理的意见，从军队和地方选调了一批文化水平较高、具有丰富斗争经验的干部，其中包括不少刚刚走下硝烟战场的高级将领进入外交部；同时又在北京各处物色新中国外交部办公地址，最后物色到三处：第一处是位于东交民巷的旧日本使馆；第二处是前门东处的六国饭店；第三处为东单外交部街 31 号。经比较，确定后者为新中国外交部。

办公地点确定后，就派人进行具体考察、整理、装修和分配办公室、会议室及接待房间。经过装修之后，确定了分配方案：东楼二层为部长、副部长和办公厅主任的办公室，并留有一间作会议室，东端的几间房供办公厅秘书处使用。东楼一层分配给了人事处、交际处、国际司、苏联东欧司和护照科等部门。西楼是美澳司、西欧司、亚洲司、情报司的办公室。1965 年我调入礼宾司时，交际处已扩大为礼宾司，在东楼一层办公。

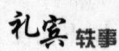

1949年10月5日，王炳南率领首批外交部工作人员，搬进外交部街大楼正式办公。尽管这里的房子是老的，家具是旧的，人们的精神面貌却是崭新的，大家都怀着极其喜悦的心情和特殊的使命感，开始为新中国外交履行自己的职责。

当日周总理召集王炳南、柯柏年等同志首次举行外交部工作会议，决定部内各单位排列的次序是办公厅、苏欧司、亚洲司、西欧非洲司、美洲澳洲司、国际司、情报司、条约委员会和政策委员会等，并决定于11月8日举行中华人民共和国外交部正式成立大会。

外交部先开张后成立

1949年10月1日上午，毛泽东主席在勤政殿召开中央人民政府委员会第一次会议，任命周恩来为政务院总理兼外交部部长。下午3时，“开国大典”在天安门广场隆重举行。毛主席在天安门城楼上向全世界庄严宣告：“中华人民共和国中央人民政府成立了！”广场上欢呼声雷动，举国上下，万众欢腾。毛主席在中央人民政府公告中说：“本政府为代表中华人民共和国全国人民的唯一合法政府。凡愿遵守平等、互利及相互尊重领土主权等项原则的任何外国政府，本政府均愿与之建立外交关系。”庆典一结束，周总理就指令新上任的外交部办公厅主任王炳南马上派人将《中华人民共和国中央人民政府公告》和由他签署的致各国使节的《公函》，送往在大陆仍有留守人员的各国外交机构。

王炳南主任马上派韩叙把上述文件送交在北平的苏联、美国、英国、法国、意大利、荷兰、比利时等国外交机构。那时韩叙是骑着自行车逐一向他们送上《政府公告》及《公函》的。同时又派曹桂生专程去往南京，将上述两份重要文件送达加拿大、印度、澳大利亚、埃及、缅甸、泰国、奥地利、葡萄牙、阿富汗和波兰等国使馆和转送在上海的外国领事馆。

10月2日，苏联副外长葛罗米柯代表苏联政府宣布承认中华人民共和国并建立外交关系。10月3日，周总理兼外长复函苏联同意建交。此后，中央决定派王稼祥担任新中国第一位驻苏联大使。王大使于10月20日赶赴苏联。

王稼祥等人出发时，周总理兼外长亲自前往火车站送行，并且嘱托王稼祥赴任后要多多积累外交经验，从而更好地推动中国外交工作的开展。周总理亲自为驻外大使送行，这在新中国的外交历史上是唯一的一次。

11 月 3 日，王稼祥大使向苏联最高苏维埃主席什维尔尼克递交新中国第一份国书。至 1949 年 10 月 27 日，已有苏联、保加利亚、罗马尼亚、匈牙利、朝鲜、捷克斯洛伐克、波兰、蒙古和民主德国等国相继与新中国建交。

外交部成立“开幕式”

11 月 8 日晚 8 点钟，周恩来总理出席了新中国外交部成立“开幕式”，并发表重要讲话。当晚会场主席台的布置是：主席台墙壁上挂着毛主席像；台上铺蓝毯，放两盆鲜花；主席台右方设记录席……出席成立大会还有李克农副部长和王炳南主任等。周总理一进会场，看见会场坐满了人，非常高兴地说：“炳南，你找到了这么多人，真好！今天我们就宣布外交部正式成立。”大家热烈鼓掌。

当时全场近 170 人，大会由王炳南主持，大家围坐在桌子四周，周恩来幽默的“开场白”一下子拉近了和大家的距离，全场笑声不断。他说：“每一个机关都要开一个成立会，我们也不例外，这也算是‘形式主义’吧。”

周总理打开花名册逐一点名，遇到不熟悉的，他都询问一下，凡是熟悉的，还开一两句玩笑。接着，他逐一介绍李克农、王炳南、伍修权、沈端先（夏衍）、乔冠华、龚澎、龚普生……从副部长到司长，再到科长、副科长、工作人员，周总理逐一念出他们的名字，遇到熟人还不忘幽默一下。

会场上不时发出笑声，气氛相当融洽、轻松而热烈。周总理开始讲话，他说：“今天，我们开这个大会目的不是为了登一下报，而是为了彼此见见面……我们是外行人办外交，对外交这一门学问是没有的；外语学校的同志主要是学习外文，其他的少数干部虽然办过一些外事工作，但是把这些工作经验加以整理，使它科学化，系统化，成为一门学问，还差得远。”

周总理在阐述了国际形势和新中国外交任务之后说：“中国的反动分子在外交上一贯是神经衰弱的、怕帝国主义的。清朝的西太后、北洋政府的袁世凯、国民党的蒋介石，哪一个不是跪倒在地上办外交呢？中国一百年来的外交史就是一部屈辱的外交史。我们不学他们。我们不要被动、怯懦，而要认清帝国主义本质，要有独立的精神，要争取主动，没有畏惧，要有信心。所以，凡是没有承认新中国的国家，我们一概不承认他们的大使馆、领事馆和外交官的地位，只把他们的外交官当作外侨来看待，享受法律的保护。他们犯了法，我们一样照法办事。他们对我们没有办法。”

“我们要藐视帝国主义，但不轻视具体斗争；要联合兄弟朋友，但不要马虎。一种是联合，一种是斗争，这两种都通过外交形式出现。”

周总理又叮嘱在座的同志：“外交是代表国家的工作。”“在开辟战场之初，应当在工作中不断磨练与培养，要求每一个同志一切从学习出发，不要骄傲，不要急躁，不要气馁。”“同时还要有纪律。”“一切都要事先请示、商讨，批准后再做，做完后要报告，这一点很重要。”最后，周总理向大家指出，大部分同志才工作不久，外交知识和一般社会知识都不够，因而要抓紧学习。在我们的外交机构中，要建立起新的学习制度来。在场的每一个人，都被周总理这番谆谆教诲深深感动。

周总理在办公楼为国宾举行招待会

1952 年 9 月 28 日，蒙古泽登巴尔总理访华。作为新中国成立后到访的第一位外国政府首脑，他在访问行程中，受到高规格的接待，创造了新中国对外接待工作的多个第一。

9 月 20 日，外交部交际处（外交部礼宾司前身）突然接到总理办公室的通知：为给蒙古代表团提供更好的生活条件，决定破例安排蒙古代表团入住东交民巷 8 号原法国领事馆。请交际处会同政务院机关事务管理局即刻启动对该处房屋的改建工作，并限在 9 月 26 日全部完工，包括内部布置。尽管时间紧迫，改建和装修工作还是按期完工了。

9 月 28 日，蒙古泽登巴尔总理一行抵京后下榻这里。第二天，泽登巴尔一行受到毛泽东主席的接见。晚上，泽登巴尔出席了周恩来总理在外交部办公楼举行的盛大招待会。当时只有在东楼才能举行招待会，事前临时腾出场地，包括部长、副部长办公室在内的各个办公室桌椅都搬出重新布置，大客厅的阳台也打扫干净。在大家努力下，布置成为可容几百人的招待会的场地。当晚大厅客人拥挤，有的客人只好安排到另外几个房间里。招待会开始后，周恩来总理不得不逐个房间进出向大家祝酒。为了欢迎国宾，周恩来总理在办公楼举行盛大招待会这是首次。大家很辛苦，很高兴。

外交人员是“文装解放军”

外交部成立后，周总理常常对干部郑重叮嘱：“外交工作者不能乱搞，不能冲动……真正成为一个外交战士，必须磨练自己……外交同军队一样，不过是文打而已，文打武打是一样的。”

解密外交档案显示，外交部建部后确立了“四大纪律”，此外，外交人员还需遵守“六项注意”。四大纪律是：“一切服从组织命令；绝对保守秘密；事前请示，事后报告；不与外国人发生恋爱、婚姻关系。”六项注意是：“外交场合的公文以中文为主；少饮酒；少说话；服装整齐，作风朴素；不接受礼物；不轻易答应人家要求。”

1951 年 8 月，周总理在向中央人民政府做外交工作报告中提出了培养、选择外交干部的十六字方针：“站稳立场、掌握政策、熟悉业务、严守纪律。”十六字方针在新中国外交史上意义重大，影响深远。

周总理强调“外交是代表国家的工作”，外交人员要有高度的责任心。“外交工作不是简单的交际和应酬，而是具有高度政治性和思想性的工作。”“要求每一位同志，一切从头学起。”“军队在平时要演习打靶，假想作战，外交工作也一样，要假想一些问题，不要冒昧，不要轻敌，不要趾高气扬，不要无纪律乱出马，否则就要打败仗。”“外交干部必须踏踏实实，埋头苦干地学习和掌握外交业务知识并注意调查研究。”他要求外交干部必须努力做到“五勤”：“要眼勤、要耳勤、要嘴勤、要手勤、要腿勤。”“外交大权在中央，必须要高度集中，不得自作主张，要实行严格的组织纪律制度。”外交人员“必须要有严格的纪律”。

我感到很庆幸，入部后我有机会重温周恩来总理的亲切教导，并得到前辈老外交官的热情帮助和关心……这一切经历已成为我的宝贵的精神财富，其中我最珍惜是周总理的十六字方针，它是我的外交人生的座右铭，永志不忘。

我一辈子在外交部工作，直至退休。1966年初，河北邢台发生大地震，外交部搬迁到东交民巷15号，1970年后迁到东城朝内大街原科技情报所，1998年前后再迁至朝阳门南大街现址。我在上述几处都体会到外交工作的紧张和快乐。如今我也是七老八十的退休干部了，走进外交部新大楼时，仍然深感幸福和光荣。

紧抠细节的周总理

美国前总统尼克松在他的回忆录《领导者》中评论周恩来时说：“周还有一种既注意细节又避免陷入繁琐的罕见才能。”他又说：“就周而言，‘伟大是注意小节的积累’这句箴言确实有道理。即使他在亲自护理每一棵树木时，总能够看到森林。”

周总理是一位政治家、军事家、外交家，是一位大国总理，政务日理万机，但他对具体事情从不忽略，办事周到细致。他十分关心礼宾工作，尤其接待国宾访华。我亲历亲闻周总理不少轶事，点点滴滴滋润我的心田。我在礼宾司工作共 20 多年，获益匪浅，永不忘怀。

新中国成立以后外国国家元首和政府首脑及其他重要政要访华逐年增多。这些人物访华礼宾司都称其为国宾。接待国宾访华是外交部礼宾司重要任务之一。礼宾司在周总理的亲切关怀和直接指导下，认真负责完成每项接待任务。周总理在接待国宾中的亲切指导、亲力亲为，率先垂范的很多故事都鲜为人知。

接待国宾是一项涉及外事、公安、交通、民航、军乐团、仪仗队、首都机场和省市等许多单位和人员的综合工程。国家领导人出面接待，会见国宾，主持会谈，举行宴会、参观等。千千万万群众，参与欢迎贵宾。群策群力，尽地主之情谊，让国宾感到宾至如归。

显示国宾的崇高地位和受到尊重

柯华是外交部首任礼宾司长。使他终生难忘的是，他任礼宾司长刚几天，周恩来总理同他第一次单独谈话。总理强调说：“外交无小事，遇事多请示。不像你当市委书记，那是一方诸侯，权力大得很，许多事情可以自己做主。而外交上每件小事都疏忽不得，都关乎国家大事。”

1955年6月胡志明主席访华，毛泽东主席将在中南海怀仁堂与胡志明主席会晤。此次接待胡志明主席访华，周恩来总理专门召集负责接待工作的同志开会，明确要求做好接待工作，在全世界面前显示胡志明主席受到的尊重，显示他的崇高地位。同时周总理与大家商讨做好接待的各项措施和细致的安排。

关于两位领导人在怀仁堂会晤事，周总理指示礼宾司：既不能让毛主席事先站在怀仁堂久等客人，更不能让胡主席事先到达那里等候，要安排两位领导人同时到达怀仁堂。周总理如此重视此事，其政治意义重大。那时通信工具不发达，连对讲机、“大哥大”、BP机之类都没有，更不要说现代的手机、电脑了。当时联系十分困难。

要使这件事办得准确，礼宾司进行诸多精确计算，比如各自的路程、车速，仔细反复地进行了测算，并制定一套精密的计划。就在实施之前，周总理又亲自检查，并指示柯华要直接掌握，精心组织，保证不要失误。经过认真细心实施，一分不误地完成了毛主席在中南海怀仁堂与胡主席会晤的任务。

周总理精通礼宾业务，他善于根据形势和时机的变化处理礼宾工作中的一些棘手问题，他亲自指导和提出一些礼宾方面的安排，这些范例体现礼宾工作是一种特殊的工作。礼宾细小的事，却包含外交大事，政治意义深远。

1971年4月，美国、加拿大、哥伦比亚、英国、尼日利亚乒乓球代表团访华，周总理决定同时会见他们。邀请美国乒乓球代表团来访是中美关系打开大门前，毛主席和周总理做出的重大举措。如何会见？当时礼宾司提出的方案仍未超出一般会见安排的老套套。

最后，总理亲自设计了一个新颖独特的安排：1、按英文字母顺序排五个团座次，即加拿大、哥伦比亚、英国、尼日利亚、美国。每团代表入座一组沙发，各团呈椭圆形相围而坐，以体现各国平等思想和运动员之间相互无拘束的友好关系，也便于谈话时各团都能听到；2、每团第一座位为中方陪同，周总理步入会见厅后，首先与加拿大代表团谈话（中方陪同起立让位），然后他依次移动位置同每团谈话约10余分钟，现场同声传译，最后同美国代表团的讲话，作为这次会见的高潮。这个安排既体现我国一贯奉行的大小国家一律平等的外交政策，又重点突出了周总理向美国人民的友好。这是礼宾安排上一个深思熟虑的完美之作，取得了异乎寻常的好效果。

周总理神采奕奕、从容大度，用洪亮的声音传递中国人民对美国人民的友好态度，表达的友谊之情。周总理的谈话牵动了美国，也牵动了世界。

“让他们吃饱了再离开”

1959年10月1日，中华人民共和国成立十周年，国庆十周年招待会是重要的国事活动，周总理亲自安排招待会前几桌的席位。今天当我从解密档案里看到周总理当晚亲自排列的招待会主宾席位图时，周总理的表率精神，深深感动了我。

1965年，周总理对礼宾司的同志说：“要把‘礼宾革命’四个字贴在墙上，铭记在心。”当时，接待外宾工作中存在一些脱离实际和繁琐铺张的问题。宴请多，陪同人员多，繁文缛节多，饭菜过于丰富。接待单位除举行正式宴会外，还为外宾举行便宴、家宴、陪宴等，菜肴用鱼翅、燕窝等名贵菜也不少见。因此，在周总理的倡导下，国宴先简化了一些礼仪性活动，如取消国宴上使团敬酒等，后来又针对各地举办宴会铺张浪费现象，规定了宴会四菜一汤的标准。

“文革”期间，有一次我在钓鱼台宾馆接待非洲一位总统时，戴平副司长传达周总理的指示。周总理说：要办好一个宴会，必须做好两件事。一是照顾好主宾席，做好主宾席位的安排；二是宴会上安排宾主致辞，把这两件事办好了，宴会就能顺利进行。总理强调，关照小事，成就大事。他要求礼宾人员要关心每个细节。

那时国宴上通常安排宾主讲话，不过讲话的时机很有讲究。有一次，周总理为非洲一位总统访华举行国宴，宾主双方都发表讲话，讲话稿译成英、法、俄三种文字。当晚我和同事负责分发讲话稿时，我注意到有的外交使节显得十分焦急。他们十分关心宾主讲话的内容。那时，我国与苏联正处于尖锐对立的状态，来访国宾和东道主任何一方讲话中如涉及“苏修”和“小修”，被涉及国家的使节就须退席以示抗议，一下子，宴会厅就空了几桌。

后来，周总理指示礼宾司，以后国宴等他们吃完4道菜之后，宾主双方再讲话，让他们人人吃饱了再离开。

参观要有针对性和实效性

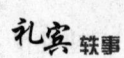

周总理一再告诫外交人员办事以及对外宣传必须坚持实事求是，多次告诉礼宾司同志，要提醒接待单位，向外宾介绍情况要有针对性，实事求是，从实际出发。接待单位不能向外宾只讲成绩，不讲缺点，更不能弄虚作假，夸大事实。

记得 1971 年 10 月埃塞俄比亚皇帝海尔 · 塞拉西访华时，参观了燕山化工厂污水处理工程，接待人员介绍时言过其实，还让外宾参观“污水”处理后怎么养金鱼。对此周总理指示在赠送海尔 · 塞拉西皇帝的电影纪录片中删去有关镜头，并指示由我国驻该国大使俞沛文返馆后告诉老皇帝，并表示歉意。

无独有偶，1972 年 2 月美国总统尼克松访华，游览长城后来到十三陵地下宫殿，看到宫殿里许多“游客”。尼克松总统离开后，那些“游客”有组织登上大客车离开。此情景被几个随访的美国记者看到了，并很快作了报道，称那些“游客”并非自然景观，有弄虚作假之嫌。事后证实那些“游客”确是有组织，一早就去那里，并且在那里等候多时。周总理获悉后即批评这种做法，并在适当场合亲自向美方表示歉意。美国记者因此称赞周总理襟怀坦荡、落落大方的作风。

1965 年某国大臣会议副主席访华，礼宾司计划安排他参观新安江水电站。周总理听取汇报之后提醒：不要总喜欢安排大项目给外宾看。礼宾安排要有针对性，注重实效，要根据客人国家的情况来决定。这个国家是内陆国家，交通运输存在一定困难，当前以发展小型水力发电较为有利，也较合算。根据周总理的指示，礼宾司安排客人参观一个小型水力发电站。外宾参观后极为满意，说很受启发。

周总理关心国宾衣食住行

周总理关心国宾衣食住行的轶事很多，在我记忆里有几个例子尤为突出。

上世纪 50 年代，有一年国庆观礼之夜，联欢会将开始，周恩来总理高兴地登上天安门城楼。他细致地环视了一下四周，发现了一个问题。便将礼宾司司长柯华叫到跟前，轻声地问：“你们给吴努总理和缅甸客人准备了大衣没有？”此时柯华才意识到那时北京已是秋风凉寒之时，来自热带地区的缅甸客人穿着本国民族服装，多是短短的白色上衣和长长的裙子。这装束难于抵御北国秋凉夜寒了！于是根据总理的指示，柯华立刻去王府井百货大楼，为吴努总理和缅甸客人购买薄大衣。当晚正当贵宾感到“高处不胜寒”之时，柯华购买大衣回来了。当客人得知周总理让他去为吴努总理一行购买薄大衣时，贵宾感激万分。客人无不为主人的盛情和细心而感动。

1972 年美国总统尼克松访华，根据周总理的指示，中方接待班子设在人民大会堂南门二楼上办公。周总理经常到办公室听取汇报，对接待工作给予具体的指导和检查，及时把接待工作中的重大问题亲自报告请示毛主席。周总理很关心尼克松的饮食习惯。周总理让其厨师烹调两三种家乡菜包括他最喜欢吃的“狮子头”专门送至尼克松总统品尝，增添了亲切感。根据国宾的饮食习惯，让国宾馆厨师制订每天不重复的菜谱。周总理还委派邓颖超大姐同人民大会堂和礼宾司商定欢迎美国总统尼克松的国宴菜单。

1972 年 9 月 25 日，日本首相田中角荣、外相大平正芳等访华，当天下午周总理与他们在人民大会堂举行会谈。田中谈到中午的茅台酒很好喝。周总理说：“茅台酒比‘伏特加’好，不上头，疲劳的时候喝一点能起振奋作用。你觉得好喝我们送一点给你，把你的‘威士忌’改成茅台。”

国宾访华的下榻安排十分重要，住房必须安排得细致。1966 年越南总理范文同访华，礼宾司安排他们住钓鱼台国宾馆 3 号楼，范文同总理大体了解宾馆各楼的情况，知道 3 号楼较小，有点不高兴。当天下午周总理来到 3 号楼会客厅，对安排客人住 3 号楼十分不高兴。周总理询问负责接待的礼宾司副司长，知道安排住 6 号楼和 8 号楼有困难。总理说，有困难为什么不报告？为什么不把矛盾上交？事后周总理亲自与江青商量，做工作，当晚江青搬出 8 号楼，范文同总理一行于当晚饭前住进 8 号楼。范文同总理对中方周到安排表示满意，表示感谢。

有一次周总理陪同一位外国国家元首赴东北某地访问，礼宾部门把宾馆一套最好房间安排给周总理，次者给外宾。总理知道了，批评这种做法，并马上调换房间。如果礼宾官事先向周总理请示，就不会出现这样尴尬的场面。

国宾访华安全极为重要。国宾访华，周总理强调要做到万无一失。最为突出的例子是1972年2月24日尼克松总统登八达岭长城。游览长城前一天，正好天纷纷扬扬地下了大雪。温度突降，上八达岭的公路都被大雪覆盖了，路面被冻住了。怎么办？周总理亲自给北京市领导打电话，动员组织几十万群众连夜扫雪，保证次日尼克松总统安全顺利登八达岭长城。美方人员说，动员群众除积雪，这在美国是做不到的。

北京市有关部门全力以赴，动员群众扫雪以及后勤人员为公路破冰开路的事，至今仍传为佳话。

在国宾访华接待中周总理细微关心他们的衣食住行，为礼宾人员树立了光辉榜样。当今我怀念这位开创和发展了具有新中国特色的礼宾工作的伟人时，情绪激动，思潮澎湃。愿周总理的外交礼宾的指导思想和实践得到发扬光大。

“周到，周到”

往事如歌，最牵情动魄并终生难忘的事常像春雨一样，滋润着我的心田。笔者多年在外交部礼宾司任职，耳濡目染周总理的做事风格及与礼宾司的一些往事，这些事至今仍历历在目，不能忘怀。

关照小事，成就大事

周总理十分重视和关心礼宾工作。他说，礼宾工作是对外交往的重要窗口，具有高度的政治性和策略性，是体现外交政策的一个重要方面。在外交部档案馆里，保存着一份 1956 年 2 月周总理对国宴形式指示的手稿。他强调要改变过去死板的宴会气氛，要用利于沟通的圆桌来代替原有的长桌，这一细节的变化也彰显了周总理指导礼宾工作的细致性。

1966 年“文革”开始后，礼宾工作的进程受到一些干扰，但周总理倡导和推动的“礼宾革命”仍在曲折中得到发展，并为后来的陆续改革和创新奠定了基础。

周总理曾专门召开过礼宾司全体人员会议，详细了解有关外国驻华使馆、外交待遇及豁免权及外宾接待等情况。为举行国宾欢迎宴会，他曾要求礼宾司同志给他逐一介绍出席宴会的每一位外国驻华使节和夫人的情况。当时外国驻华使节约有 70 人，一个人都记熟他们的情况不容易，只有韩叙司长能完成此任务。后来经过实践锻炼，其他司领导也可胜任了。

周总理强调礼宾人员关照小事，成就大事，要求礼宾人员要关心每个细节。

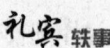

亲自安排国庆宴会主宾座次

1959 年 10 月 1 日，中华人民共和国成立十周年。国庆十周年招待会是重要的国事活动。十年来，新中国同苏联、其他社会主义国家以及一些亚非和欧洲国家的关系有了发展，外交部礼宾司已接待过一些大型国宾团，但是总的来讲，对外交往的范围还比较狭窄，礼宾工作经验还很缺乏。到国庆十周年时，同新中国建交的国家仅有 33 个。前来参加国庆十周年活动的外国代表团有：社会主义国家的党政代表团 11 个，其中党政第一把手率团的有苏联赫鲁晓夫、越南胡志明、朝鲜金日成、捷克斯洛伐克诺沃提尼、蒙古泽登巴尔；亚非国家的政府代表团 8 个；非执政的兄弟党代表团 49 个。

面对国庆十周年这样重要的外事活动，周总理夜以继日地忙碌着，甚至连招待会前三桌座位都是他亲自安排的。

礼宾次序是礼宾工作的一项重要内容，宴席席位的排列最突出体现礼宾次序的重要性和复杂性。做得好，宾主欢喜；考虑不周，宾主不悦。

在礼宾司或在钓鱼台国宾接待办公室，礼宾人员不时会接到周总理亲自打来的电话。周总理很关心每场宴会主宾席的排列，常打电话找礼宾人员核对宴会主宾席排列安排。有一次，鲁培新同志就接到周总理的电话，总理让他把当晚主宾席座位图从右到左说一遍。周总理听后说，你不要放电话，我马上调整一下。总理提醒他，准备好另一张纸重新记，“我念你记，方位一样，从右往左”。周总理念得特别慢，鲁培新逐字逐句地认真记录了下来。随后，周总理又让他重复一遍，并说今晚的席位就按此安排。

摒弃大国主义

周总理教育我们，在接待国宾过程中，一定要摒弃大国主义。来访国宾无论是来自大国还是小国，为表示对国宾的尊重，他总要把会谈或会见地点轮流安排在人民大会堂或外宾下榻地点举行。如国宾为国家元首，第一次会晤则一定要安排在外宾下榻地点，以示对国宾的尊重。多年来，这已经成为惯例。

周总理教导礼宾司人员一定要谦虚热情，平等待人。在接待国宾会见和会谈时，通常做法是中方陪同人员到齐后再请外宾。有一次，

中方人员到齐了，礼宾司一位同事去报告请示总理："总理，我方陪同人员到齐了，我去叫外宾吧！"总理眼睛一瞪，批评他说："什么'叫'？应该是'请'！"。后来我也感悟到，"叫"是上对下，命令之意；而"请"是平等态度，客气用语。礼宾官一定要善于礼貌待客，摒弃大国主义。

"文革"期间，有一年夏天，在人民大会堂宴会厅，有一"造反派"代表穿着一件白衬衫、卷着袖子大摇大摆地来出席宴会。周总理看了很生气，说："礼宾司的人管不管，叫他把袖子放下。外交场合穿长袖、短袖都可以，但不能卷袖子，不礼貌！"

每次周总理主持会谈或宴会，人民大会堂的服务员常把热毛巾先递给总理，总理不接，总是说："先送外宾。"很多服务员都记住了周总理的习惯，以后就知道先客后主了。

"今后请注意标点符号！"

周总理考虑和处理问题细致、周到，我在礼宾司工作期间，对此深有体会。那是"文革"时期，国家大部分政务都由周总理顶着，外事工作又占去他很大一部分精力，他每天不知批阅多少文件。但他批阅文件时总是一丝不苟，连错别字、标点符号都一一改正。有一次，同事贺玉梅起草了一个某国家元首访华的接待计划，由礼宾司上呈中央。周总理仔细阅看后，在接待计划上批了几个字："今后请注意标点符号！"礼宾司司长为此提醒大家，报告写完后多检查几遍，并注意使用正确的标点符号。

周总理对礼宾工作的每一个细节都可能过问，他多次亲自打电话到礼宾司找直接经办的科员，询问某一项礼宾工作的安排，或指示某项具体改动，如宴会的菜单、文艺晚会的节目单等。一位领导同志当年曾说，"周到、周到"——只要周总理一到，什么事都能办好。我国外交礼宾工作的严谨、周到、细致作风，就是周总理当年言传身教、亲手培养起来的。

廉洁奉公的楷模

周总理日理万机、夜以继日地忘我工作，但在生活中，他的衣、食、住、行却十分简朴。

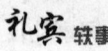

周恩来乘敞篷车陪国宾检阅欢迎群众

总理总爱穿一套浅灰色中山装，严整大方，清洁平展。衬衣是旧的，领子和袖口上都用新的的确良布缝过，会见外宾时爱戴国产手表。他 20 多年没有做过新大衣，两件旧大衣曾多次修补过。

上世纪 60 年代初，国家经济困难，食品、粮油等实行凭票供应，每人每月只有几两油、几两肉。有一次，周总理在人民大会堂会见完外宾后，与外交部礼宾司几位同志开会。当时已经是凌晨 3 时多了，大家都觉得饿了。这时，人民大会堂会工作人员送来一桶白菜汤让大家充饥，同时还给周总理炒了一盘白菜肉丝。周总理见状，接过那盘白菜肉丝往那桶白菜汤里一倒，生气地说："全国人民都没肉吃，我怎能一个人吃肉？"结果，在场的各位工作人员都很感动，含着泪喝完了白菜汤。周总理的随身警卫说："周总理这样日夜工作，这样严格要求自己，我一点也没有办法！"

周总理在外事活动中坚持勤俭节约，不事铺张，精打细算，公私分明，在处理礼品方面也毫不例外。1965 年我到礼宾司工作不久，朝鲜金日成首相给周总理送来两三箱苹果，周总理则指示分给工作人员享用。礼宾司每人分到两个大苹果。20 世纪 60 年代，我国领导人向外国领导人赠礼通常不用个人名义。有一次，周总理要礼宾司以国务院总理名义向柬埔寨王后送一些蜜橘。鉴于两国的友好关系，礼宾司建议以周恩来个人名义赠送似更亲切。周总理欣然接受这项建议，并交代这次赠礼费用由他个人负担，不能向公家报销。

他让秘书把当时唯一的仅有 400 元人民币的存折交给礼宾司，总理的警卫秘书对礼宾司人员说，总理银行存折上目前只有 400 元，尽量省着些用吧。蜜橘本身并不贵，但运费可观。礼宾司几位领导经反复商量，想着既按总理指示不花公家钱，又千方百计节省总理仅有的 400 元存款，最后总算想出了一个好办法：托可靠的人捎去，这样可以节省昂贵的运费。事情办得相当顺利，王后接到礼物后十分感激。

礼宾司人员随周总理出访经停地方省市时，如果地方领导给代表团送土特产，周总理则坚持大家都要付款，不能“白吃”。周总理个人请客，则坚持自费。在人民大会堂或中南海举行内部会议时，只要过了晚上 11 时，总理就招待与会者简单夜餐。他和大家一样，一小碗肉丝面，两三种点心，外加一小碟咸菜，费用都是从周总理工资中扣除的。周总理去上海，住锦江饭店，在那里用餐，临别时总要问警卫秘书：饭费付了没有？

笔者几次去周总理的住所中南海西花厅。西花厅房子太旧，年久失修，总理身边的工作人员有一次趁他赴外地的机会把房子修缮了一下，总理回京后却严厉批评了他们。总理外出时一向不喜欢保卫人员过多，尤其反对前呼后拥，觉得那样不利于联系群众。会见外宾时，他也不喜欢陪同人员过多。

“群众不也在淋雨吗？我怎能忍心自己打伞呢？”

在礼宾司工作期间，时任戴平副司长给我讲过一个故事。1965 年夏天，周总理陪同一位非洲国家元首去上海访问。访问结束后，他去机场为这位国家元首送行，当时还有专程来送行的 3000 名载歌载舞的群众。周总理陪同外宾一行检阅欢送队伍后，外宾登上专机。机门刚关上，顿时狂风大作，雷雨交加，专机无法滑向跑道，只好暂时滞留原地。

周总理坚持站立在暴风雨中，频频向专机上的外宾挥手致意。警卫同志想为总理打伞，却被总理拒绝了，大家担心总理的健康，又让礼宾司副司长上前再次给总理送伞，总理却说：“群众不也在淋雨吗？

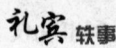

我怎能忍心自己打伞呢？”外宾在机舱里一再挥手示意要总理离开，但总理一直在暴雨中等待。此情此景，感动了在场送行的群众，队伍中谁也没有走动，他们与周总理一道，冒雨欢送外宾直至雷停雨小、专机发动才离开机场。按原计划，送走外宾后，总理要留在上海处理公务，而外交部工作人员要返京。可总理却当场指示，要外交部工作人员都先回锦江饭店。回去后，饭店服务人员给每人送来一碗热腾腾的姜汤，让他们马上喝下去。并说，这是周总理嘱咐为大家准备的。周总理的关怀，让大家都很感动。还有一次，周总理在东北迎接朝鲜崔庸健委员长访华。抵达长春，群众夹道欢迎时，却下起了大雨，周总理陪来宾乘敞篷车行进，让接待人员为崔委员长打伞，自己却坚持不打伞，与群众一同淋雨。

我还听过一个故事，至今记忆犹新。1957年1月31日至2月5日，周总理访问锡兰（现在的斯里兰卡）。在2月4日锡兰独立九周年庆祝大会上，当周总理正在讲话时，忽然下起了大雨。在场的锡方人员赶紧给周总理打伞，却被总理婉拒了，他说，数万群众听他讲话，遇大雨而不散，他们几乎没有用伞，自己怎能忍心独享特殊待遇呢？他冒雨把话讲完，听众都很感动，大声欢呼：“周恩来，伟大！”“周恩来，真了不起！”访问结束后，中锡正式宣布建交。

毛泽东指示要改革

新中国成立后，我国的礼宾工作在毛泽东、周恩来的指导和关怀下，先后进行了多次改革，使我国的礼宾工作能够得以不断完善和提高，达到既简化繁琐的程序；又节省人力、时间和财力的目的。毛泽东在 20 世纪五六十年代先后对礼宾改革作了多次重要指示。

不再出面宴请新来的外国驻华大使

1949 年和 1950 年，新任驻华大使向毛泽东递交国书后，都是毛泽东出面宴请大使夫妇，由政务院总理兼外交部长周恩来陪同。外国驻华使馆举行的国庆招待会，毛泽东等国家领导人也去参加。上述外事活动占去毛泽东不少时间。为此，他在 1951 年初主动提出，他今后不再出面宴请新来的驻华大使，也不参加驻华使馆举行的国庆招待会。随后，新来的外国驻华大使向毛泽东递交国书后，改为由外交部副部长出面宴请大使。从 1973 年 1 月起，各国驻华使馆举行国庆招待会，改为部长级负责人出席。

简化外国驻华大使递交国书的程序

1950 年 2 月，外交部制定了《各国使节呈递国书的暂行办法》，规定由外交部交际处长乘礼车前往使馆迎接大使。大使乘礼车，交际处长陪坐于右。礼车至中央人民政府办公厅前停下，中央人民政府典礼局长迎于车前。大使下车后，军乐队奏大使本国的国歌，仪仗队致敬，外交部长迎于会客厅前。递交国书正式开始时，毛泽东立于会客厅正中，总理兼外长周恩来立于主席右后方，秘书长立于左后方，外交部办公厅主任及交际处长立于右侧，总参谋长、典礼局长及翻译立于左侧。典礼局长、交际处长引导大使就位。大使立于距毛泽东四步处，然后大使和随员向毛泽东鞠躬。毛泽东答礼后，大使就致颂词，翻译译成中文。词毕，大使向毛泽东呈递国书，仍退回原处。毛泽东接受国书后，交总理兼外长周恩来转办公厅主任，随致答词，由译员翻译。答词毕，大使再前进，毛泽东与之握手，大使随即引见随员，毛泽东逐一与之握手。总理兼外长周恩来等握手后，毛泽东就和大使及双方参礼的人员全体合影留念。然后总理兼外长周恩来就陪同大使，随毛泽东到办公室作简短谈话，其余参礼人员退至客厅。毛泽东同大使谈话后，就送大使至办公室门口，总理兼外长周恩来陪大使至客厅与其余随行人员共进酒点。酒点毕，大使告辞，总理兼外长周恩来送至客厅前，典礼局长送大使至车前，军乐队奏我国的国歌，仪仗队向大使致敬，交际处长陪送大使至使馆。

上述办法实行4年多后，毛泽东感到有些程序太繁琐，既浪费人力，又浪费他和其他参礼人员的时间，便向周恩来提出进行简化改革。周恩来同意毛泽东的意见，随后便向外交部领导传达了毛泽东的指示，并指示外交部参照已建交国家的做法，进行简化改革。1954年12月对原呈递国书暂行办法进行了修改，删去了一些繁琐程序，减少了参礼人员。对原办法主要做了以下修改：取消了中央人民政府秘书长、总参谋长和外交部办公厅主任参礼；将大使的颂词和主席的答词改为事先互相交换。1965年，外交部礼宾司经了解，西北欧多数国家和古巴、摩洛哥等国都没有致颂词、答词的习惯，建议取消了致颂词和答词的做法；取消了酒点招待，改为仅用烟茶；将呈递国书，改为递交国书。

指示对接待外宾工作进行改革

1965年3月，国务院办公厅秘书长周荣鑫专门请汪东兴向国务院外办副主任廖承志、外交部副部长章汉夫、国务院机关事务管理局局长高登榜等有关部门领导，传达了毛泽东对接待外宾工作提出的批评和改革的指示。毛泽东的指示主要有以下方面的内容：

1、宴会的规格不要太高。毛泽东曾专门对汪东兴谈过，招待外宾的宴会规格太高，且不看对象。千篇一律地都要上燕窝、鱼翅那些名贵的菜，花钱很多，又不实惠，有些外国人根本就不吃这些东西。毛泽东认为我们请外国人，热菜有四菜一汤就可以了。宴会的时间也不要太长。他说，在宴会上我既要同外宾谈话，又要陪外宾吃饭，时间长了我陪不起。听说外国人的宴请就比较简单，我们应研究借鉴。

2、陪同人员不要太多。毛主席每次接见或宴请外宾时，事先都亲自交代让哪些人参加。主席说过，他不喜欢人多，说人少坐得拢，谈话方便。有一次，毛泽东在武汉宴请阿尔巴尼亚外宾，交代两桌就行了，但联络的同志安排了4桌，事后受到了毛泽东的批评。

3、赠送的礼品不要大手大脚。毛泽东说：我们送外国人的礼物花钱多，规格高，吃穿用的东西多，有纪念意义的东西少。其实送礼不在多少，而要送有民族特点、能长期保存的东西。送礼要自然大方，但不能没有个边，大手大脚，大少爷作风。不能靠多送礼的办法拉友谊，友谊要靠政治。

4、收受礼品应该交公。“我们给外国人送礼，花的是国家的钱，外国人送给我们的礼品也要归国家，不应当归个人所有”，“送给我的礼品要好好处理：有展览价值和纪念意义的，找个地方陈列出来；没有展览价值的一些日用品，可以内部作价处理，或者交给国家使用；还有一些吃的东西，可以分给工作人员尝尝”。汪东兴曾说，外宾送给毛泽东的礼品，我们就是遵照主席以上指示处理的。有些水果之类的东西，曾建议给主席家里的人和小孩子吃算了，主席不肯，并且说，你们为老百姓做事，为我服务，有功劳，应该吃。国务院根据毛泽东的上述指示专门制定了外宾送我方礼品规定。

章汉夫回外交部后便向部党委和有关单位的领导原原本本地传达了毛主席的上述批评和指示。外交部礼宾司等单位经过讨论和调查研究后，于1966年9月，写了《关于外宾接待工作礼宾改革的几点措施的请示》。该请示报告主要提出了以下几项礼宾改革的措施：

第一，参加外事活动人员的服装，应反映出我国人民勤俭朴素、艰苦奋斗的优良传统，衣着应以整洁、朴素、大方的原则，男女一律不穿奇装异服。

第二，规定给外宾送礼要选一些有纪念意义和革命内容的小工艺品或工业品，吃、穿、用的东西不宜多。外宾在华期间，送礼以一次为限。各地不必再送，外宾送我方的礼品，按国务院规定的办法处理。

第三，举办宴会要注意勤俭节约，坚决反对铺张浪费，反对讲排场、摆阔气和追求高标准。招待外宾不一定都要举行宴会，可视情况举行酒会、茶会或冷餐招待会。

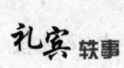

请示报告经陈毅、周恩来审批后，国务院外办于9月29日向中央各部门和各地方外办转发了外交部的请示。

毛泽东的礼宾风格

在礼宾司任职期间，我有幸两次见到毛主席。一次，我因安排多个来访代表团团长在人民大会堂接受毛主席礼节性的接见；另一次，我因参加天安门广场国庆焰火晚会工作，在天安门城楼上时见到毛主席。这两次近距离见到毛主席，让我终生难忘，记忆犹新。

在外交礼宾活动中，毛主席形成了自己特有的风格，深深印在我心中，例如：毛主席会见外宾，一般不提前通知会见时间、地点。他常常是夜间工作，白天休息，所以会见活动很少安排在白天。毛泽东通常是在书房会见外宾。在座位安排上，礼宾通常是主左、客右，而毛主席则是怎样方便就怎么坐，有时是坐在客人右边（客位），而将客人让在左边（主位），如1972年2月，他在其书房会见美国总统尼克松一行，就是这样坐的。

我的同事说，毛主席是崇尚自由自在、不受条条框框约束的伟人。的确这样，毛主席见外宾时几乎都穿着中山装。他的中山装衣领低、领尖阔而长，他喜欢灰色的中山装，春秋以中灰色为主，冬天则以深灰色为主。那时毛主席新闻出镜率高，世界人民称毛主席的中山装为毛氏服装。

毛主席喜欢自由自在地穿鞋。他平时在家都穿布鞋、拖鞋，晚年即使在外事活动中也不穿皮鞋。上世纪50年代初，中央人民政府典礼局准备给毛主席做一双黑色硬底尖头皮鞋，被主席拒绝了。他风趣地说，外宾要见我毛泽东，还是要看我的皮鞋？毛泽东会见外宾时有时穿皮鞋，有时穿布鞋。毛主席曾说："我们中国人要按中国人的习惯穿！"

对礼品的处理方式独特感人

两袖清风的毛泽东对礼品的处理方式很独特也很感人。不少外国领导人给毛泽东送过很珍贵的礼物，比如瑞士贵宾送了全金表两块。毛主席身边工作人员当时把这两块金表给毛泽东看，问他是否留下，毛泽东说："这种礼品不能要，谁当主席他送给谁，你当主席也会送给你。我是代表人民的，这种礼品不能收，一定要送仓库。”

外宾送的礼品，内宾送的土特产，真是五花八门，应有尽有。那时候，毛泽东一家子就靠他的每月 404.8 元工资生活。因此，身边工作人员吴连登曾劝说毛泽东，反正这些礼品是送给您的，您吃了用了都应该的。不料，毛泽东耐心解释：“这个问题不是那么简单，党有纪律。这些礼物不是送给我个人的，是送给中国人民的。比如说，你在我这个位置上，人家也会送给你的。中国不缺我毛泽东一个人吃的花的。可是，我要是生活上不检点，随随便便吃了拿了，那些部长们、省长们、市长们、县长们都可以了，那这个国家还怎么治理呢？”

1964 年，印度尼西亚侨胞送了重达 31.5 公斤的燕窝给毛泽东，燕窝之珍贵人所共知。毛泽东毫不犹豫地指示：“把它们全部送到人民大会堂招待外宾。”秘书徐业夫试探地说：“主席，是不是家里留……”毛泽东摆摆手，打断道：“不用留，一点都不用留，全部送走。”于是，这 31.5 公斤燕窝 1 克不少地送到了人民大会堂。

韶山毛泽东同志纪念馆现在保存两份礼品清单。一份清单上记载了巴基斯坦总统佐勒非卡尔·阿里·布托送给毛泽东 5 箱橘子共 90 斤，中南海供应科从外交部礼宾司取回，登记时间为 1972 年 2 月 5 日。第二份清单登记了 1958 年至 1959 年中外人士送给毛泽东的部分礼品，抄自中央秘书室，上面有汪东兴的签字和批示：“请张仙朋同志阅查。”这些收受礼品都交公了。还有一些吃的东西，分给工作人员尝尝。

国宴的讲究

国宴是国家元首或政府首脑为招待国宾或其他重要贵宾而举行的宴会。国家在其重要节日而举行的宴会，也称国宴。国宴是一种最隆重、规格最高的正式宴会。

国宴是许多重要历史事件的载体，国宴见证一个国家重要外交发展史。历史在一次次的国宴故事里蜿蜒展开，让人难以曲尽其妙。与世界上大多数国家一样，国宴之所以广受关注，是因为它不仅是一次宴会，更是重要的外交形式，觥筹交错间隐约显现了一国的政治动向。新中国历史上的“外交国宴”，不仅在外交上发挥了重要作用，也为后世留下了段段佳话。

国宴是一种文化展示，它是集中国饮食文化特色和礼仪文化特色于一体的国典形式之一，浓墨重彩不为过。

中国国宴地点通常选择在人民大会堂或钓鱼台国宾馆举行，1959年前则在北京饭店、中南海勤政殿等地举行。

“开国第一宴”

1965年我进礼宾司后，亲闻“开国第一宴”的往事不少。1949年10月1日下午，来自社会各界代表、国外来宾600余人，与周恩来、朱德、刘少奇等国家领导人，一起从天安门广场来到北京饭店，出席新中国成立后的第一次国宴。据说，考虑到嘉宾来自五湖四海，周总理亲自确定：菜式以咸甜适中、南北皆宜的淮扬菜为主。当时，北京饭店厨房人手不够，还特意征调了京城著名淮扬饭庄如“玉华台”的一些淮扬菜名厨。此后国宴菜从淮扬菜风格，历经几代人，逐渐演变成了今天的“堂菜”。

第一次国宴菜单如下：燕菜汤，热菜是红烧鱼翅、烧四宝、干焖大虾、烧鸡块、鲜蘑菜心、红扒鸭、红烧鲤鱼、红烧狮子头，史称“开国第一宴”。不久之后，国宴热菜减少了，“四菜一汤”的标准便确立下来了。

“四菜一汤”与“三菜一汤”

许多人认为“国宴菜一定是山珍海味、饕餮大餐”，这其实是一个误解。记得我在礼宾司时，看到一个笔记本，这个本子汇集了新中国领导人对礼宾礼仪的一些指示和谈话摘要。我读它，铭刻在心。毛泽东主席对宴会的指示：“我们请外国人，有四菜一汤就可以了。”

新中国成立后不久确立的“四菜一汤”的标准沿用至今。其实到了江泽民当国家主席时，国宴的标准已经开始尝试“三菜一汤”“两菜一汤”了。不管哪个国家元首来访举行国宴，报上去的菜单都是严格按照“四菜一汤”标准的。不过，“四菜一汤”并不包含冷盘、点心，冷盘标准不大一样，有时只有一个大拼盘，有时有七八小碟之多。

四个菜不同时上，而是等宾客吃完一道菜后，再换下道菜。主菜上完，再上甜点、水果。水果是根据季节选择，有猕猴桃、葡萄、西瓜等。

1984 年 11 月，外交部根据中央和国务院的指示再次确定，宴请来访外宾的次数不宜过多，宴请时中餐四菜一汤，西餐一般两菜一汤，最多为三菜一汤。

2008 年 8 月 8 日中午，国家主席胡锦涛为奥运会各国政要举行的国宴为三菜一汤：荷香牛排、鸟巢鲜蔬、酱汁鳕鱼、瓜盅松茸汤。

目前国家领导人宴请国宾，有的只用三菜一汤或两菜一汤。这种做法既节省经费、物资，又节约时间、人力。眼下国宴时间约为 1 小时，过去国宴通常花 2 或 3 个小时。国宴既在数量上又在质量上保证了国宾就餐的需要，又让国宾了解并享受中华饮食文化之美。

“堂菜”和“台菜”

最近几年，有关国宴“堂菜”和“台菜”的说法流传甚广。何谓“堂菜”和“台菜”？“堂菜”的“堂”字是取自人民大会堂的堂，本是人民大会堂主厨随口一说的名称，而 1984 年出版的《人民大会堂国宴菜谱集锦》，首次为“堂菜”正名，堂菜也由此成为八大菜系之外的又一个新品种。

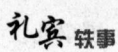

“台菜”指钓鱼台国宾馆厨师为宴请国宾烹调的菜，国宾在首都下榻钓鱼台国宾馆，日常用餐也在那里。钓鱼台国宾馆的菜系博采国内八大菜系之长，也广纳世界各国菜肴之精华。上至宫廷肴馔谱录，下采民间风味小吃，外及各国元首口味、习俗，构成了钓鱼台国宾馆菜肴的特色风味：清鲜淡雅、醇和隽永。很多来华访问的外国元首、政府首脑及其他政要，对钓鱼台菜肴均报以满意的称赞。

“台菜”很有名气。中、西餐都做得好，如里根总统钟爱的“佛跳墙”、金日成喜欢的“香橙狗肉”、西哈努克爱吃的“沙锅狮子头”、邓小平称赞的“中华第一汤”——“酸辣乌鱼蛋汤”等。其他名菜如黄扒鱼翅、芙蓉燕菜、香橙鸭子、纸包鱼、鱼翅四宝、富贵鱼鲍、计司烤鱼等都是名在中外。

国宴菜是山珍海味?

国宴的菜，汇集了全国各地的地方菜系，以淮扬菜为主，经几代厨师的潜心整理、改良、提炼而成，如川菜，少了麻、辣、油腻，各种菜系都在原来的基础上，做了改进，菜谱一般也以清淡为主，荤素搭配。

国宴就菜肴本身而言，菜品一点也不特殊。“国宴菜一定是山珍海味、饕餮大餐”这是一个误区。比如 1997 年 7 月 1 日，国务院在人民大会堂举行有国家领导人出席的庆祝香港回归的国宴，大方实惠。菜单有冷盘、浓汁海鲜、清蒸大虾、罐焖牛肉、草菇绿菜花以及点心和水果。

2011 年 8 月 18 日晚上，习近平副主席为美国拜登副总统举行欢迎宴会，宴请的菜单设计中西合璧，包括一道冷盘、一份汤、三道热菜和餐后甜品。汤和热菜以中式为主，包括清炖山珍汤、佛跳墙、东坡牛排和金瓜鲜蔬。甜品是西米南瓜茸以及点心、水果各一份。就是三菜一汤，简单朴素。

2014 年 11 月，APEC 高峰会在北京举行。习近平主席及夫人彭丽媛在水立方为 APEC 高峰会嘉宾举行欢迎晚宴，菜单是：冷盘，珍汤、翡翠龙虾、柠汁雪花牛肉、栗子菜心、北京烤鸭；还有点心、水果、冰淇淋、咖啡、茶。葡萄酒有长城干红（2006 中国河北）和长城干白（2011 中国河北）。

2015年9月3日，为欢迎出席中国人民抗日战争暨世界反法西斯战争胜利70周年纪念活动的贵宾，国家主席习近平在人民大会堂宴会厅举行招待会。菜单：冷盘，松茸山珍汤、香草牛肉、奶香虾球、上汤双菜、酱烤鳕鱼、素什锦炒饭，甜点是椰香西米露、水果，饮品有咖啡、茶、葡萄酒有长城干红2010、长城干白2011。招待会组织者还专门定制了主题纪念餐盘，餐盘上用中英文写着纪念“中国人民抗日战争暨世界反法西斯战争胜利70周年北京2015年9月3日”。

国宴菜肴有约

宴请国宾制定菜单有规范化程序。礼宾官必须事前了解外宾的饮食习惯，并及时告诉人民大会堂或钓鱼台国宾馆的厨师，请他们根据中外宾客的不同口味，安排不同的菜谱。订菜谱时，尽可能全面了解国宾的生活习惯与忌讳，口味嗜好以及年龄、身体状况；兼顾季节、气候、食品原料、营养等诸因素，夏天以清淡、冬季以荤为主。尤其注重他们的宗族信仰来安排菜单。穆斯林国宾菜单与非穆斯林国宾菜单差别大，丝毫不能马虎。有针对性的菜单既使国宾感到宾至如归，又使国宾对有中国特色的菜品十分感兴趣，赞赏优秀的中华饮食文化。

几份菜单，情趣轶事，历历眼前。

1957年4月17日，毛泽东在中南海怀仁堂举行宴会欢迎苏联贵宾伏罗希洛夫。当晚，刘少奇、周恩来、朱德、陈云、林彪、邓小平、彭真等中共最高领导人全部出席了宴会。

当晚，伏罗希洛夫主席及其随行人员在朱德副主席的陪伴下，从勤政殿漫步走到怀仁堂，毛主席、刘少奇委员长、周总理在门前迎接。

宴会的菜单：冷盘，清汤白燕、红烧鱼翅、冬菇煨扁豆、炸鸡腿、松鼠鳜鱼、莲蓉香酥鸭、冬瓜帽，另有点心、时令水果。当晚的标准是“六热菜一汤”。

1972年2月，美国总统尼克松访华，这是震惊世界的大事，周恩来总理在人民大会堂设宴招待。当年宴会是“四菜一汤”，除冷菜拼盘外，热菜有芙蓉竹笋汤、三丝鱼翅、两吃大虾、草菇盖菜、椰子蒸鸡、杏仁酪，点心有豌豆黄、炸春卷、梅花饺、炸年糕、面包、黄油等。

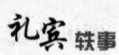

1986年10月，英国女王伊丽莎白二世访华，邓小平在钓鱼台国宾馆的养源斋会见英国女王一行，并设午宴招待。菜单除冷菜拼盘外，热菜是茉莉鸡糕汤、佛跳墙、小笼两样、龙须四素、清蒸鳜鱼、桂圆杏仁茶。点心：鲜豌豆糕、鸡丝春卷、炸麻团、四喜蒸饺、黄油、面包、米饭。

此外，选定菜谱有针对性，充分考虑国宾在饮食方面的喜好。例如：日本的几位前首相，田中角荣、大平正芳、竹下登、中曾根康弘和海部俊树等都十分喜爱中餐。对小笼包子、手工水饺、手擀面、元宵、年糕、煎饼等有中国民族特色的食品很感兴趣。尤其是海部俊树，1991年访华，特意要求安排一次中药膳食。事情经过是这样：

海部俊树首相访华期间与日本驻华大使谈及他任首相之前曾经在“龙华药膳”吃过饭菜，印象深刻。他希望借访问之机再次品尝药膳美味。日本驻华大使即向礼宾司传递首相的愿望。于是，礼宾司找到了前任北京首家药膳餐厅“龙华药膳”总厨师长，当时正在中国国际广播电台任国家特级烹饪技师、宴会师的王春明，请他到钓鱼台国宾馆18号楼向首相献上自己的拿手菜。当天王师傅做了枸杞扒鱼翅、天麻鱼、罗布麻芹菜叶等。

海部俊树首相夫妇、日本驻华大使夫妇以及其他陪同人员都很高兴品尝这桌菜。海部俊树首相吃到高兴时满意地说：“这正是我之前吃的正宗味道啊，作为首相来访问，又能吃到美味的药膳，真是太好了。”吃完饭，海部俊树夫妇还特意要求与王春明技师合影，这张合影至今还由王师傅珍藏着。

中华饮食文化之精髓

至今我还不时想起钓鱼台国宾馆的一些菜肴，诸如拼盘菜“春色满园”、“三花争艳”、清汤松茸、砂锅素什锦、佛跳墙、脆皮香芒鹌鹑卷、萝卜丝饼等。这些难忘的菜肴常常让我想起祖国的饮食文化。中华饮食文化之美，世人称赞。

中国饮食文化是中国各族人民在多年的生产和生活实践中，在食源开发、食具研制、食品调理、营养保健和饮食审美等方面创造、积累并影响周边国家和世界的物质财富及精神财富。中国的饮食文化是一种传统文化。传统文化中的许多特征如“天人合一”“阴阳五行”“中和为美”等学说都在饮食文化中有所反映。国宴是祖国的饮食文化的精华。

低盐、低糖、低脂肪、高蛋白，极具养生、养颜功效是国宴菜品的特色。国宴就是让宾客在颇具皇家风范的氛围中尽情享受“清鲜淡雅、醇和隽永”的中西餐结合的国宴文化。

人民大会堂的佛跳墙是“极品国宴菜”。此菜精选鲍鱼、鱼翅、辽参、鱼肚、干贝、鲍菇、鸽蛋、裙边等八种顶级原料，配以国宴顶级浓汤制作而成，浓汤制作时间长达三天三夜，开坛飘香，味道鲜醇，营养丰富，养生保健，是各国领导人都喜爱的一道国宴菜。国宴佛跳墙的传说趣味盎然。相传源于清道光年间，距今已有两百年的历史。

钓鱼台国宾馆做龙须面名声在外。几年前一位访华总统出席国家主席在钓鱼台国宾馆养源斋举行的宴会，国宾馆厨师当场表演抻龙须面，当看到3.5斤面团，拉出长达28公里细如发丝的面条时，宾主皆欢，赞赏厨师技艺，惊叹中华饮食文化的神奇。

龙须面在中国家喻户晓。相传明代御膳房里有位厨师，在立春吃春饼的日子里，做了一种细如发丝的面条，宛如龙须，皇帝胃口大开，边品尝，边赞赏，龙颜大悦，赞不绝口。从此，这种炸制的细点便成了一种非常时尚的点心。由于抻面的姿势，如气壮山河一般，抻出的面细如发丝，犹如交织在一起的龙须。看抻面表演，吃龙须面，情趣盎然。

钓鱼台国宾馆的网鲍辽参也别有一格。配料鲍鱼、关东参，具有平衡血压、养颜食疗、清热养肝、明目等等功效。气锅酸辣乌鱼蛋汤：配料乌鱼卵，口味酸辣，辣而不烈、酸而不腻，高蛋白不含脂肪。“堂菜”和“台菜”国宴菜丰富多彩，各有特点，深受国宾欢迎。

美味还需美器盛

国宴的烹制精细名扬四海。就我所知国宴烹饪的厨师从特级、特技、高级到中级都有，其中总厨师长是总指挥，下设热冷、面点、西餐，正副厨师长，个个都是食界有一技之长。每场国宴都是他们创作的艺术作品。这些厨师来自五湖四海，政治、文化素质高，除勺上功夫外，还要求能研究各国风俗文化，会烹调全国各地名菜名点，根据服务对象的不同，因人而异，随客而变。

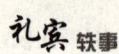

做菜首先得弄清什么能上。各国文化、宗教、信仰不同，各自对饮食的禁忌也不一样。而且国宴的厨师做菜，考虑到民族关系、地域特点、饮食习俗、嗜好、宴会形式等诸多方面的问题。厨师具备全面的综合素质，不仅有高超的厨艺，还有丰富的饮食知识，了解国宾的饮食习惯及忌讳，在菜品中不能有违背来访国宗教信仰的禁忌食物，如伊斯兰教国家忌讳猪肉，菜品中当然不能用猪肉食材；印度人把牛奉为神圣，餐桌上就不能出现牛扒等等。

国宴烹制非常精细，炖、烧、煮、蒸、炸、溜、焖、爆、扒一应俱全，加上近几年来，厨师还借鉴吸收了西餐的烹调技法，使烹调手段更加多样化。制定菜谱时，厨师还必须了解具体国宾的生活习惯与忌讳，口味嗜好以及年龄、身体状况；兼顾季节、气候、食品原料、营养等诸因素，夏天以清淡为主，冬季以滋补为主。

中国菜点讲究配备器皿，所谓“美味还需美器盛”就是这个道理。国宴餐具具有中华民族特有的风格。有特制的中国瓷器、陶器、金器、银器、不锈钢器、铜器等，有制作精美的象形餐具，如白菜形瓷盘、鱼叶形瓷盘，牛、鱼形瓷盘、龟形瓷盘、柿形瓷缸、桔形瓷盅、鸡形陶罐、鸭形陶缸、海螺形碗、苹果形碗等。而刀叉使用银质，筷子选择象骨。

目前国宴上所用器皿都是由景德镇特供的，国宴是“吃”的艺术，但“功夫”又往往在吃之外。国宴具有“色、香、形、器”俱佳的特色。有人说，中国国宴讲究四美：环境美、菜品美、器皿美、服务美，而餐具器皿的精美则更让人赏心悦目。

国宴所选用的餐具是高规格的釉中彩瓷器。例如“富贵牡丹国宴瓷”，设计者采用象征富贵吉祥的“牡丹”作为主题，金色牡丹使人感觉端庄典雅，简洁大方，一派大家风范。据说 2003 年，温家宝总理宴请英国首相布莱尔就选用的是这套“富贵牡丹”国宴瓷器。又如“古典园林中南海专用瓷”，这套高档釉中彩瓷，主体图案是鲜明江南园林风格的小桥流水人家、画中亭、桥、河、鸟、人……图案清晰、清秀典雅，将传统釉下青花瓷的意境和釉上彩的鲜亮糅为一体，体现传统与现代的完美结合，它也是一种高雅身份的象征。餐具让外宾了解中国的文化。吉祥如意中南海专用瓷，图案由蝙蝠、宝像花、莲花、祥云、寿字、回纹边和吉祥如意的字样组成，凸显华贵典雅、富有传统民族风情。美国总统布什对曾经使用过的“吉祥如意”餐具赞不绝口。富贵牡丹、古典园林、吉祥如意和中华龙四套精美的国宴专用瓷器，形成了完整的国宴瓷器餐具序列。

国宴上的礼仪

我国有“礼仪之邦”之称，尚礼好客，注重礼尚往来。近年来国宴注意营造既隆重又亲切的氛围，以热情友好、周到细致的作风做好礼仪工作，使客人有宾至如归之感。

国宴礼仪尤为重要。热情好客、彬彬有礼、不卑不亢、周到得体的礼节，使客人感到亲切。例如，宾主入席时取消奏两国国歌；宾主双方在席间不发表正式讲话，或致辞、祝酒；中国人民解放军军乐团演奏席间乐，曲目单包括来访国著名乐曲；宴会期间或宴会后安排歌舞或宴会后安排歌舞、京剧、杂技等文艺节目助兴。这样国宾既享受国宴之欢乐又能欣赏中国文化艺术的国粹。镶嵌国徽的菜单和曲目单由中方礼宾官事先精心设计制作，让客人赏心悦目。

1972 年 2 月 21 日晚，为欢迎尼克松及夫人一行举办的盛大国宴在灯火通明的人民大会堂宴会厅举行。盛大国宴为中美两国外交关系史上写下光辉的一页。宴会开始，周恩来发表了热情洋溢的祝酒词。尼克松也发表讲话。中国方面在宴会流程上做了细致、周到的安排，美国方面也为这次宴会做了全面充分的准备。

军乐团演奏的《美丽的亚美利加》和《牧场上的家》两首美国乐曲，将宴会的气氛推向了高潮。宴会结束后，周总理等还陪同尼克松一行观看现代芭蕾舞剧《红色娘子军》。尼克松在晚年撰写回忆录时，曾这样描述当时的情景：“当我听到这首我熟悉的美国民歌时，心头不禁涌起一股暖流。因为这首曲子正是我在就职仪式上选择演奏的乐曲。”

中国传统习惯是宴会通常安排利于交谈的圆桌，尤其注意安排好主桌。国宴席次根据不同情况，做出不同安排，这是礼宾官明智的选择，并非一律安排圆桌。按来访国习惯，安排长条桌或马蹄形桌也不少；精心制作座位卡，用两种文字写成，方便客人入座，座位卡名字的中文在上，外文在下，如外宾姓名过长，中文只写姓氏和职务，外文则写其全名和尊称。

建国初期，国宴就实行分餐制，不过，那时的菜端上桌后，由服务员给每一位来宾分，剩下来的，就搁在桌子的中间，谁吃谁去拿。1987 年后，国宴菜由厨师按宴会人数把菜分盘，一人一份，既减少浪费又卫生方便，也利于服务员实行规范化服务。宴会的进餐具为筷子，如宾客不方便，则用宴席上的备用刀叉；饮料多种多样，应索提供。

别具特色的地方宴

国宾访问省市，主人都备了具有特色的地方菜肴招待，以尽地主之谊，显示地方传统饮食文化。我作为礼宾官随国宾赴省市访问，有机会出席省长、市长为来访国宾举行的宴会，品读悠久流长的地方饮食的滋味、欣赏菜肴的特色，也是一生的乐事。美食、记忆、文化……美感涌流。

上海菜肴的精细、杭州的鲜活鱼、广州“龙虎斗”“烤乳猪”、云南的汽锅鸡、大寨的“粗茶淡饭”、甘肃的骆驼掌…… 应有尽有。

广州的名菜“龙虎斗”

“龙虎斗”是闻名中外的广东传统名菜。以蛇制作菜肴在广东已有二千多年历史，曾经作为宫廷佳肴，一举成名。“龙虎斗”一菜相传始于清同治年间，蛇为龙、猫为虎，因二者相遇必斗，故名曰“龙虎斗”。后人在此菜中加了鸡肉，其味更佳，后来改称它为“龙虎凤大烩”，但人们仍习惯地称它为“龙虎斗”。此菜在岭南地区广泛流传，成为广东菜馆的主要特色名菜，盛名世界。中外宾客来到广州，都要品尝此菜，不虚此行。

1957 年 4 月至 5 月，苏联伏罗希洛夫访华，他除访问北京外还访问上海、广州等地。广东省委、省政府为他举行欢迎宴会，菜肴中有一道广东名菜“龙虎斗”，主厨把蛇肉切成银丝，加上猫、鸡肉的极品汤汁做成美味，这道菜很受欢迎，伏老品尝了连连称“鲜”美。

宴会后陪同此访的苏联副外长费德林，他是一位中国通，在宾馆向伏老绘声绘色描述刚吃过的“龙虎斗”来，并解说“龙”就是蛇，“虎”就是猫……伏老得知刚才宴会上吃的是蛇肉、猫肉，便觉得恶心，不舒适，立刻吐出来。广东省有关领导为此吓坏了。幸好伏老服了药后并无大碍。伏老品尝广东名菜“龙虎斗”的故事还有多个版本，这是其中之一。

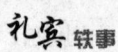

我的同事告诉我一个故事：有一次他陪同非洲一位总统及夫人访问广州，抵达广州当晚，广东省省长设宴招待。宴会第一道汤十分鲜美，总统夫人要求再给她一碗。汤太美了，夫人要求上第三碗，随后她请主人介绍如何烹调这道美汤，主人告诉她，那是广东名菜——蛇肉汤。总统夫人听后脸色突变，站起来，直往厕所呕吐不已，之后她不得不离席休息。

在广东那是名菜，在总统夫人的国家，吃蛇肉汤则是不可思议的，菜肴的文化差异显而易见。

女王品尝烤全乳猪

1986 年 10 月，英国女王伊丽莎白访华，除了访问北京外还访问上海、广州等地。抵达广州，她下榻白天鹅宾馆 28 层的总统套间。中午，叶选平省长在该宾馆三层的宏图府举行盛大欢迎宴会，请女王陛下及亲王等品尝宫廷菜肴，其中一道菜为烤全乳猪。全乳猪放置在一顶精制的小花轿上。当两位秀丽的“宫女”一前一后慢慢地抬进宴会厅时，全场空前活跃，热烈鼓掌，女王兴致勃勃高兴地站起来注视这道名贵菜烤全乳猪，连声说“妙极了！妙极了！”叶选平省长午宴后赠送女王陛下一盆 60 年树龄的“九里香”盆景。

烤乳猪是广州最著名的特色菜，并且是“满汉全席”中的主打菜肴之一。早在西周时此菜已被列为“八珍”之一，烤乳猪作为一项重要的烹饪技术成果而记载在《齐民要术》书中。“色同琥珀，又类真金，入口则消，壮若凌雪，含浆膏润，特异凡常也。”一千四百多年前，烹饪技艺高深造诣，令人赞叹。烤乳猪是广东家家都少不了的宴请之物，广东主人把烤全乳猪作为顶级菜肴招待国宾。

昆明的汽锅鸡

1976 年 3 月 22 日晚，中国共产党云南省委员会和云南省革命委员会为欢迎老挝人民革命党总书记、老挝人民民主共和国政府总理凯山·丰威汉同志率领的代表团举行宴会，菜单如下：滇味拼盘、贵妃鱿鱼、秀酥乳鸽、豆瓣鲜鱼、元宝肥鸭、蘑菇龙须、汽锅鸡、什锦西米冻、点心、水果。

云南汽锅鸡为地方特色菜。汽锅鸡的做法十分讲究，据说建水土陶汽锅为好，其汽锅外形古朴，构造独特，肚膛扁圆，正中立有一根空心管，蒸汽沿此管进入锅膛，经过汽锅盖冷却后变成水滴入锅内，成为鸡汤。两三个小时后，便可食用，鸡块鲜嫩，汤汁甜美。

用滇味佳肴招待国宾，受到夸奖。1972 年尼克松访华，周总理安排的国宴中就有滇味名肴“汽锅鸡”。开宴时，揭开盖子，热气扑面，香溢四座，鸡肉滑嫩，汤鲜味美。美国总统品尝之后，赞不绝口，赞道：“味道太鲜美了，真想连整个汽锅一起吃进去！”

杭州西湖醋鱼

1978 年 6 月，西班牙国王卡洛斯和王后索菲娅陛下一行访问杭州。地方主人准备了具有特色的丰盛饭菜招待客人，其中有一道菜为西湖醋鱼，鱼在盘中还在动。客人见了特别奇怪，有的女士还尖叫起来。这时主人解释道，当地人喜欢吃鲜活的鱼，这是刚从西湖捞上来的，打理干净后马上放到开水锅里一过就捞上来，放到盘子里，浇上调料就行了。卡洛斯国王说，中国美食早就名扬四海，家喻户晓，他多次吃过中餐，但像这样吃活鱼，还是第一次，真是开了眼界。

西湖醋鱼是杭州的一道名菜，其历史悠久，可以追溯到宋朝。烹制时火候要求非常严格，必须要掌握得恰到好处。鱼烧制好后，淋上一层火热的糖醋，胸鳍竖起，鱼肉鲜美，别具特色。

上海大闸蟹不用手掰

每年 9、10 月是品尝上海大闸蟹的黄金时候，那时候大闸蟹尤其鲜美。1992 年 1 0 月，日本天皇明仁偕皇后美智子访问了上海。上海市长举行欢迎宴会，上了大闸蟹。

事前天皇访华先遣组与上海有关方面商谈，建议取消大闸蟹这道菜。原因是届时天皇用手掰大闸蟹会影响天皇的形象。上海方面请先遣组放心，天皇一定会避免用手掰大闸蟹的做法。

上海方面作了精心细致安排。席上仍上大闸蟹这道菜。事前厨师将蟹肉都剔出来，保留蟹盖。天皇吃时，轻松地将蟹盖打开，吃到蟹肉，不用手掰。那时，个别日本记者试图拍下天皇吃螃蟹不雅形象的打算便落空了。

品尝敦煌驼掌

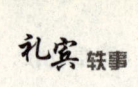

敦煌驼掌是远近有名的汉族传统佳肴，属于甘肃菜。是用驼掌、鸡腿、猪蹄、火腿、鸡蛋、冬菇等多种原料烹制而成的。用盘讲究，把煮熟去骨的驼掌切成片放入盘中，色、香、味、形俱佳。

日本竹下登首相于 1988 年 8 月访华，前往甘肃兰州敦煌访问时，甘肃省人民政府省长贾志杰设欢迎宴会。菜肴有一道敦煌驼掌，竹下登首相悄悄地问陪同的中国驻日本大使杨振亚是什么菜。杨大使告是驼掌肉。吃不吃，竹下登有些犹豫，竹下夫人看在眼里，说不吃太可惜了！还是尝一下吧！竹下登首相吃了一口，说味道不错。肉还是挺软的，再吃一口，宾主都笑了。

大寨的“粗茶淡饭”

1965 年 5 月 21 日，第一批外国国宾——阿尔巴尼亚部长会议第一副主席科列加一行，由周恩来陪同来到大寨。太原专门组织厨师、服务员，提前带上原料、饮料、餐具、酒具来到大寨准备欢迎宴会。不料，周恩来一下飞机就交代，他陪阿尔巴尼亚同志是来接受艰苦奋斗、自力更生教育的，要给客人准备可口实惠的大寨饭，不要铺张浪费。于是从太原拉来的东西，没有来得及下车便撤走了。大寨人准备的主食有玉米面窝窝头、小米稀饭、羊肉饺子和油糕，还有四菜一汤。席间，外宾 30 余人和中方陪同人员喝着大寨高粱白，吃着土豆丝、腌咸菜，谈笑风生，和谐而轻松。

周恩来以“大寨精神”为话题，介绍了中国共产党艰苦奋斗、自力更生的光辉历程。席间，客人不时赞扬大寨的饭菜新奇、可口、好吃，称道大寨“粗茶淡饭”的宴会。

1976 年 5 月，我作为礼宾司人员随新加坡总理李光耀访问大寨。外宾很赞赏大寨主人“粗茶淡饭”接待。

省市领导人宴请国宾的菜肴通常十来个，太多了。宴会的时间也比较长。我记得外宾对此有议论，如 1986 年澳大利亚副总理鲍恩到东北一市访问时，在宴会上说，你们的饭菜太丰盛了，如果到我们国家，由我来宴请你们的话，一没有这么多的饭菜，二没有这么多的时间。这话与其说是对我们好客之举的赞扬，不如说是对我们这种铺张浪费之举的含蓄批评。

1998年6月25日至7月3日，美国总统克林顿偕夫人希拉里对中国进行了国事访问。除北京外他还访问了西安、上海、桂林和香港特别行政区等地。访沪后他对同行的中国驻美国大使李肇星说："在中国，上海市的礼宾接待水平大约要比其它城市先进一二十年。"克林顿是指上海为他举行的宴会上不劝酒，上的菜也基本能吃完，他不会因吃不完自己眼前的佳肴而感到不安。

地方宴请国宾是外交的方式之一，国宾纷纷赞扬省市的热情好客，宴会也同样给宾主提供相识和建立友谊的机会，这是宴会的意义所在。

国礼的背后

国家元首或政府首脑在对外交往中与各国国家元首或政府首脑和其他重要人物相互赠送的礼品称为国礼。国礼是代表国家赠送的，因此各国在国礼的选择上注重体现本国或本民族的传统的物质和文化特征，反映一个国家的综合发展水平。

笔者有幸目睹那些艺高意广的国礼。那些造型各异、构思巧妙、立意高雅、情意盎然的国礼，是历史春秋的写照、和平与友谊之象征，是文化之精华、文明之标志。国礼背后的外交故事甚多，国礼的历史和艺术价值无价。

新中国成立后，外国国家元首、政府首脑以及重要外宾纷纷访华，国宾为了表达他们对中国领导人和中国人民的友好感情，常馈赠礼品。礼尚往来，中国领导人对此相应回礼，出国访问时，也向驻在国领导人和老朋友赠礼，以此表达友情，使双方业已存在的友好关系锦上添花。

国礼刻上时代印记

从新中国成立至今，中国送出去的国礼数不胜数、各有特色。不同的历史时期送的国礼类型也有差异，有些国礼被刻上时代的印记。

每件国礼都承载着一段历史，它的历史价值无法估量。不同国家、不同民族、不同地区的国礼既是现代各国友好关系发展史的实物见证，同时也有着鲜明的地区色彩，民族特点，代表了各自优秀的文化传统和独特的艺术风貌，具有很高的历史价值。

1949 年，毛泽东北上苏联给斯大林祝寿，这是我国领导人第一次跨出国门，所带的寿礼是经过了特别的研究讨论的。外交部公开档案中的《我国祝贺斯大林 70 寿辰（贺信、礼品单）》显示，寿礼中既包括富有中国特色的珍藏工艺品，比如，大元帅丝织像、清代蓝花瓷花瓶、景泰法烧蓝茶具、象牙雕刻的大花瓶和龙船等，也有上等绿茶、祁门红茶、龙井，甚至老百姓家中的白菜、大葱也榜上有名。最显眼的就是胶东白菜、莱阳梨，北京附近产的鸭梨，还有山东大葱。而且，蔬果中哪一种是“颗大”的，哪一种是“绿色”的，哪一种由“四荆条篓装”等，都标得清清楚楚。

为什么新中国政府当时选择了山东大白菜、萝卜、大葱等礼物，主要是想拉近距离，让斯大林有一种亲切感。在中国，不仅中共中央对他非常重视，中国的普通老百姓也对他格外尊重和景仰。因为这些东西，就好像平常老百姓家里逢年过节串亲戚带的东西。

1949 年，毛主席亲笔改批的给山东分局的加急电文内容如下：斯大林同志今年十二月廿一日七十大寿，中央决定送山东出产的大黄芽白菜、大萝葡（卜）、大葱、大梨子作寿礼，请你们接电后于三日内（即十二月四日以前）购买，每样五千斤，共二万斤，由中央派飞机到济南接运。飞机于十二月四日到济南。请注意时间。你们采购上列各项物品（大黄芽白菜、大葱、大梨、大萝葡）时请注意选择最好的。

当时败退台湾的国民党单方面发出消息称，这一次毛泽东带走了十五车礼品，包括从北京故宫和博物馆里找到的珍品和历史文物。不过，外交档案揭秘后，回头来看这些礼品，其实只是一些类似平常老百姓家里逢年过节串亲戚带的东西。尤其是里面的农副产品，让人倍感意外。当时新中国刚刚建国，百废待兴，中国政府拿出来的国礼显示了中国领导人的诚意。

斯大林生日那天，在莫斯科大剧院举行了隆重的生日庆典。毛泽东送给斯大林的部分生日礼物，在斯大林的授意下被存放在普希金博物馆第一号展厅，展厅里还悬挂着五星红旗。毛泽东挥笔写下了带有浓郁的中国风格的对联：“福如东海，寿比南山。”

签署完《中苏友好同盟互助条约》之后，1950 年 2 月毛泽东回国。在满洲里车站，苏方人员把斯大林赠送给毛泽东和周恩来的礼物——两辆小轿车转运到中国火车上。毛泽东用萝卜、白菜换回了汽车。

1951 年初夏，中共中央办公厅根据毛泽东的意见，给斯大林送了一套别有寓意的礼物。这份“大礼”是指示江西省负责烧制的“水浒故事瓷盘”，作为国家礼品瓷赠送给斯大林。这是根据《水浒传》

作者在首都机场接巴勒斯坦领导人阿拉法特过境，作者与阿拉法特握手

设计出来的108个有连贯故事的瓷盘。毛泽东希望斯大林这个老大哥“替天行道”的弦外之音，不知道斯大林当时能不能读懂。

1950年4月13日，我国与印度尼西亚建交。1956年、1961年和1964年苏加诺总统曾应邀访华，访华期间曾两次受到毛主席和周总理的接见。毛主席赠送苏加诺一幅牡丹松石图大立轴，那是齐白石先生逝世前的绝笔。周总理赠送苏加诺则是一幅徐悲鸿的奔马轴。苏加诺总统是世界著名的收藏家，他所收藏的世界名画甚丰，其收藏的中国名画充分体现印度尼西亚和中国的友好关系源远流长。

1960年9月28日，古巴与我国建立外交关系，这是第一个同新中国建交的拉美国家。而1961年9月古巴总统多尔蒂科斯来访，成为第一位访华的美洲国家元首。他赠送给中国领导人的礼品之一是一幅油画，运用黑、红与白三种基本颜色勾画出一个头戴红色帽子的人物形象，右手托和平鸽，左手高举，似乎要把握白色宁静的天地，表达了强烈的追求和平与安宁生活的愿望。

1964年10月，罗马尼亚部长会议主席毛雷尔赠国家主席刘少奇一个瓷白釉彩绘人物瓶，口径10厘米，高36厘米。罗马尼亚于

1949 年 10 月 5 日与中国建交，釉彩瓷瓶让人想起长期以来，中罗两国之间存在着密切的友好合作关系。

1964 年 2 月，锡兰（现斯里兰卡）总理班达拉奈克夫人赠国务院总理周恩来一个木镶银嵌宝石象，其长 32 厘米，高 33 厘米。班达拉奈克夫人先后三次访华，她非常尊敬和钦佩周总理。宝石象见证中斯两国的友好关系。

1967 年 6 月 21 日至 26 日，赞比亚总统卡翁达在"文革"期间访华，整个接待都带有"文革"色彩。国礼是向卡翁达一行每人送英文版精装《毛泽东选集》一套、少量有纪念意义的工业品以及卡翁达总统访华的彩色纪录片。

1974 年赞比亚总统卡翁达再度访华，会见毛主席时赠送了一套铜茶具。赞比亚素以"铜矿之国"著称，它的铜器闻名遐迩。会见时，毛主席与卡翁达总统谈到了"三个世界"的理论，令他觉得耳目一新。谈累了，总统取出铜茶具说："喝口水吧。"毛主席哈哈一笑，说："我用不惯铜茶杯。"接着毛主席取出制作精细的景德镇瓷杯，总统看了赞不绝口。毛主席风趣地说："我的好虽好，但一摔就碎。你的虽然沉，耐摔。咱们是各有千秋！"

1974 年 2 月，赞比亚总统卡翁达访华，会见毛主席时，赠送一套红铜茶具，杯高 14 厘米，盘长 41 厘米、宽 27.7 厘米。赞比亚素以"铜矿之国"著称，它的铜器闻名遐迩

1978年，中共中央副主席邓小平访问朝鲜，赠送金日成主席一个三层通花瓷瓶。这个友谊瓶，象征中朝两国之间的友好合作关系。

1978年11月，应泰国总理江萨·差玛南的邀请，邓小平副总理对泰国进行了正式访问，这是中国领导人第一次访问泰国。江萨赠邓小平一尊柚木雕“运木大象”。泰国素有象国之称，温顺的大象是泰国人民崇教的礼物，泰国选择它为外交赠品，以此纪念邓小平这次具有历史意义的访问。

1984年1月菲律宾总统特使、总统夫人伊梅尔达·马科斯赠送中国共产党中央顾问委员会主任邓小平一把由一块木料雕成的红木雕手形座椅（宽53厘米，最高61厘米），图案精雕细刻，构思巧妙。这件国礼当时引起国际上的广泛的猜测，有的说这代表着邓小平是当时中国的“一把手”，有的说它象征邓小平把中国人“托”起来。

1992年江泽民总书记访日时，根据日本是一个与我国文化交流历史悠久的国家之特点，江总书记向明仁天皇赠送仿汉代张衡地动仪。天皇很欣赏这件礼品，说它“体现中国古代的科学进步”。同年，明仁天皇访华，我国又向天皇赠送了山东产的“琅琊砚”以及我国书法家书写的“茶经”。

1984年1月菲律宾总统特使、总统夫人伊梅尔达·马科斯赠送中国共产党中央顾问委员会主任邓小平一座木料雕成的木雕手形椅，宽53厘米，最高61厘米

1992 年杨尚昆主席访问朝鲜，向金日成同志赠送了一对近两米高绘有松鹤朝阳图案的大瓶，祝贺他 80 大寿。松鹤象征长寿。礼品意义深远情意重。

2000 年 11 月，文莱苏丹陛下哈桑纳尔·博尔基亚赠国家主席江泽民一座金质渔船模型。金光灿烂，栩栩如生。1991 年我国与文莱苏丹国正式建立外交关系后，两国领导人互访频繁。

2003 年 5 月，俄罗斯国家杜马主席谢列兹尼奥夫赠国家主席胡锦涛一个漆盒；2004 年 9 月，亚美尼亚总统科恰良赠国家主席胡锦涛一个金属托玻璃瓶；2006 年 1 月，沙特阿拉伯国王阿卜杜拉赠国家主席胡锦涛的镀金猎隼；2007 年 7 月，土库曼斯坦总统别尔德穆哈梅多夫赠胡锦涛主席一个金属号角摆件等国礼。

见证重要历史时刻

一些国礼赠送的时期正赶上重要历史事件发生，于是这些重要时刻便定格在了某件特殊的国礼身上。

1972 年尼克松访华“破冰之旅”是一件举世瞩目大事。尼克松本人也亲自过问国礼。访华时他向毛泽东赠送了瓷塑天鹅，瓷塑天鹅由美国著名的波姆陶瓷艺术公司制作的，作者为波姆大师。当年 2 月 21 日晚，周恩来总理在人民大会堂为尼克松夫妇访华举行欢迎宴会，宴会前专门举行了一个国礼互赠仪式，尼克松总统向周总理介绍了为什么要赠送瓷塑天鹅：“大天鹅不仅是美国人民喜爱的珍贵动物，也是全世界各国人民喜爱的珍贵动物，它象征着纯洁、友谊、和平、吉祥，这次天鹅飞到中南海来，寻求友谊，寻求和平，寻求合作。希望这件瓷塑天鹅能为今后中美关系的发展带来瑞祥的征兆。周总理感谢尼克松总统的一片美意，并表示要珍视寄托着美国人民友好情意的礼品，妥善加以保存，在适当的机会向中国人民展示。中国向尼克松总统赠送了一只白玉提红釉大瓶，还有苏州生产的双面绣。访问期间，尼克松总统会见了毛泽东，并同周恩来总理会谈，送给周总理一个水晶玻璃塔。”

现在，这件瓷塑天鹅是国际友谊博物馆的镇馆之宝。瓷塑天鹅见证了中美两国关系发展史上具有划时代意义的事件。

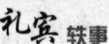

1982 年英国首相撒切尔夫人访华时，赠送给邓小平一只银烟盒。当时我任礼宾司接待处副处长，我感到英方送的国礼很有意义。撒切尔夫人知道邓小平有吸烟的习惯，而送银烟盒也反映了英国人送礼的传统。

撒切尔夫人生活中惯用银器，她赠送给邓小平的银烟盒雕刻精致，四周嵌有米字纹，中间微微隆起，无雕饰，造型简洁，而且比一般的烟盒长。- 这个银烟盒是特制的，邓小平很爱抽烟，他的烟过滤嘴比通常的香烟长一些，所以银烟盒特意加长了。事实上邓小平没有使用过这个烟盒，他像我们其他党和国家领导人一样，国礼都上交了。

1984 年，撒切尔夫人再次访华签署中英联合声明，宴会之前向邓小平赠送了一个银盘子。在这件银盘上，依盘沿弧度按顺时针方向刻有花体英文，中译文为："在这为签署联合王国和中华人民共和国关于香港问题的联合声明而专程访问北京的重大时刻，玛格丽特·撒切尔首相赠送给邓小平主任"(邓小平时任中共中央顾问委员会主任)。

自撒切尔夫人 1982 年 9 月访华时隔两年多，中英两国政府经过 22 轮谈判，于 1984 年 12 月 19 日在人民大会堂正式签署《关于香港问题的联合声明》，确定中国政府将于 1997 年 7 月 1 日恢复对香港行使主权。烟盒和银盘见证了为香港问题的解决的一个重要历史时刻。

1985 年 5 月 21 日，葡萄牙总统拉马路·埃亚内斯应国家主席李先念的邀请来访，这是葡萄牙国家元首首次访华。访华结束时中葡两国政府联合发表了关于解决澳门问题的新闻公报，宣布双方将通过外交途径就解决澳门问题举行谈判。埃亚内斯总统访华时赠送给李先念主席的礼品是一件银仿古三桅帆船模型，长 43 厘米、高 39 厘米，带有浓郁的地方传统特色。"葡萄牙"在拉丁语中意为"温暖的港口"，由于地理位置独特，西部和南部濒临大西洋，航海业发达较早，中世纪及近代航海发现鼎盛一时，成为声名远扬的海上强国。礼品造型简洁，中部主桅高高耸立，船头船尾各立二桅、三桅，风帆满鼓，令人感受到疾航之势；帆桅之间系细银链，既保留当年风貌，又表现出做工的精细，古香古色。这种多桅帆船 15 世纪出现，牢固轻快，可以逆风迂回航行。葡萄牙人在历史上最早开辟探险新航路，发现好望角和印度的探险都是驾驶这种多桅帆船扬帆远航。

文化的精华，文明之标志

一件国礼充分体现一个国家和民族的传统优秀文化。如亚洲的国礼，以绘画、陶瓷器艺术品为多，淋漓尽致地反映古老的东方文化；欧洲玻璃器皿突出，反映欧洲玻璃器皿工艺的先进水平；而雕刻工艺品是非洲地区传统馈赠品；大洋洲则偏爱赠送代表自己生态环境特点的礼物。

1960 年 4 月，尼泊尔加德满都市政委员会赠周恩来总理一尊铜雕释迦牟尼像。

1960 年 9 月，缅甸总理吴努赠毛泽东主席一幅纵 87.3 厘米、横 69.6 厘米的油画《佛塔风光》。缅甸是佛教国家，全国处处可看到佛塔。这幅油画呈现一派金碧辉煌佛塔的景色，看了使人感受这个国家被誉为佛塔建筑荟萃之地，当之无愧。

1963 年 4 月，刘少奇主席访问柬埔寨，一个大国元首探求和平友好之路不顾个人安危的行为，深深打动了柬埔寨领导人，西哈努克亲王亲手将代表着柬埔寨民族文化精华的石刻四面佛头像赠送给刘少

1960 年 4 月，尼泊尔加德满都市政委员会赠周恩来总理一尊铜雕释迦牟尼像

1983 年 9 月，约旦国王侯赛因赠中国国家主席李先念一尊银雕骆驼骑士像，长 16 厘米，高 17.8 厘米

奇主席，表达了柬埔寨人民的一片真情。石刻四面佛头像，仿制柬埔寨著名历史古迹吴哥城胜利城门上的四面佛头像。吴哥古迹与中国的长城、埃及的金字塔、印度尼西亚的婆罗浮屠并称为东方四大奇迹。

1973 年 7 月，刚果人民共和国 [现刚果 (布)] 总统恩古瓦比赠毛主席一个木雕老人胸像，充分体现非洲的雕刻艺术。

1981 年 5 月，比利时国王博杜安一世赠中国政府一个水晶玻璃套色麻花瓶，色彩夺目，工艺高超。

1983 年 9 月，约旦国王侯赛因赠国家主席李先念一尊银雕骆驼骑士，其长 16 厘米，高 17.8 厘米。这位骆驼骑士，充满英雄气概，气壮山河。约旦历史悠久，文物古迹多。沙漠占全国面积近 80%，骆驼骑士体现了这个国家的民族精神。约旦国王侯赛因率团先后于 1982 年、1983 年两年内两次访华，是新中国建立以来少有的。

1986 年英国女王伊丽莎白二世访华时，向李先念主席赠送一封迟到 390 年的信。那就是英国女王伊丽莎白一世在 1596 年写给明朝万历皇帝的一封信。这封信表示希望英中两国之间贸易能得到发展。但送信的使者遭遇不幸，因而那封信一直没有送到。当英国女王伊丽莎白二世赠送这封信时，女王对李先念主席说："幸运的是，自1602年以来的邮政事业已经进步了，您邀请我们到这里的信件平安地送到了，而且接受这一邀请给了我们极大的欢乐"。女王访华期间还给李先念主席夫人林佳楣同志赠送一张女王夫妇合影，表现一国之君的朴素的情谊。

1988年11月，新西兰政府赠送李鹏总理一块木雕嵌螺钿壁饰。

2008年4月，汤加国王图普五世赠国家主席胡锦涛一盏贝壳台灯，礼品别有一格，精致漂亮。读它，思绪纷纷。汤加是大洋洲唯一的一个历史悠久的王国。它有着古老的文化，他们使用石刀、石锛、贝钻之类工具，就能把石木、植物纤维制成房屋、独木舟、日用器皿，制作的贝壳台灯，构思巧妙，工艺精致，引人夺目。这件国礼象征这个王国的传统文化。

以先进的文明观所支撑的馈赠礼俗，成为一种人类追求和平、尊重、理解和沟通的精神象征。综观半个世纪中国外交往来接受的外国礼品，可以发现东方馈赠极为讲究优雅含蓄，赠送物大多寓意吉庆瑞

1988年11月，新西兰政府赠送李鹏总理一块木雕嵌螺钿壁饰。宽34厘米，高53厘米，厚7厘米

祥，同时亚洲又是世界三大宗教发源地，信仰佛教、伊斯兰教和印度教的人数居世界之首，由此决定了许多国家的外交馈赠带有浓郁的宗教色彩。

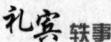

中国是一个历史悠久的文明国家。中国领导人向国宾回礼，或出访时向驻在国领导人赠礼，通常采用传统的优质工艺品，诸如景泰蓝、丝绸、玉器、瓷器、刺绣、纺织品等等，外国朋友从礼品中了解中国和中国悠久历史和文明。周总理在审批并确定向外宾赠礼方案时，还让秘书提醒礼宾司，对外赠送的礼品必须附说明书和译文。

欧洲各国的国礼很多是仿制世界艺术史上著名美术品，体现他们保持西方传统艺术和文化的理念。1982年，英国首相撒切尔夫人访华，赠送我国领导人的国礼是一套精装的莎士比亚文集，体现英国的传统文化。

1994年李鹏总理访问哈萨克斯坦、乌兹别克斯坦、土库曼和吉尔吉斯等国时，均向上述四国领导人赠送我国生产的音响、电视机等电器。他们对我国新颖的电器和工艺赞不绝口。

2008年4月，汤加国王图普五世赠中国国家主席胡锦涛一盏贝壳台灯，长40厘米，宽39厘米，高67厘米

2001 年 6 月，墨西哥总统福克斯赠中国国家主席江泽民一尊铜塑阿兹特克人武士像，最宽 32 厘米，高 54 厘米，厚 27 厘米

2001 年 6 月，墨西哥总统福克斯赠国家主席江泽民一尊铜塑阿兹特克人武士像，最宽 32 厘米，高 54 厘米，厚 27 厘米。墨西哥是印第安人古文化中心之一，闻名世界的古玛雅文化、托尔特克文化和阿兹特克文化都是墨西哥印第安人创造的。阿兹特克人武士像象征墨西哥古老文化的身影。

和平友谊之象征

物轻情谊重。每件礼品有着深刻的含义。1987 年 5 月联合国秘书长佩雷斯 · 德奎利亚尔访华，邓小平在会见他时指出：我们关心的问题，一个是和平问题，一个是发展问题，在这两个问题上，联合国的作用越来越重要。会见后联合国秘书长向邓小平赠送了铜雕《和平之手》，艺术化地再现联合国维护人类和平，促进世界发展的宗旨和使命。1995 年联合国成立 50 周年时，江泽民主席向联合国赠送了“世纪宝鼎”，这尊高 2.1 米、鼎座高 0.5 米的巨鼎被安放在联合国大厦北花园的草坪上，供参观者欣赏。鼎象征着团结、统一和权威，是代表和平、发展、昌盛的吉祥物。

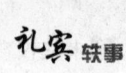

1989年老布什总统访华，李鹏总理夫妇向老布什总统夫妇赠送了飞鸽牌男女自行车各一辆。这份礼品引起布什总统夫妇一段美好的回忆，当年他任美国驻华联络处主任时，常同夫人骑自行车逛京城。

国礼是无价之宝

国礼具有很高的艺术价值，有的价值连城。20世纪60年代，胡志明主席赠送刘少奇主席一尊木雕大象，栩栩如生，憨态十足，反映了当地特有的生态环境和馈赠礼俗。

1972年日本首相田中角荣为恢复日中邦交初次访华时，赠送毛主席的国礼为一幅标价5000万日元的东山魁夷的风景画《春晓》。东山魁夷是日本著名画家，他的画在日本价值连城。当年9月27日晚8时30分，毛泽东主席在中南海会见田中等人，会见结束时，他把自己读过并批注的《楚辞集注》作为礼物送给田中。

1996年，乌干达总统穆塞韦尼赠送江泽民主席一座乌木雕长颈鹿群像，5只长颈挺立的鹿相聚一起，脑袋机灵地注视着四周，木雕生动地描绘出长颈鹿的群居生活，反映当地特有的生态环境。不少非洲国家的铜雕、长鼓等也被誉为国礼赠送我国领导人，这些礼品都具有浓郁的民情风俗，是无价之宝。

周恩来总理对礼品的处理极其严格，我记得在礼宾司时，周总理指示礼宾司将外宾送给他的礼品直接上缴国务院机关事务管理局。他还多次向礼宾司说，要把有纪念意义，价值高的礼品集中起来，选择适当场所陈列展览，供国内外人士参观。根据周总理的指示，我国已成立了国际友谊博物馆，主管国礼的收藏和保管工作。目前在国际友谊博物馆保存的几十年来世界150多个国家和地区领导人赠送我国领导人的万余件国礼中，几乎每件礼品背后有着一个鲜为人知的故事，见证历史风云的起伏，友好往来的篇章，体现了共和国辉煌的外交成就。

目前在国际交往中互赠礼品的做好趋于简化，互赠小纪念品，礼轻情意重。双方商定不互相赠礼的实践也不乏其数，且受欢迎。我国在接待国宾时，通常把客人来访期间的活动照片精选汇集成册，在国宾离华时作为纪念品赠送对方，这种做法很受欢迎，既表达对客人的友好和尊重，又富有纪念意义。

周总理倡导的“礼宾革命”

1965 年我到礼宾司不久的一天下午，司领导让我随一位老同志去中南海西花厅，协助安排周总理会见巴基斯坦驻华大使罗查先生。在这里，我第一次见到周总理。此后我又有机会数次见到周总理，聆听他的指示和谆谆的教诲。

有一次，周总理要礼宾司的同志记住四个字：“礼宾革命”。不久礼宾司就把“礼宾革命”四个红字贴在礼宾司亚非处办公室的墙壁上。周总理让我们每个人天天看到“礼宾革命”，并永远牢记它。

“礼宾革命”就是指礼宾改革。这是周恩来总理提出来的我国礼宾工作的一个重要指导思想，它指引我国礼宾工作不断改革、完善和提高。周总理指出，历史上的礼宾制度大致可分为两类，一类是封建帝国的，一类是资本主义的。过去有很多礼宾规格是资本主义国家定下来的，我们学了一些这类东西，同时还学了其他社会主义国家的东西，我们不能完全同意这套礼宾，也不能完全废除，但可以打破一些，要进行改革，要更多地发挥创造性。这也就是说，改革的目标是形成既与国际上公认的习惯做法相一致、相衔接，又要具有我国风格的社会主义的中国礼宾制度。礼宾工作不能墨守成规，要不断改革创新，开拓前进，而使礼宾能更好地为贯彻我国外交政策和发展对外关系服务。

从 60 年代中期开始，周总理指导我国礼宾工作进行逐步改革，改革的内容大体有如下几个方面：一、“删繁”就简。即删减礼宾安排方面一些过于繁琐的礼仪和程序。例如，国宾来访，双方领导人在机场讲话；外交使节在宴会上轮流向宾主一一敬酒；大使递交国书仪式上双方互致颂答词，这些都是根据礼宾改革的精神加以改变的。这些改变丝毫不影响原有仪式的隆重，却减少了程序，缩短了活动时间，对各方都有益处。二、创新开拓。即根据我国的情况和我国对外工作的需要所采取的一些独特做法。如建国后我国对国宾来访安排的、体现我国对大小国家一律平等的机场群众欢迎仪式；六七十年代，为支持越南和巴勒斯坦人民的正义斗争，我给越南南方解放组织和巴勒斯坦解放组织驻京代表机构以大使馆相同的地位和优遇等。三、有的放矢。有针对性、不强求一致。他经常教导礼宾司的同志，礼宾安排要有针对性，注重实效，要根据客人的情况来决定，做到有的放矢，要严谨细致，技术上的差错往往会造成不良的政治影响。

周总理言传身教，在他领导和关心下，那时的礼宾工作还做出许多重要改革。其中有：规定国宴为四菜一汤的标准，取消国宴上外交团团长祝酒和使节敬酒，简化到任的外国驻华使节递交国书仪式，降低涉外赠礼标准等等。强调礼宾活动安排要依据对象、情况、时间与地点等诸因素，以不同灵活地运用多种形式与做法，不强求一致，不生硬照搬。如我国宴会席次安排，周总理就主张区分不同情况、采用多种方法安排，突破了西方的一些习惯做法。如举行宴会时非得女陪男、男陪女的固定格式。

美国总统尼克松访华和联合国恢复我国的合法席位以后，不少第三世界国家的领导人要求访华，其中一些国家领导人希望我国为他们提供接送的交通工具。按照国际上传统做法，接待国不为外宾提供境外的交通工具。对此礼宾司议论好久，提不出什么好方案。周总理一听就有一点生气，批评礼宾司对“礼宾革命”在思想上还是没想通。他说，第三世界国家领导人要来中国，不能拒之门外。这次联合国恢复我国席位，就是第三世界国家投我们的赞成票，这是政治上对中国最大的支持。礼宾司怎么这个政治账就算不过来。对这些国家要有求必应，派专机出国迎接，由礼宾司的领导去办，并要礼宾司写报告送给他批。

“礼宾革命”不等于简单化，必须从实际出发，审时度势，敢于创新，服从政治大局。新中国的礼宾就是遵照周总理的改革创新，不断开拓的思想建立和发展起来的。

在礼宾司的日子里，我亲历多项的礼宾改革。礼宾改革的实践主要有三个方面：顺应形势的发展，改革以往的某些礼宾程序；保证礼遇规格，恢复和增加必要的礼仪形式；礼宾工作更加注重实效，提高工作效率，在保证完成外事任务的前提下，精打细算，节省外事开支。

“文革”开始后，周恩来总理仍不时关注着礼宾改革。他认为，有关礼仪活动要随着形势的发展而变化，他多次讲到，譬如我国国庆节和“五一”劳动节，我们不一定年年都搞盛大规模的庆祝活动。可以逢五、逢十或者具有特殊意义的事情需要庆祝时才举行，那样就更有意义。上述改革的思想和实践无疑为“文革”之后我国礼宾进行更大范围的改革奠定了基础。

周总理离开我们之后，礼宾司牢记周总理“礼宾革命”的指示，进行多项的礼宾改革。其中，改革接待礼仪、改革迎宾场所等方面就是生动的例子。

改革接待礼仪。随着各国民航交通日渐发达，并考虑到节省人力、物力、财力以及专机安全责任等因素，以及同国际各国礼仪实践接轨，1978年12月礼宾司上呈报告，建议停止向外国元首和政府首脑访华提供往返专机。同年12月中央批准了外交部的改革方案。1978年12月27日，礼宾司向各国驻华外交代表机关发出备忘录称：“以往中国政府曾应一些友好国家的要求为来访贵宾提供过往返专机。由于目前我国经济、技术条件有限，且中国民航国际航线日益增多，适用于国际航线的大型客机严重不足。为此，今后对来访贵宾不再应要求提供专机，请予谅解。”派专机接送外国国家元首或政府首脑访华的做法就此停止了。又如，1985年，外交部上呈由礼宾司拟定的报告，规定我方每月接待外国国家元首、副元首、政府首脑、副总理2—3起，外长不超过3起。同年9月此报告经中央批准，有效控制国宾和重要访华起数。同时上呈报告，规定我方免费招待外宾人数。即自1980年7月1日起，对来访重要外宾在我国境内由我免费招待的随行人数进行了限制，外国国家元首或政府首脑正式访华，其随行人员在30人以内，部长或副部级官员访华，随行人员在10人以内。凡超过限额者，其各项费用由来访国自理。此后又改为外国国家元首或政府首脑访华，中方免费分别招待为18人或12人，招待5至7天，此后改为只招待5天。

接待礼仪的改革是参照外国接待礼仪，诸如日本、美国、英国以及欧洲一些国家的接待礼仪惯例进行的。这项礼宾改革使礼宾司每年国宾接待工作规范化，为国家节约人力、物力、财力。

改革迎宾场所也是其中重要的一项。“文革”后，我国外交事业大发展，国宾和其他重要外宾访华迅速增加，例如，1979年有37起国宾来访、1985 年增至 70 起，此后每年国宾访华起数有增无减。为节约大量人力、物力和时间，增加迎宾的隆重气氛；同时借鉴外国的习惯做法——不少国家迎宾场所设在总统府、议会大厦或国宾馆等地。1980 年 1 月，礼宾司起草并由外交部上呈报告，拟在钓鱼台宾馆举行国宾欢迎仪式。此方案并已得到中央批准。但后来考虑到钓鱼台宾馆迎宾地点从施工到竣工尚需时日，且场地不够理想，礼宾司再与有关单位协商，向部领导请示，并又一次上呈报告，建议迎宾地点改在人民大会堂东门外广场，或在人民大会堂举行。

1980 年 8 月，中央批准了外交部的报告，将国宾欢迎仪式由机场（车站）移至人民大会堂举行。至于机场或车站迎送国宾，则由副外长等官员出面，之后接待国宾设陪同团长的做法开始实施。

我国领导人称这项礼仪改革效果好，节约他们很多时间和精力。群众也纷纷写信，赞扬和拥护这项改革，并拥护国务院撤销在钓鱼台宾馆内新建迎宾场所的计划。一个“目击者”对此写信表达他的感言：“五届人大三次会议以后，我国领导人欢迎外国国宾的仪式改在人民大会堂前举行，给人面目一新之感。”一、选择的地点好。人民大会堂是我国政治中心的象征，它本身庄严、雄伟，在此举行仪式，气魄大，比过去在机场更隆重。二、不脱离群众。在天安门广场上，群众自动集结观看仪式，可使外宾感到亲切、自然。三、节约了领导同志的时间和大批车辆往返机场的开支。四、广场的布置和整个仪式庄严、朴素、隆重、亲切，非常得体；仪式用的时间也不多。这是一个很好的礼宾改革，希望能坚持下去。人民大会堂的迎宾仪式比首都机场的迎宾仪式更加隆重。国宾沿着铺就的红地毯检阅三军仪仗队，威严壮观。欢迎仪式还增添国宾检阅三军仪仗队分列式一项，即中方领导人陪同国宾检阅仪仗队后再次登上检阅台，检阅三军仪仗队分列式，然后与参加仪式的双方人员离开迎宾场地，进入人民大会堂。

周总理的“礼宾革命”的亲切话语至今还萦绕在我的心中。中国素称“礼仪之邦”。尚礼好客，礼尚往来是中国礼仪传统。新中国成立以来，我国的礼宾工作继承和发扬了国内外的一些好的做法和惯例，在实践中形成了自己独特风格，在对外工作中收到了良好的效果。

改革是国家永恒的主题。礼宾改革与其他工作一样，只有“变中求新、变中求进、变中突破”，事业才能兴旺发达，胜利前进。

迎来送往有讲究

外交部礼宾司主管国家外交礼仪事务，其重要职责之一是承担外国元首及政府首脑及重要贵宾访华的迎送任务。笔者经历多次的迎送国宾的礼仪改革，印象深刻。数十年的迎宾礼仪改革，总的原则是删繁就简，显示了中国作为一个外交大国日益走向成熟。

建国初期：高规格高礼遇迎送国宾

新中国成立后，“另起炉灶”开外交新篇。为了迅速打开新中国外交工作的局面，当年曾采取了许多非常规的做法，高规格高礼遇迎送国宾就是一例。

我国是个文明古国，素称“礼仪之邦”。有朋自远方来不亦乐乎！为体现中国人民的热情好客，在上世纪 50、60 年代外国国家元首或政府首脑访华，通常组织成千上万群众在北京市区夹道迎送。当时与我国建交的国家数量不多，几乎每一位访华的外国元首或政府首脑都受到了这样的接待。

1956 年国庆前夕苏加诺总统访华，受到高规格隆重接待。苏加诺总统抵达北京时，毛主席和其他领导人、有关部门负责人 120 多人及 1 万多名群众前往机场迎接。苏加诺总统在机场检阅了三军仪仗队。在北京市区苏加诺受到 11 万群众夹道欢迎。陈毅副总理等陪同苏加诺总统访问了沈阳、南京、上海、杭州、广州等地，所到之处都受到群众夹道欢迎。访华后苏加诺总统说，他访问中国受到中国政府非常亲切的接待，同样也受到了数十万，甚至好几百万中国人民的亲切接待，他心里感到非常激动。

1957 年 1 月 6 日，毛泽东以中华人民共和国主席的名义邀请苏联最高苏维埃主席团主席伏罗希洛夫访问中国。当年 4 月 15 日伏罗希洛夫访华，毛泽东、刘少奇、周恩来、朱德、贺龙、彭真、罗瑞卿、杨尚昆等到机场迎接。伏罗希洛夫访华期间，几乎所有的行程都由中国党政主要领导人陪同，北京市区几十万人夹道欢迎。每到一地都出现“万人空巷”的热烈欢迎场面，刘少奇还在上海迎接伏罗希洛夫，又是几十万人夹道欢迎。对中方高规格的热情周到细致的接待，伏罗希洛夫多次表示非常满意。根据1957年4月《接待苏联伏罗希洛夫主席工作计划纲要》，当时要求上海市组织群众3万人参加机场欢迎，从机场到住地组织22万人夹道欢迎，群众手持中苏两国小旗、标语、花束……除了群众自制的花束和标语外，国宾接待委员会制作中、苏国旗各7.5万面，鲜花2万束，分发给群众欢迎用。

1961年6月越南总理范文同访华，12日上午总理范文同一行抵达北京时，董必武副主席、周恩来总理等中央领导人前往机场迎接，首都数十万人夹道欢迎。

1965年2月，坦桑尼亚共和国总统尼雷尔访华，刘少奇主席、周恩来总理、陈毅副总理兼外长等领导人迎接。总统尼雷尔从三位领导人脸上的笑容，知道自己受到厚待。下榻宾馆后，他得知，还没有一个非洲的元首受到中国国家主席和总理的同时迎接。

新中国成立后，金日成先作为内阁首相，后来作为国家主席，正式或秘密访华达40余次，他访华每次均受到群众热烈欢迎。北京千千万万的市民都曾手持鲜花和彩旗，夹道欢迎金日成访华。

上世纪50、60年代，高规格高礼遇迎送国宾，这种特殊的礼仪安排与当时的国际形势密切相关，在以美国为首的西方国家对华实行敌视政策的情况下，社会主义国家和亚非国家领导人访华被视为对新中国的支持。高规格高礼遇的礼宾安排，不但为新中国赢得了朋友，扩大了影响，也为新中国同世界各国尤其周边邻国建立外交关系打开局面提供了机遇。

新中国成立以来，除了高规格高礼遇接待好社会主义国家和亚非国家领导人访华外，对于来访的外国政府代表团和民间代表团和人士，同样给予热情友好的接待和极高的礼遇，这种日日夜夜接待外宾的做法，对于扩大新中国的对外影响发挥了很大的作用。

七十年代初取消群众夹道迎送国宾

随着我国外交局面不断扩大，对外往来变得十分频繁，高规格的迎送国宾礼仪让礼宾司不堪重负，且花费大量的人力物力和财力，因此在上世纪六十年代初，周恩来总理提出“礼宾革命”，要求改革礼宾礼仪，其中重要一项便是简化迎送国宾仪式。到七十年代初，随着国宾访华越来越多，取消市区组织群众夹道迎送国宾的做法。

1972年1月31日至2月2日，巴基斯坦新上任总统布托访华。考虑到布托和巴基斯坦的特殊情况，为了突出中巴友好和中国对巴基斯坦的支持，中方仍安排了盛大的群众夹道欢迎仪式，但天公不作美，从1月30日晚北京就下起大雪，直至到第二天早晨，随之刮起了强劲的西北风，气温降到零下10度左右。为此考虑到群众、国宾和领导人的健康，临时取消了长安街沿线的夹道欢迎仪式和周总理和布托乘敞篷车的安排。布托总统抵京后，周总理亲自向布托总统做了解释，周总理还告诉布托，中方自70年代初就取消夹道欢迎国宾的做法。但布托还是通过其工作层面官员表示，希望他离开北京时补一下，以显示中巴友好，消除外界误解。周总理考虑到布托这一要求，决定组织群众夹道欢送。2月2日中午布托总统在人民大会堂举行告别宴会后，在凛冽的寒风中，从人民大会堂东门，周总理同布托总统乘敞篷车，绕行天安门广场一周后缓缓驶向东长安街，向夹道欢送的群众致意。对此布托总统十分满意，再三向周总理表示衷心的感谢，称此次访华完美。

1972年2月2日，周恩来总理陪同布托乘敞篷车经过市区前往机场欢送他离京回国，就成为我国群众夹道欢送外宾仪式的最后一幕。此后，从首都到省市，除特殊情况外，国宾访华时不再组织群众夹道迎送。

遇到特别情况：改革也要算政治账

外交礼宾面对着复杂多变的情况，遇到一些特殊问题时，礼宾司也要从政治角度考虑，调整礼仪规格。“礼宾革命”不等于简单化，必须从实际出发，审时度势，敢于创新，服从政治大局。

例如，1975年4月18日，金日成再次应中国共产党和中国政府邀请正式访华，我国当时已取消国宾访华给予夹道欢迎的做法，但考虑到中国和朝鲜的传统友好关系，还是在天安门广场组织了几万人，手持鲜花和彩旗，夹道欢迎金日成访华。邓小平陪同金日成乘车至天安门广场东侧，换乘敞篷车，徐徐绕广场一周，接受群众的欢迎。

又例如，1986年10月12日英国女王伊丽莎白对中国进行国事访问。这是英国历史上君主对华的第一次国事访问。我国政府对女王访华十分重视，给予亲切友好、高规格和破例的礼遇。中国方面破例安排在女王抵达北京、西安、昆明、上海、广州等城市参观访问时，每地均组织了近万名身着鲜艳服装的青少年，在女王车队经过的主要干道，挥动彩旗、国旗、鲜花和气球，载歌载舞地热烈欢迎。英王抵达西安时，正下着蒙蒙细雨，女王车队经过市中心钟楼时，欢迎群众放出数百只鸽子，女王看到天空可爱鸽子飞翔情景，激动万分。她站立在敞篷车内频频地向群众挥动双手致意。她向中方陪同人员说，这样激动人心的震撼场面使她实在太感动了。18日晚，女王一行结束一周访问乘皇家游艇“伊丽莎白”离开广州黄埔新港时，女王看到码头张灯结彩，三千名欢送群众敲锣打鼓挥动花束和彩带，乐队奏中、英两国乐曲，由百余人组成的舞龙队举着“巨龙”纷纷起舞。英王满脸笑容地站在游艇甲板上，依依不舍地、不停地向欢送队伍告别。

简化中国领导人出访送迎仪式

简化我国领导人出访送迎礼仪几乎同迎送国宾礼仪的改革同行。上世纪50、60年代我国领导人出国访问，机场送迎规格高、人数多。国家主席、国务院总理出国访问，通常安排一两位国家领导人及有关部委负责人等十来人或数十人前往机场送迎。

1966年6月，周恩来总理在出访罗马尼亚前夕首次提出简化国家领导人出访迎送仪式。他提议“对这样的一种外交仪式，采取革命方式”处理。根据周总理的指示精神，礼宾司上呈了《关于我国家领导人出国访问送迎的规定》，建议对党的领袖、国家元首等领导人，在组织欢送离京时，仪式从简。只组织少数负责人，不组织群众送行。出访的我国领导人回国时，欢迎仪式从简。

从整体上说，除个别情况外，我国领导人出访送迎仪式也经历从繁到简的过程。例如，自1986年6月起我国国家领导人出国访问，减少了我党政领导人送迎人数，改变过去首都机场送迎人数过多的情况；自1991年起迎送地点改在人民大会堂。2002年后进一步改革，党和国家领导人出访不举行送迎仪式。直至新世纪，我国领导人出访迎送仪式的改革尤其引人注目。例如，2010年4月12日，国家主席

美国前国务卿基辛格访华，在西安城东华清池与随行者合影，左 6 为作者

胡锦涛离京赴美出席核安全峰会，随后访问巴西。胡锦涛乘坐的专机抵达华盛顿安德鲁斯空军基地，他走下舷梯，同美方官员和中国驻美大使等一一握手，随后即乘车离开机场，整个过程仅持续了 5 分钟。这次机场没有出现欢迎队伍和欢迎横幅，是我国领导人出访礼宾改革的新举措。礼宾安排删繁就简，显示了中国作为一个外交大国日益成熟的心态。

新世纪的礼宾创新：礼仪大使的诞生

新世纪在我国举行中外领导人峰会或国际会议越来越多，礼仪大使随之诞生。礼仪大使的任务之一是代表政府迎送来访的国宾。他们越来越活跃地出现在中国主持或参与的多边外交的重要舞台上。

2000 年 10 月，在北京举办中非合作论坛第一届部长级会议，我国政府为迎送贵宾设置了礼仪大使。2001 年 11 月，在上海举办的第九次亚太经合组织领导人非正式会议上，我国政府派三位礼仪大使代表国家迎送与会各国领导人。2006 年 11 月，在北京举行的中非合作论坛北京峰会暨第三届部长会议，48 位非洲国家领导人或代表云集北京，这是新中国成立以来规模最大的中外领导人聚会。礼仪大使在迎送各国领导人方面扮演重要角色。2008 年在北京举办奥运会，各国领导人进出北京，由礼仪大使热情迎送。2010年上海世博会，礼仪大使率先垂范，向外国贵宾展示东道国的热情友好和周到细致的精神。礼仪大使的诞生，开创了我国迎送国宾史上的新篇章。

主随客便

1965年我一进礼宾司，常常听到老前辈讲述周总理对礼宾人员严格要求的故事。其中有一些故事让我终身难忘。例如：接待国宾要做到“主随客便”。“主随客便”就是要尊重来访客人的生活习惯，尊重他们的要求和需要，根据不同情况，调整对客人的安排，让客人高兴而来，满意而归。

我第一次参加国宾访华接待是在1967年，当年一位非洲国家总统访华，对方坚持总统座车挂其总统旗，那时国内只有该国国旗，没有那位总统的总统旗，礼宾司只好发电通过我驻该国使馆，请对方自带总统旗。那位总统抵达北京当天，司里派我前往首都机场与总统专机上该国的礼宾官索取总统旗，并火速送至大北窑处，套挂在备用的一辆敞篷车旗杆上，那时大北窑是市区群众夹道欢迎国宾的起点。总统进入市区，我国领导人陪他乘敞篷车检阅欢迎群众。

周总理的“主随客便”逸闻不胜枚举。1964年10月，阿富汗国王穆罕默德·查希尔·沙阿陛下和王后访华，当天下午4时抵达北京，晚7时中国领导人在人民大会堂为其举行盛大国宴。晚上7时，刘少奇、周恩来、朱德、董必武等国家领导人都到齐，在等候国王和王后一行。但王后在宾馆化装打扮，找不到她喜欢的衣装，而迟迟未离开宾馆去人民大会堂。周恩来总理得悉原委后指示：不要去催促阿方。等到王后换完她满意的服装后随国王抵达宴会厅之时，已是晚上7时45分。对此，国王再三表示歉意。

1970年一位外国国家元首对华进行国事访问。在他访问北京第二天下午，周总理秘书通知接待办公室，毛泽东主席在半小时后接见这位总统，让礼宾官马上通知他。这位总统是一位虔诚的伊斯兰教徒，当时他刚刚在房间做祷告。总统警卫秘书告诉中国礼宾官，总统祷告一般需要二十至三十分钟。中方礼宾官将此事立即报告周总理办公室。周总理立刻电话交代礼宾官，不要去打扰惊动总统，等候总统祷告结束才请他。周总理即动身去毛主席处汇报工作，利用汇报机会拖延一下时间，以便等这位总统祷告完毕。事后，总统获悉此事很受感动，见了周总理多次为此事表示歉意和不安。

周总理非常重视各国的风俗习惯，他有一句话，我铭刻在心。他说："尊重一个国家的传统习惯，实际是对这个国家的尊重。"在他的亲切关怀下，礼宾司人员努力做到周到细致。尤其是注意尊重来宾的传统习惯。多年来为来自伊斯兰国家的国宾举行的国宴，均安排清真全席。宴席上不用酒类，而是用饮料或茶水。在宴会上对个别外宾饮食有某种忌讳，还作特殊安排。为全体驻华使节举行的招待会，也只安排清真食品。

1970 年初有一位来自南太平洋岛国的国家领导人访华，他身胖体重，行动缓慢。访问西安时下榻省政府宾馆，虽然事先也派先遣组察看，但百密也有一疏，没有认真细致检查每件设备。谁也没料到那位国家元首一进宾馆就急用卫生间，没有多久，就听到卫生间传来一声巨响，原来抽水马桶被国家元首坐塌了，他股部受了轻伤。这一事故影响贵宾当天下午的活动。周总理得悉后，严厉批评了当事人，并亲自向该国家元首表示歉意。

周总理在执行"主随客便"原则方面是楷模，深受世人赞扬，他常强调尊重对方，不强加于人。他细致周到的工作作风更令人钦佩。

美国总统访华大“折腾”

上世纪70年代末80年代初，国宾纷至沓来。有朋自远方来不亦乐乎，我常和同事整天忙忙碌碌，要办的事情没完没了。外交无小事的信念，使我战战兢兢，浑身是劲。每年约有百起国宾访华活动，这意味着世界的天平向中国倾斜，想到此，我欢欣鼓舞。

礼宾官工作处于高度紧张状态，几乎没有上下班之分，大量的准备工作必须在国宾抵达前完成。我记得那几年里，几乎没有一起国宾访华的名单和日程是一成不变的。那时没有电脑，重复劳动成为我的家常便饭。国宾访华的安全和医疗保健、宾馆、乘车、赠礼方案等，是礼宾官必须仔细考虑之中的事情。国宾抵京后，我们就开始在钓鱼台宾馆紧张工作，有时还得提供一天24小时的服务。几天之后国宾离华，我和同事才拖着疲倦的身子回家。回家顾不上休息，又得迎接新任务，真是站不旋踵。

1975年美国福特总统访华，总数450人，其中正式成员37人，记者170人。我参加福特总统访华先遣组接待，深感到礼宾人员的担子重了，尤其接待美国总统访华，要面对大“折腾”考验。时间紧、人数多，做好接待并非容易，必须以忘我的工作精神和严谨的工作作风面对大“折腾”。

1998年6月25日至7月3日，美国总统克林顿对我国进行国事访问，在华访问9天，访问了北京、上海、桂林和香港。这次随克林顿总统访华的人数是历来最多的，共有1200多人。总统夫人、女儿、岳母以及5位部长、6位议员及国家安全事务助理、太平洋舰队司令等。随行人员当然还有总统的贴身服务人员和夫人希拉里的理发师。随团采访的记者有375人，其中200人随机前往，可谓是团中套团。除总统专机空军一号外，还要用3架客机和好几架C—141运输机。美专机在华停降93架次，除了运送人员外，还运送通信设备83吨，防弹车、生活用品等大量后勤保障物品等100多吨。这次随团而来的还有两辆黑色的专用安全通讯车、10辆防弹车、受到严密保护的总统标志和防弹的放讲稿小台架及饮用水等设备与用品。一位白宫的先遣人员开玩笑地说："几乎要把整个白宫都搬到中国去了。"其费用难以计算。先遣组包括安全、后勤等先遣组先后共3批，每次均在百人以上，在京与中方有关部门举行会谈，看总统计划访问的场所，仅第二批先遣组在京看点就有53个。显然组织接待工作复杂、难度大。

随着国宾访华越来越多，大"折腾"是难以避免的，认真应对，认真细致，做好每件琐碎平凡的事情，才能确保国宾访华成功。

走后门的总统

国宾在华活动都喜欢堂堂正正走正门，走有气派或装饰崭新的正门。哪位访华总统喜欢走边门、走后门？在我记忆里唯独美国总统里根访华时喜欢走边门、旁门。

1984年4月26日至5月1日，美国总统里根应邀访华，夫人随同。这是中美1979年1月1日正式建交之后，美国第一任在职总统对中国进行国事访问。

里根总统应邀正式访华，中方当然像接待其他国家元首一样热情隆重，礼仪周全，并采取各种各样安全措施，确保他们在华的安全，做到万无一失。

这位美国总统访华，排场大，要求多，安排复杂，先后派了数个先遣组。各个先遣组任务不同，光就安全先遣组，有管总统夫妇饮食起居的、管随身警卫的、管交通安全的等等。尽管外交部主管礼宾的韩叙副部长向美方表示，中方完全有能力充分保证总统的安全。但美方对中国安全措施还是将信将疑并不断提出可笑的要求。美方提出要派其特工人员下厨房监督中国厨师做菜，说他们总统吃的东西都必须经过特工人员检查。韩叙听了哭笑不得，说："给美国总统吃的东西，我们领导人也同样吃。"也许美国安全官自己也觉得这要求太荒唐，因此不再坚持。实际上里根总统夫妇在中国宴席上每次吃得津津有味。在钓鱼台国宾馆总统随行"御厨"为里根总统夫妇准备早餐和平时用餐。中方在总统套房备餐间安放的各种物品全被搬到了走廊里，当然谈不上他们吃中方准备的早餐了。可口可乐、橙汁，去咖啡因的咖啡等各种饮料，都是从美国运来的。其实，中方知道里根只喝去咖啡因的咖啡，宾馆都给他准备了，美方安全人员就不让里根喝。钓鱼台国宾馆工作人员也感到莫名其妙。

他们每到一处，中方从礼仪考虑，总是安排里根总统夫妇堂堂正正走正门，走崭新的正门。并告中方主人将在那里迎接。但美方的安全官总是提出里根总统走边门或旁门。中方负责安全警卫的同志说："这样可能不太好吧，显得总统不礼貌似的。"美方安全人员说："没关系，我们总统已习惯走边门了。"

在北京时，里根总统去长城饭店出席招待会，不走正门，车子径直开到饭店南边的车库门口，进入车库后，穿过装修简单的水泥走廊，经过两旁厨房、库房和服务人员办公室等后勤设施，最后才到达大堂。在西安参观兵马俑博物馆后去参观当地一个市场，里根出发前还得穿上防弹背心，生怕受到枪击。

为什么总统里根处处表现得像惊弓之鸟呢？事出有因。原来里根就任总统的第70天，曾经发生震惊世界的遇刺事件。1981年3月30日，里根在华盛顿一家旅馆的宴会厅发表午宴演讲后离开时，遭到枪击。他的新闻秘书的头部被击中，致其瘫痪，里根总统本人也中了一颗枪弹，幸好不是致命的，10多天后康复。后来得知，枪击者是一名"精神错乱者"。来中国访问时其内心的担忧还在。此事对其安全人员压力很大，来华后他们的神经仍然极度紧张，偏爱走边门，看来也不难理解！

病房里的元首会见

按照礼宾习惯，一般不能安排国家主席在病房里会见来访的国家总统。在我的记忆里有一次例外，病房里两国元首会见成为美谈趣事。

1990年6月26日至7月1日，应时任国家主席杨尚昆的邀请，乍得总统哈吉侯赛因·哈布雷来华进行正式访问。25日，乍得总统抵京前夕，杨尚昆因患阑尾炎突然住院手术治疗。礼宾司长江康紧急约见乍得驻华大使阿里，通报杨主席的病情，并告之中方将由时任副主席的王震出面接待。阿里表示，乍得总统已在来华途中，他本人难以做主，等总统抵京后，请中方直接告之。

哈布雷总统专机准时于26日下午1时45分抵京。在前往钓鱼台国宾馆途中，陪同团长陈敏章部长向乍得总统哈布雷通报了杨尚昆因病住院有关情况。总统听后未作任何表示。到达宾馆后，乍得驻华大使告诉中方：由于旅途劳顿，总统需要休息，当天下午的欢迎仪式和当晚的国宴取消，其他日程待商定。显然，乍方对中方的安排产生了误会。

当晚6时，双方有关官员就哈布雷总统访华日程进行磋商，但未达成共识。当晚9时，乍得外长奥马尔、新闻部长赛义夫和乍得驻华大使阿里紧急约见陈敏章等人。外长奥马尔首先祝杨尚昆主席早日康复，接着宣布乍方的决定：这是乍得总统哈布雷首次访华，应当尽可能取得成功，但看起来难于实现，建议在正式访问尚未开始前取消这次访问，日后再来。乍方的这个计划，让在场的中方人员都感到吃惊。但陈敏章仍沉着冷静地解释说：杨尚昆主席生病25日晚上才被确诊，不可能提前通报乍方。中方已为哈布雷总统日程安排作出很大努力，实质活动都未改变，总统抵京的消息已登报，国内外记者都知晓，突然中断访问定会产生更大的误解。中方真诚希望哈布雷总统能继续访问并取得成功。请乍方重新考虑刚才的决定。

为了消除乍方的疑虑，陈敏章根据时任总理李鹏的指示，提出了新的调整日程方案：国宾接待规格不变，热烈隆重欢迎。通过一番真诚的安排和沟通，最终感动了乍得贵宾。

6月27日上午10时，王震受杨尚昆委托在人民大会堂东门外主持隆重的欢迎仪式。随后王震礼节性会见哈布雷总统及夫人，会见时王震代表杨尚昆和中国政府热烈欢迎哈布雷总统访华，解释杨尚昆因病住院不能亲自接待；当天上午11时，李鹏前往钓鱼台国宾馆会见哈布雷总统并举行正式会谈。中午李鹏和夫人朱琳在钓鱼台芳菲苑为哈布雷总统及夫人举行欢迎国宴；当晚，时任国务委员李铁映为哈布雷总统及夫人在钓鱼台养源斋举行便宴，并递交杨尚昆的亲笔信；28日上午哈布雷总统参观故宫后，在中南海会见时任总书记江泽民；28日下午哈布雷总统到301医院看望杨尚昆。中方的特殊安排，满足了乍方的要求，解除了他们的疑虑，哈布雷总统十分感动。

28日下午6时话别的时候，哈布雷总统动情地对王震说："我在这次访问中结识了中国领导人，深感荣幸，特别是杨尚昆主席在病床上，仍同我进行了亲切友好的交谈，使我深受感动。这次访问非常顺利，在北京生活十分愉快，度过了一段美好的日子。”哈布雷总统在回国前，分别向江泽民、杨尚昆和李鹏写了感谢信，新闻部长赛义夫感慨地对我陪同人员说："如果我们在别的国家作出取消访问的表态，人家不会予以挽留，中国没有这样做，表现出一个大国的度量。”

美国总统与中国文化

我亲历亲闻的国宾访华逸闻趣事鲜为人知，历届访华的美国总统与中国文化的趣事更引人注目。

尼克松练习使用筷子前后

1972 年 2 月 21 日至 28 日，美国总统尼克松首次访华，打开了中美两国关系正常化的大门。作为访华行前准备，尼克松本人做足“功课”，包括在家中练习使用筷子。尼克松的女儿朱莉 2007 年在接受记者采访时回忆道，访华前，出于对中国文化的尊重，父亲和母亲一直练习如何使用筷子。

访问中国期间，虽然使用筷子不够熟练，但尼克松夫妇用餐时坚持用筷子夹菜。参与接待的中方服务员说，尼克松一直试图“改善”自已用筷子的技能。

尼克松及夫人爱吃中国菜，特别是海味。中国周恩来总理为尼克松访华举行的欢迎宴会上，宾主频频举杯祝贺，宴会一直在友好气氛中进行。

欢迎宴会一结束，美国记者争先恐后拥上前把尼克松和周恩来总理用过的两双象牙筷子和两份中英文菜单拿走。次日在报道中，他们还宣扬得到周恩来和尼克松最珍贵的纪念品——筷子和菜单。

福特见到为他特制的睡床十分高兴

福特是继尼克松之后第二个访问中国的美国总统。在就任总统前，福特多次访华。1975 年 12 月 1 日，福特作为总统访问中国，会见了毛泽东主席和邓小平副总理。双方重申遵守 1972 年 2 月中美在上海联合发表的《上海公报》。

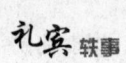

美国总统福特来华之前，礼宾司事先得知他身材魁梧，身高超过2米，就请国宾馆专门为他特制了一张长两米多的睡床，既坚固又舒适。福特到了国宾馆见到这特制的睡床，十分高兴，感谢中方细致周到的安排。他说，自己可以每晚睡好觉，以旺盛的精力参加活动了。

访华期间，福特访华时赠送给邓小平的“全家福”——36位美国总统面部肖像银币，这是中美尚未建交时中国领导人收到的特殊礼品。

1976年，中国革命伟人周恩来、朱德、毛泽东相继逝世。身为美国总统的福特三次致唁电，对他们的逝世表示哀悼。

里根访华自带直升机得到“巧用”

1984年，里根是在中美建交后首次访华的美国总统。中国对里根访华，做了特殊的安排，破例的接待。里根访华先遣组与中国礼宾司官员商谈时提出很多要求，其中包括里根总统访华时坐自己带来的防弹的卡迪拉克汽车和带直升机来中国。里根访华，将赴上海、西安等地，为此他们要求带三辆防弹的卡迪拉克汽车和三架直升机。

从主权原则考虑，外交部礼宾司不同意美方的要求。然而里根总统访华先遣组非常坚持，他们说，里根总统不习惯坐别的车，而且美国有规定，如果总统坐车外出的行程超过20分钟，出于安全考虑，一定要有一架直升机陪同。如果中方不同意美方把直升机带来的话，那么总统就不去长城和秦始皇兵马俑参观了。

怎么办？最后由邓小平拍板：车子和直升机都可以运来。美方还提出，从北京到西安和上海这段路程，总统都坐美国专机——空军一号。这也是从未有过的，事实上，尼克松、福特总统访华时，在中国境内，坐的是中国提供的红旗轿车和专机。为什么里根总统访华特别坚持要带三辆防弹的卡迪拉克汽车和三架直升机？外交部请示到了邓小平那里，小平同志从中美关系的大局考虑，批准允许美国在中国境内使用其轿车、直升机和专机。美国总统访华是大局，让他多看些东西、多了解中国，要比他是否坐中国的轿车、飞机更重要。再说里根当总统后不久遭枪击事，仍然对美方安全人员压力极大。

后来直升机还真起了作用。里根在长城时太拥挤了，一名中国记

者被撞伤了一个大口子，鲜血直流。人们用美国直升机把伤者送到了首都机场，然后再由救护车送到了北京医院。

从小平同志处理这些棘手的外交问题可以看出，应把具体的问题放到我国总的外交大局和国家根本利益的大背景中加以考虑，必要时做出一些妥协。

克林顿检阅“地下部队”

1998年6月26日，美国总统克林顿和夫人希拉里一行访问西安。他们抵达西安后，出席西安市的传统迎宾活动——仿古迎宾入城式，随后参观秦始皇兵马俑和陕西历史博物馆。

克林顿夫妇在陕西省省长程安东和夫人以及兵马俑博物馆馆长吴永琪的陪同下，来到兵马俑一号坑大厅。在一号坑的平台上，吴永琪介绍了兵马俑的挖掘、修复和保护情况。在兵马俑群中克林顿夫妇仔细观察并提出一些有关兵马俑的制作材料和工艺方面的问题。

克林顿在一号坑待了多时，面对伸手可及的兵马俑，克林顿夫妇十分高兴。吴馆长向总统说：“现在让我们看一看2000多年前的地下军阵吧！”翻译在译这句话时，巧妙地告诉总统：“现在就请总统阁下检阅这支地下部队吧！”总统也幽默地点头说：“对，这正是一个总统应该做的。”

在参观完一号坑时，克林顿夫妇还兴致勃勃地来到秦俑修复中心，吴馆长将刚刚修复好的俑头请总统安装在俑颈上，并说这是最后一道工序，请总统完成。总统高兴地戴上白手套，小心翼翼地举起俑头，轻轻地放在脖子上，成功地为一名秦俑安上了修复俑头。随后他大笑说：“我很高兴，自己能参与一次兵马俑的修复。我真希望能在这里当个馆长。”

布什父子的自行车和烤鸭情结

布什父子在中美关系中扮演了特殊而重要的角色。1989年10月，老布什在访华期间，接受了中央电视台的采访，他在讲话中说：“美中关系是美国最重要的对外关系之一。”

美国前总统老布什曾在上世纪70年代中期在北京任美国驻华联络处主任，任职期间，老布什夫妇像普通中国老百姓那样，骑着自行车穿行于北京的大街小巷。他还曾有幸见到了毛泽东主席。在从总统职位卸任之后，老布什与中国之间的联系从未中断过，他更加频繁地访华，有时一年多次，老布什访华约 20 多次。

2002 年 10 月 23 日，江泽民主席开始对美国进行工作访问。10 月 24 日，在美国前总统布什的陪同下，江泽民主席参观乔治 · 布什总统图书馆。老布什对中国很有感情，珍惜与中国领导人的友谊，关心美中关系的发展。在馆内老布什把与中国交往的有关展品摆放在突出位置，包括他同中国历届领导人的合影照片，还有他在北京任美国驻华联络处主任时常骑着走街串巷的那辆自行车。

在 1995 年老布什夫妇的金婚宴上，最抢眼的一道菜便是北京烤鸭。老布什对烤鸭的喜爱之深，影响了总统小布什。小布什很喜欢中国菜，他像他父亲一样用小饼卷烤鸭和大葱，一口气吃 5 卷烤鸭。

小布什于 2001 年 1 月 20 日到 2009 年 1 月 20 日任职美国总统。在任期间多次访华的小布什，曾与 10 多位中国领导人会晤过，被称为“与中国最亲近的美国总统”。

就在小布什宣誓就任美国总统前后，《纽约时报》和《华盛顿时报》不约而同地推出特刊，图文并茂地介绍了布什一家情系北京烤鸭的故事。

2005 年，小布什作为美国总统第三次访华，在 40 小时的旋风式访华行程中，特意要求中方安排一次骑山地车锻炼。小布什穿着专业骑行装，在中国 6 名山地车运动员陪同下，精神抖擞，一路引领行车，博得旁观者声声喝彩。1 小时后，他兴致勃勃地骑行归来。以一句话“2008 年，我将来北京看奥运”结束骑行活动。事实上小布什父母在中国出任外交官时，他曾来北京探亲，也骑着车子在北京的大街小巷穿行。

2008 年，布什父子全家出动来北京看奥运会。期间胡锦涛主席夫妇还特地邀请布什总统夫妇全家在中南海瀛台出席午宴。布什总统夫妇全家还观看了中美篮球比赛。

奥巴马总统欣赏中国国宴文化

2009 年 11 月 15 日至 18 日，奥巴马就任美国总统后首次访华，中美两国领导人就中美关系和共同关心的重大国际与地区问题深入交换意见。

作者（右 1）陪外宾游览颐和园，在石舫前留影

美国总统奥巴马访华，享尽礼遇。抵达北京当晚胡锦涛主席在钓鱼台国宾馆为他设接风宴，菜肴包括清汤、清炒虾仁、切羊肉等，另外现场厨师向奥巴马展示中国拉面制作，奥巴马大开眼界，惊讶地见到厨师片刻间将手中一块面团，拉扯成细如发丝的面条。当晚，胡主席还向奥巴马赠送沈绣作品——奥巴马总统全家福。沈绣以人物绣而著称，当奥巴马接过栩栩如生的全家福沈绣，称赞不已。

次日晚上，胡锦涛主席在人民大会堂举行国宴，菜肴有拼盘、翠汁鸡豆花汤、中式牛排、清炒茭白芦笋、烤红星石斑鱼。餐后甜品为一道点心和一道水果冰淇淋。红白葡萄酒分别是长城干红和长城干白。中方不但准备美味佳肴，还从故宫、国家博物院等处借调“镇馆之宝”摆放在宴会厅里，胡锦涛主席亲自向奥巴马总统介绍那些“镇馆之宝”。加上《春江花月夜》《赛马》等乐曲、奥巴马总统喜欢的歌剧节目以及大提琴重奏《圣母颂》《你和我》等演奏，令奥巴马尽享中国国宴文化的情韵。

庄园会晤和瀛台夜话

2013 年 6 月 7 日至 8 日，习近平主席在美国加利福尼亚州安纳伯格庄园与奥巴马总统举行了会晤。此次会晤不仅是两国政府换届后中美国家元首第一次面对面的接触和交流，也是中美高层交往的一个

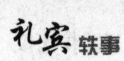

创举。两国元首同意，共同努力构建中美新型大国关系，相互尊重、合作共赢。习近平主席同美国总统奥巴马举行庄园会晤。这是中美两国国家元首历史性的会晤。

2014 年 11 月 10 日至 12 日，美国总统奥巴马来华出席亚太经合组织第二十二次领导人非正式会议并对中国进行国事访问。习近平主席同美国总统奥巴马举行会谈，强调从六个重点方向推进中美新型大国关系建设，把不冲突不对抗、相互尊重、合作共赢的原则落到实处。

这次中美两国国家元首又一次会晤，以瀛台夜话而著称。

11 日晚上，习奥夜话瀛台，是中美外交关系史上浓墨重彩的一笔。夜话主题是新型大国关系。6 : 30 开始在中南海瀛台散步，随后到瀛台涵元殿小范围会见，香扆殿小范围晚宴，最后是迎薰亭茶叙。原定 30 分钟的会见持续了 90 分钟，原定 90 分钟的宴会持续了近 2 个小时，原定 30 分钟的茶叙，持续了近 1 个小时。总之，夜里 11 点多两位国家元首才挥手告别。

为什么选在瀛台？瀛台两字是乾隆题词。那里环境好，优美！四面临水，衬以亭台楼阁，好像是古代传说中的瀛洲仙境。散步的时候，习主席向奥巴马详细介绍了瀛台的历史变迁。

瀛台建于明朝，在清朝是皇帝批文、避暑和宴客的地方。清朝的康熙皇帝曾经在这里研究制定平定内乱、收复台湾的国家方略。后来光绪皇帝时，国家衰败了，他搞百日维新，失败后被慈禧太后关在这里。奥巴马总统听后，马上接话说：中美历史上这一点是相似的，改革总会遇到阻力，这是不变的规律，需要我们拿出勇气。

习主席说，了解中国近代以来的历史对理解中国人民今天的理想和前进道路很重要。

选在瀛台夜话，是参照庄园会晤的做法考虑的，安排一场不打领带的会晤，环境优美、气氛友好、亲切愉快。

见证重大历史时刻的钓鱼台国宾馆

当代著名书法家启功游览钓鱼台后，曾赋诗《钓鱼台》一首：声声骤雨打新荷，翠叶传怀一曲歌。七百年来佳丽地，钓鱼台下有清波。诗歌赞颂了钓鱼台的秀丽景致。我想，钓鱼台不仅景色秀丽，国宾逸事也很多，钓鱼台国宾馆见证了新中国的历史进程。

国宾馆风景如画

位于北京阜成门外的钓鱼台国宾馆在历史上是著名的古代皇家园林区，迄今已有八百多年的历史了。钓鱼台的湖水荡漾，堤柳四垂，水心有岛，岛上有榭，泉水涌出，冬夏不竭，青翠常新，鸟语花香。今天那里基本上还保留着清代乾隆皇帝行宫的原貌。养源斋、清露堂、潇碧轩等景色如画。回廊围绕，叠石为丘，流水淙淙，碧水辉映，苍松翠竹，清新典雅。

作者在钓鱼台国宾馆18号楼总统套间，国宾为访华的联合国秘书长加利

金代时那里称为鱼藻池，元代时是皇帝游憩的地方，名玉渊潭。万历初年，那里成为皇家别墅。清代乾隆二十八年，修建皇帝行宫。把鱼藻池的旧址浚治成湖，引来北京香山之水，扩大并疏通了钓鱼台的水源。乾隆三十九年增建了钓鱼台台座，乾隆亲题了“钓鱼台”字匾，同时还修了养源斋、潇碧亭等建筑物。

现代的国宾馆园区是于1958年至1959年在古钓鱼台风景区基础上扩大修建、用做来访国宾的下榻及会晤、会议场所。国宾馆也是国家领导人进行外事活动的重要场所，从1959年建馆以来，这里已经先后接待国宾超过1000人次。

钓鱼台国宾馆占地面积42万平方米，其中湖区面积为5万平方米，是一座规模宏大、环境优美的国宾馆。第18号楼总统楼是最豪华的建筑，其外形是宫殿结构，黄色琉璃瓦铺顶，绿色画栋，雕梁环绕，富丽堂皇、金玉交辉。楼内的总统卧室很有气派，除总统套间外，豪华套间以及多套供随行人员之用的高级客房，楼内设有四季厅、会客厅、宴会厅、会谈室和餐厅等，室内家具雅致、实用、舒适、美观，过去宫廷用的景泰蓝圆桌、紫檀木条案等遗物以及许多古今艺术珍品陈设其间。除18号楼外，12号楼也是外国元首或政府首脑访华下榻之处。18号楼和12号楼各有不同的建筑风格。其他14幢别墅楼，建筑造型不同，风格各异。均是现代化建筑，楼一层通常有会客室，备有餐厅或会议谈判厅。

芳菲苑坐落在风景秀美的钓鱼台国宾馆的中心地带，南面是宽阔的大草坪，北侧是中心湖面，并与湖北岸的总统楼遥遥相望，它是国宾馆现代风格的建筑，被称为“园中之园”，专门用于举行大型国事活动，拥有一座广阔明亮、装饰美丽大方，引人夺目的宴会大厅，大厅也可作大型集会之用。还有庄重宏伟的会谈大厅、雅致舒适的会客室。国宴、酒会、接见、谈判、观演文艺节目等各类活动均可在此举行。

国宾馆广泛征集历代有价值之文物，包括明清时期及更早的书画、文物、传统古家具，并不断得到收藏家和当代书画名家等的捐赠，截至目前已有数千件文物和书画古玩珍品分别陈列在各栋楼馆内。

钓鱼台国宾馆厨师烹饪技艺高超，掌灶名厨善制中、西名菜肴。“北京烤鸭”“佛跳墙”“法国牛排”……名菜汇集，各具特色。被称为“台菜”，菜系博采国内八大菜系之长，也广纳世界各国菜肴之精。

上至宫廷肴馔谱录，下采民间风味小吃，外及各国元首口味、习俗，构成了钓鱼台国宾馆菜肴的特色风味："清鲜淡雅，醇和隽永"。

国宾馆设有俱乐部，它于1986年建成，设计新颖，环境幽雅，有大小酒吧、美容室、桑拿浴、按摩室、保龄球室、台球室、桥牌室、麻将室、室内游泳池、网球场、健身房等，那里是一个理想的娱乐场所。其他服务设施齐全，如邮电所、商店、复印室、传真室、外币兑换处站等。

国宾温馨之家

钓鱼台国宾馆是国宾下榻之地，人们称它是国宾温馨之家。国宾之衣食住行是否舒适愉快，首先是取决于宾馆环境优美、风景如画、服务人员提供热情优质服务。礼宾官对接待的各项礼仪、具体安排等礼宾细节，决定接待的成败。每天、每小时甚至每分钟的安排都要周全考虑。另外，国宾生活上的"衣食住行"要照顾好，任何一点小纰漏都可能影响访问的气氛或造成不良的影响。

上世纪50年代，有一年国庆观礼之夜，周恩来总理指示礼宾司司长柯华马上去王府井百货大楼，为吴努总理一行购买薄大衣的故事在礼宾司流传长久。我记得1965年进入礼宾司后，每年北京天气转冷时参加接待的秘书人员都必须携带几件大衣进宾馆供国宾游览长城御寒之用。这种做法，源出这个故事。

为国宾访华举行的宴会或者办好一日三餐膳食是饮食之重，有的放矢备餐，使他们感到宾至如归。如果国宾访华正逢其生日，中方会为国宾安排庆祝活动，如1998年11月16日，库克群岛总理杰弗里·亨利首次访华。这是中库两国建交后，库克群岛首位总理访华。当天他感到万分荣幸，朱镕基总理在人民大会堂为他举行国宴，朱总理首先祝他访华成功，继而祝他生日快乐。他看到餐桌上专门为他生日准备的大蛋糕，这位刚满58岁的总理十分惊讶，感动不已。下榻的国宾馆当天也为他庆祝生日准备蛋糕。在中国过生日这样隆重使他一生难忘。

2006年11月1日晚，中非合作论坛北京峰会准备工作进入冲刺阶段，为多做友好工作，李肇星外长抽空与下榻国宾馆的利比里亚总统约翰逊·瑟利夫打一场乒乓球。这位被称为"铁娘子"的总统颇有

作者在钓鱼台国宾馆举行的外交部欢度重阳节茶话会上

“老将”的风度，一点不怯场，她很快进入状态，她一会儿同李肇星外长对决，一会儿向北京队健儿挑战。这是外国元首第一次在国宾的下榻俱乐部打乒乓球。结果是互有胜负，共赢同乐。

接待四海宾客见证历史进程

时至今日，我的脑海不时萦绕当年国宾纷至沓来的景象。钓鱼台国宾馆每年接待百余起访华国宾，见证新中国外交半个多世纪的历史进程。我亲历亲闻在 18 号楼和 12 号楼下榻的国宾不少故事。

1967 年 6 月，赞比亚总统卡翁达访华，1974 年 2 月，卡翁达总统再次访华，毛泽东主席会见卡翁达总统时提出了“三个世界”划分的思想。

1970 年 10 月上旬，金日成首相访华，抵达北京当晚，毛泽东主席到金日成首相下榻的钓鱼台国宾馆 18 号楼与他会晤并设宴招待。1991 年 10 月，金日成生前最后一次访华，江泽民总书记主持接待。邓小平破例到金日成下榻的 18 号楼会见金日成。

1973 年 9 月 11 日，法国总统蓬皮杜应董必武代主席和周总理邀请正式访华，成为西欧国家首位访华的在任国家元首。董必武代主席在钓鱼台国宾馆 18 楼前迎接，欢迎法国总统一行下榻钓鱼台国宾馆。

1977年8月31日至9月8日，南斯拉夫总统铁托正式访华。这是毛主席逝世后我国接待来访的第一位外国元首。

1979年，日本首相大平正芳和坦桑尼亚总统尼雷尔访华。我记得尼雷尔曾14次访华，几乎每次都下榻于此。1989年11月，邓小平到钓鱼台国宾馆看望来访的老朋友——南方委员会主席、坦桑尼亚革命党主席尼雷尔。

1982年和1983年，约旦侯赛因国王访华，两年两度访华实属罕见。

1982年9月，英国首相撒切尔夫人访华，入住钓鱼台。她从这里去人民大会堂会见邓小平。上世纪80年代，中英、中葡关于香港、澳门前途问题谈判，是在钓鱼台宾馆进行的。

1992年10月4日，曼德拉以南非非洲人国民大会主席身份率代表团访华，1999年5月，曼德拉以南非总统身份再次访华。

在2000年的中日两国交流史上，日本天皇访华尚属首次，1992年10月23日至28日，日本天皇明仁陛下和皇后访华，愉快地下榻在这里。

1989年5月，戈尔巴乔夫应邀访华与邓小平举行了高级会晤。双方宣布，结束过去，开辟开来。1992年12月，杨尚昆主席与俄罗斯叶利钦总统在此签署指导两国关系的联合声明。1999年12月，国家主席江泽民在钓鱼台国宾馆会见俄罗斯总统叶利钦，两人一起在园中散步，留下许多难得一见的轻松画面。

2003年8月，关于解决朝鲜半岛核危机的中美俄朝日韩六国会议在钓鱼台国宾馆芳菲苑举行，历经波折，终于在2007年实现突破，通过共同文件，同年10月3日晚，第六轮六方会谈第二阶段会议又发表《落实共同声明第二阶段行动》共同文件。

接待四海宾客，钓鱼台国宾馆从一个侧面生动展现新中国外交的历史进程。

回忆钓鱼台国宾馆的趣闻轶事

前些年，我参加外交部离退休干部在钓鱼台国宾馆举行的“共度重阳”团拜时，一位老同志对我说：“钓鱼台国宾馆是你的半个家。”这句话让我感慨万千。我在外交部礼宾司任职约 20 多年，职责所在，说不清在钓鱼台宾馆接待了多少次国宾，听说和经历的逸事趣闻也很多，令人难忘。

赫鲁晓夫嫌浴缸小

1959 年，中华人民共和国成立 10 周年。人民大会堂和钓鱼台国宾馆的建成，为中国接待外国政要和高级代表团提供了保障。那年应邀访华的国宾有苏联的赫鲁晓夫、越南的胡志明、朝鲜的金日成、阿尔巴尼亚的谢胡、蒙古的泽登巴尔等。他们都下榻钓鱼台国宾馆，每个代表团入住一栋楼。1959 年赫鲁晓夫访华，也是他第三次中国之行。他入住钓鱼台国宾馆总统套间后，似乎不满意，对北京市长彭真抱怨说：“国宾馆里的浴缸太小了。”当时工作人员感到奇怪，赫鲁晓夫身高不过 1.68 米，而国宾馆里的浴缸都是按大号定制的，怎么嫌浴缸小呢？当时中苏关系风雨交加，中苏两党走向公开大论战。10 月 2 日，毛泽东等中共领导人与赫鲁晓夫在中南海进行会谈，双方围绕台湾问题、释放美国犯人等问题展开激烈争论。毛泽东与赫鲁晓夫措词强硬、互不相让。后来人们分析，也许赫鲁晓夫当时已经对中国各方面都看不顺眼，因此对国宾馆的浴缸乱挑毛病也就不足为奇了。

对基辛格的“烤鸭外交”

1971 年 7 月 9 日清晨，美国总统尼克松的特使基辛格秘密乘巴基斯坦民航专机直飞北京，随后入住钓鱼台国宾馆 5 号楼。为了接待好基辛格一行，周总理特别指示：在外宾的房间里不要放任何宣传

作者在钓鱼台国宾馆原址留影

品。中国出版的中、外文报刊，只放置在门厅、客厅、休息室等公共场所，由客人自由取阅。周总理很关心基辛格的饮食，他提出应该让基辛格尝尝北京烤鸭，但去烤鸭店不方便，于是请全聚德的一位师傅来宾馆搭烤炉，做烤鸭。周总理还指示，客房中放的烟、茶、糖果，每天要换。第一天，客人没动，第二天东西少了许多，离开时，糖果被一扫而光。客人把糖果带回国，作为珍贵礼物送给亲友。为了保密，接待班子（包括翻译、联络、医务、安全、服务、司机等）都不能与外界联系，接待期间不能回家。美方也严格采取安全保密措施。基辛格本人外出时，轿车黑帘拉得很严实，尽量通过地下通道进出。

10 日上午，基辛格参观故宫后来到人民大会堂福建厅，与周总理再次会谈。会谈之初，由于双方互不摸底，谈话都非常谨慎、紧张。到了午饭时间，“唱主角”的是北京烤鸭。周恩来向基辛格介绍烤鸭的吃法，并亲自为他夹上片好的鸭肉，放在荷叶饼上。临近午宴结束时，周恩来提议大家举杯共饮茅台，预祝双方下午的会谈取得成功。经过艰难、紧张的会谈，终于在 11 日上午达成协议，起草基辛格这次访问的联合公报、中国政府决定发表邀请美国总统尼克松访华的公告……基辛格一行按原计划于当天中午乘巴方专机离京返巴。此后，尼克松接受访华邀请，于1972年2月如期访华。从此，中美关系揭开了新的一页。中方的“烤鸭外交”给基辛格留下了美好回忆。他卸任后再度访华时，还专门到全聚德品尝北京烤鸭。

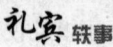

入住次数最多的国宾

谁入住钓鱼台国宾馆的次数最多？非金日成莫属。新中国成立后，他曾作为内阁首相和国家主席，正式或秘密访华40多次，多次下榻钓鱼台国宾馆。1970年10月上旬，金日成访华。抵达北京当晚，毛泽东主席到金日成下榻的钓鱼台国宾馆18号楼与他会晤，并设宴招待。

毛主席通常在中南海会见和宴请客人，这次不寻常，金日成很高兴，当晚还未到宴会时间，他就在一楼大厅等候。晚上7时刚过，毛主席乘车来到18楼。两位领袖见面久久握手相视，亲切问候。当年18号楼还没有一个像样的宴会厅，只在入门走廊尽头有一个较大的休息厅，周总理亲自安排布置那个休息厅，在里面摆了一桌宴席。席间，毛主席将一块红烧肉夹到金日成的盘里，金日成十分感谢。宴席进行了一个小时多，气氛热烈，谈笑风生。饭后，毛主席拉着金日成的手进入大会客厅，两人谈起国际形势来。毛主席说：“现在世界很不太平。”金日成点头说：“是这样，我这次来，是想听听毛主席的意见。”接着毛主席谈了他对苏联和美国的看法，特别指出，美国和苏联争夺世界霸权，是世界不太平的根源。他还说，中朝两国有着共同目标，应该团结起来，共同斗争。金日成听得很认真，一再表示感谢。

礼宾工作细致入微

国宾的衣食住行非常重要，礼宾官样样要考虑周全，根据国宾的生活习惯和个人喜好，做好生活接待。

1972年2月，美国总统尼克松下榻钓鱼台国宾馆。尼克松是一位酷爱音乐的政治家，弹得一手好钢琴。礼宾司在国宾馆总统套间里放置了一台中国制造的高级钢琴，尼克松步入总统套间时，发现了这台崭新的钢琴，没等休息就兴致勃勃地弹起来，并连声称赞：“好琴！好琴！”

华国锋主席在人民大会堂会见美国国务卿基辛格博士，第二排右 1 为作者

1976 年，新加坡总理李光耀首次来华访问，当时他患有较重的鼻窦炎，不能嗅到烟味。礼宾人员在其下榻国宾馆、会客室、人民大会堂福建厅等处，都及时请中国领导人和提醒有关人员严格禁烟。李光耀到达福建厅前，邓小平对工作人员说，既然客人有这个毛病，他就忍忍吧，会见李光耀时他不抽烟，说后还将一盒烟交给警卫秘书保管。

钓鱼台国宾馆的菜品很有名气，中、西餐都做得好。佛跳墙是国宾馆的拿手菜。1986 年 10 月，英国女王伊丽莎白二世访华，邓小平在钓鱼台国宾馆的养源斋会见伊丽莎白二世一行，并设午宴招待。宴席上，中方人员介绍佛跳墙菜名的由来，说这道菜味道鲜美，香味扑鼻，连在墙外的和尚闻到味道后都会情不自禁地翻墙来品尝。女王听后笑着说：“那我们更要多吃一些。”

人民大会堂的“迎送政治”

人民大会堂是中国人民政治生活的神圣殿堂。它是党、国家和各人民团体举行政治活动的重要场所，也是中国党政领导人和人民群众举行政治、外交、文化活动的场所。人民大会堂南北长336米，东西宽206米，高46.5米，占地面积15万平方米，建筑面积17.18万平方米。它是一座建筑面积超过故宫的雄伟、令人向往的建筑物。

自1959年人民大会堂建成后，我荣幸地亲近它。我在外交部礼宾司任职共20多年。期间我经常进出人民大会堂。我去过人民大会堂很多厅，如北京厅、上海厅、接待厅、东大厅、西大厅等等，但我去宴会厅、福建厅最多。我记得退休后还去过宴会厅，在那里度过重阳节聚会。至今，我仍然十分想念它，它永远铭刻在我的心中。

宴会厅见证历史脚步

党和国家领导人一般在宴会厅宴请宾客。中国是礼仪之邦，自古有“仓廪实而知礼节”之说。可见古代圣贤常把“吃”和“礼节”紧密联系在一起。民以食为天，领袖们也是如此，每天要“吃喝”。当然最隆重的“吃喝”非国宴莫属。在此场合下，“吃喝”确实离不开政治。

1959年国庆10周年，这里举行盛大的国宴，共摆设了470桌，近万人出席，人数及规格古今中外少见。据记载1965年7月20日，周总理和其他领导人在这里宴请刚刚归国的中华民国原“代总统”李宗仁先生，末代皇帝溥仪也应邀出席。三方原本是水火不相容的代表，却心平气和地相聚宴会厅。

1965年，我刚到礼宾司不久，有机会随同事去宴会厅工作。从人民大会堂北门进入，经过北大厅，再顺着62级的汉白玉楼梯首先到了迎宾廊，迎宾廊是党政领导人在宴会前欢迎贵宾及宾主合影之处。迎宾廊大背景置有人民大会堂内最大的一幅国画《江山如此多娇》，画心高 5.65 米，宽 9 米，由著名画家傅抱石和关山月以毛泽东主席《沁园春 · 雪》词意为题材创作的，画题为毛泽东所书。这里铺有人民大会堂最大的一块地毯，宽 16 米，长 23 米，重 3 吨多。左右走廊通往二层宴会厅。

我记得每一次周总理为国宾访华在宴会厅举行国宴，经常先在北京厅会见客人，然后宾主及随行人员在《江山如此多娇》画前照一个“全家福”，有时我接受任务，在集体拍照前请在上海厅等候的中方领导人参加合影，然后宾主在迎宾曲声中迈进宴会厅。

宴会厅如此宏大、辉煌，让我叹为观止。它东西长 102 米，南北宽 76 米，高 15 米，面积 7000 多平方米。可以举行 5000 人或 1 万人的酒会。厅内有东、西、北环绕宽敞的二层休息廊，巨大的圆形廊柱装饰着沥粉贴金花。宴会厅有主席台。宴会厅天顶中央镶嵌着由水晶玻璃组成的大花灯，周围是具有中国民族特色的点金石膏雕塑。整个大厅金碧辉煌，是举行盛大国宴的地方。

我第一次去宴会厅的主要任务是输送和分发我国领导人在国宴上的讲话稿。讲话稿译成英、法、俄三种文字，加上中文的，讲话稿及译文满满一车。

周总理和来访国宾讲话前，我们婉言谢绝客人的要求，直到即将讲话的那个瞬间，才分发讲话稿。

国宴要简约但不能简单

1972 年 2 月，美国总统尼克松访华，这是震惊世界的大事，周恩来总理在宴会厅设宴招待，当晚的国宴就是四菜一汤。那时周总理谆谆教导礼宾人员，要认真细心做好礼仪工作，完成这项重大政治任务。考虑到尼克松对音乐很内行，他的钢琴弹得非常好。宴会前周恩来总理亲自在宴会厅审查中国人民解放军军乐团排练的美国乐曲。当晚国宴上军乐团演奏《美丽的亚美利加》《牧场上的家》等乐曲优美动听，受到尼克松等美国客人的赞扬。

宴请要有针对性，但有时礼宾人员却忽略了。上世纪 80 年代，胡耀邦总书记有一次宴请罗马尼亚总统齐奥塞斯库，国宴上了一道鱼翅，齐奥塞斯库总统直到国宴结束时竟一口未动。送走齐奥塞斯库总统后，胡耀邦批评了国宴厨师："招待外宾，你们不要只考虑中国的传统食俗，主要考虑到外宾。我吃不好不要紧，可以回家吃。奥塞斯库总统吃不好，他回去上哪儿去吃。"

有一次宴会厅举行的国庆酒会留给我难忘的印象。1980 年 9 月初，中央书记处开会决定，当年的国庆招待会不再举办几千人的宴会，"只以国务院总理名义举行冷餐酒会"。那次冷餐酒会约 400 人出席，宴会厅主席台背景挂国徽，装饰红旗。不设主宾席，不摆座位。大厅中间摆小圆桌，桌上放了一些小吃。邀请在京的重要外宾、各国驻华使节夫妇、各国驻京记者等，内宾仅邀请主管外事的几位副总理和外事有关的几个部门的负责人参加。宴会进行 1 个多小时，军乐团奏席间曲，曲目如《我们的祖国多美好》《两岸风光》《彩云追月》等 10 多首乐曲。酒会后，瑞士、阿尔及利亚等国驻华使节表示，酒会形式比过去分桌入席好，宾主可以自由交谈，增加接触。姚依林副总理等领导同志等也肯定这次改革。

新世纪国宴多安排在人民大会堂西大厅举行，国宴也随着时代的进程而越来越简约并与国际接轨。

主迎宾是应有的礼节

福建厅是人民大会堂中出镜率最高的一个厅，它是我国党和国家领导人会见国宾和贵宾的重要场所。会见国宾后宾主双方步入东大厅举行正式会谈也十分方便。重新装修后的福建厅更加端庄高雅、华丽辉煌成为浓缩八闽神韵的金色大厅。

在这里礼宾司人员曾亲历亲闻不少中央领导人，尤其周总理对会见国宾安排的指示。周总理对礼宾人员要求十分严格，强调会见外宾不能失礼。例如，当年安排周总理会见国宾，每次都等周总理到福建厅后，再用电话请下榻钓鱼台宾馆的国宾出发前往福建厅，这样一来周总理等待时间过长，有时要花 20 分钟。为了节约周总理的时间，有一次一位礼宾官得知周总理离开中南海前往福建厅，这位礼宾官即请那位非洲国宾离开钓鱼台宾馆，这样国宾定能晚于周总理抵达。不料那次周总理因急返回中南海办公室阅看特急文件，导致周总理晚于国宾抵达福建厅。周总理看到国宾已到，连忙向国宾表示歉意。国宾离开后，周总理严厉批评礼宾司，他教导说，在这里我是主人，他是客人，理所当然的是我先到迎接客人，这是应有的礼节。

任何一起国宾接待，无论准备得如何充分都不为过。认真细致检查每项活动安排，以保证万无一失。即便如此，遗憾的事也时有发生。

1977 年 9 月，南斯拉夫社会主义联邦共和国总统铁托元帅访华，当年他已是 85 岁高龄了。

铁托元帅一行抵京当晚，礼宾司安排铁托元帅等前往人民大会堂福建厅会见华国锋、李先念、叶剑英等中国领导人。铁托元帅车队离开钓鱼台宾馆时，却没料到参加会见的中国领导人还未到齐。如果铁托总统先抵人民大会堂福建厅，我领导人未到齐，则是礼仪大忌讳，不仅是对客人的不尊重，更是失礼之举。

如何处理？当时随车队的礼宾官既没有对讲机，又没有现代手机，在人民大会堂的另一位礼宾官也无法与车队取得联系。当时不得采用一种人工笨办法，安排一位安全人员在人民大会堂北门外马路边提手电筒等候，当铁托元帅车队靠近时，示意车队在人民大会堂转圈，转第一圈时铁托元帅没觉察，转第二圈时，铁托元帅不耐烦了，很不高兴地说，难道只是让我参观大楼建筑？幸好转完第二圈时，铁托元帅车队被示意进人民大会堂北门。铁托元帅从北门进入人民大会堂福建厅时满脸通红，很生气，毫无笑容。华国锋等领导人马上迎上去与铁托元帅热烈拥抱并表示歉意。

这个例子又让我想周总理的教导：主迎宾是应有的礼节。

永不消逝的礼炮声

我从外交部礼宾司退休多年了，但如今耳边还萦绕着荡气回肠的礼炮声。礼炮声阵阵，震撼我的心，勾起我的记忆。

在国际交往中一个国家在重大的喜庆或吊丧活动中，诸如开国大典、独立庆典、总统就职、国王登基、盛大国葬等，或者迎送国宾、重大的纪念日等，鸣放礼炮是一种隆重的礼仪。

鸣礼炮的历史

鸣放礼炮的来历众说纷纭。据一种文献记载：鸣放礼炮的做法起源于英国。在400多年前，英国海军就有鸣炮迎宾的习惯。舰船从一个国家驶入另一国家海湾之前，或在公海与另一国家的舰船相遇时，为了表示没有敌意而将舰船上炮内弹药全部放掉，鸣炮以示友好和敬意。当时最大的战舰装有炮21门，鸣放21响便成为最高致敬的礼节。后来鸣放礼炮致意传到陆地，鸣放礼炮成为隆重迎送国宾最高仪式之一，并从鸣放带弹头的火炮变为鸣放不带弹头的空炮。关于数字有一说，古代西方海军认为“3”是万能的数字，“7”是神圣和神秘的数字，7的3倍等于21，“21”应给予最高级贵宾。英国1772年规定，鸣礼炮21响为欢迎国王和王后的礼遇。

二次世界大战前，一国派遣驻另一国的公使或总领事、领事到任时，驻在国按照不同使节和领事官员的级别，鸣放不等礼炮以示欢迎。在美国历史上，如逢重大事件发生鸣放礼炮数见不鲜。

1862年，美国第16届总统林肯的《解放黑奴宣言》颁布后，波士顿、匹兹堡等地人民鸣放礼炮100响，群众载歌载舞地支持宣言，庆祝这个伟大事件。

俄罗斯的圣彼得堡每天中午12点鸣放礼炮已成为传统，每天定时鸣放一枚空弹炮，在于向当地居民报时。这种鸣炮仪式可能起源于

1710至1711年间。在该市鸣放礼炮的近期历史上，有几次不在规定时间鸣炮的事件。1988年3月的一天，炮声在14点20分响起，目的在于通告市民：圣彼得堡第500万个市民来到人世。2001年5月30日，圣彼得堡300周年庆典时，中午鸣炮的仪式却有了新的意义。

有一些国家举行国葬时鸣放礼炮21响，表示对逝世者的敬礼。

国家庆典鸣礼炮

国家举行庆典最高礼仪之一就是鸣放礼炮，隆隆的礼炮声揭开庆典的序幕。一个国家举行庆典时鸣放多少响礼炮由各国自行决定。

北京众多市民目睹天安门广场第一次鸣放礼炮那难忘景象。1949年10月1日，中华人民共和国在天安门广场举行开国大典时，礼炮54门，鸣放28响。据记载，礼炮的门数、响数是第一届全国政协会议决定的，礼炮54门代表出席会议共有54个单位，其中45个单位派正式代表，9个单位派特邀代表出席。28响则表明中国共产党领导全国人民奋战28年终于取得伟大的胜利，建立中华人民共和国。

中华人民共和国举国上下欢庆35、45、50、60周年的国庆时，鸣放礼炮。我记得欢庆60周年国庆时，北京天安门广场长空礼炮轰鸣。那天庆典上数十万军民全体肃立高唱国歌，国旗护卫队官兵庄严地升起鲜艳的五星红旗，随后举行盛大阅兵仪式和游行。在天安门国家举行过多次盛大庆典，每次庆典鸣放礼炮的壮观场面已载入史册。在纪念抗日战争胜利50周年，以及北京第十一届亚洲运动会和北京奥运会开幕式时都鸣放了礼炮。

美国国庆日鸣放礼炮50响，美国共有50个州，每一响代表一个州。

几乎世界各国每逢国庆日或其他重大庆典也都鸣放礼炮。

迎国宾鸣礼炮

鸣放礼炮是隆重迎送国宾最高仪式之一。新中国成立后，外国国家元首或政府首脑纷纷访华，或者我国国家主席或国务院总理出国访问，驻在国在欢迎或送别仪式上鸣放礼炮。长久以来鸣放礼炮已形成国际惯例，并成为迎送国宾最高规格的礼遇之一。通常欢迎外国国家元首，鸣礼炮21响，欢迎外国政府首脑，则鸣放19响，其次欢迎副总理鸣放礼炮为17响，以示不同的礼遇。不过许多国家不分总理或副总理，都鸣放19响，或者副总理访问不鸣放礼炮。

鸣放礼炮迎宾为通常国际礼节之一。我国鸣放礼炮迎宾是从1961年6月正式开始的，当时印度尼西亚总统苏加诺来我国访问。之后我国曾多年停止鸣放礼炮。1984年2月，中国正式决定在欢迎国宾仪式上恢复多年停止的鸣放礼炮礼仪。

1980年9月11日，新西兰总理莫尔顿偕夫人对我国进行正式友好访问，我国总理在人民大会堂东门外广场举行欢迎仪式，两国国旗相互辉映，奏两国国歌，在中国总理陪同下新西兰总理检阅三军仪仗队。这是第一位外国政府首脑在人民大会堂东门外广场出席欢迎仪式。

鸣放礼炮迎宾通常在东道国在其首都欢迎仪式上为一国国家元首国事访问鸣放礼炮一次。但也有例外，有的多次鸣放。1997年，江泽民主席应美国克林顿总统的邀请，对美国进行具有历史意义的国事访问。美方破例三次鸣放21响礼炮。江主席到达美国第一站檀香山时美方鸣放礼炮21响；美方在白宫南草坪举行隆重热烈欢迎仪式时再次鸣放礼炮21响。江主席结束美国首都访问离开时，美方再次在机场鸣放礼炮21响致敬。

国家主席习近平于2015年10月访问英国，英方为何要鸣放103响礼炮，而不是21响？

2015年10月19日至23日，习近平主席访问英国，这是10年来中国国家主席首次对英国进行国事访问。此次访问成为中英关系新的里程碑，开辟中英关系的“黄金时代”。英方鸣放103响礼炮。在英国两处放礼炮，一处是在绿园（Green Park），靠近阅兵场，相当于天安门广场。在绿园放41响礼炮，有21响是欢迎习主席（给国家元首的），再加20响表明是王室的客人。另一处是在伦敦塔再放62响礼炮，其中41响与绿园一样，再加伦敦城欢迎习主席的21响，所以这两处加在一起是103响礼炮，这是一个很特殊、很隆重的仪式。

如何鸣放礼炮？每个国家都十分讲究。通常在仪式上升国旗、奏国歌、鸣礼炮，这是一个互相联系的整体。在我国则是国歌响起，礼炮鸣放，曲停炮落。武警礼炮部队执行任务时，要视来访国国歌的长短，设定礼炮鸣放的间隔。例如1992年5月9日爱沙尼亚总理维亚希访华，举行欢迎仪式时，爱沙尼亚国歌为22秒，与中国国歌加在一起，也只有1分10秒，礼炮鸣放的时间创下中国礼炮史上时间最短的纪录。有时几起国宾同日来访，欢迎仪式几乎同时举行。礼宾人员忙碌，礼炮部队也闲不了。

曾经的日本山炮

为了建立我国的礼炮部队，使迎宾礼仪更符合国际惯例，1963年6月，周恩来总理指示，在中央警卫师增建礼炮连。后来把鸣放礼炮的任务交给北京卫戍区警卫师仪仗营执行。

我国开国大典或者此后在机场欢迎国宾时，鸣放的礼炮原本是在解放战争中从阎锡山部队手中缴获的日本75山炮。多年以后中国决定恢复鸣放迎宾礼炮仪式后，原武警北京总队十一支队奉命组建礼炮中队。当时中队从卫戍区一座仓库里找出了几十门抗战时缴获的日本小山炮，炮身上还有“昭和”等字样。官兵们挑灯夜战，大修大补、喷漆抹油……一门门已经报废的山炮在战士们手中焕发了新的生机。

1984年日本首相中曾根康弘访华，中国在北京人民大会堂东门外广场为他举行欢迎仪式，鸣放礼炮就是缴获的日本75山炮。欢迎仪式结束后，中曾根说：“中国的礼炮真响，把我的五脏六腑都震动了！”如果他知道迎接他的礼炮曾是日军侵华使用过的小山炮，不知将有何感想？

礼炮声隆隆，气势不小。但这种山炮声响过大，音质也不理想，礼炮必须改进。1984年10月武警司令部正式委托当时的兵器工业部研制一种外观雄伟、性能可靠、操作方便、使用安全的新型礼炮系统。1987年初，在京丰宾馆，解放军总后勤部洪学智部长和外交部韩叙副部长检阅武警礼炮部队并会见了研制人员，随后在新礼炮交接证书上签了字。一种中国产性能优良、没有硝烟的1986式新型礼炮系统正式问世。

礼炮兵是共和国外交活动的见证者。据报道，从礼炮中队组建以来，已经圆满完成迎宾鸣放礼炮勤务约600余次，迎接国家元首325名、政府首脑277名，并圆满完成了新中国国庆和重大纪念日鸣放礼炮的任务。

说不尽的军乐外交

军乐的历史

世界上最早的军乐队出现在14世纪，当时奥斯曼土耳其帝国国王乌尔汗王在军队里组建了军乐队。后来在奥斯曼土耳其军队东征西战中把军乐团传到了欧洲。欧洲的各个国家对军乐队进行改革，在乐器的引进上做出很多影响至今的改变，使得近代军乐团的表演形式以及内容更加丰富，最后发展成各个国家接待外国来宾的重要礼仪的国乐。

中国的军乐队要追溯到清朝末期，当时的军乐队由国外传到中国，袁世凯在天津小站练兵组建新军的同时组建了第一支中国人自己的军乐队。到解放战争期间，中国人民解放军军乐团的大部分乐器就是从敌人那里缴获的，并利用这些乐器为前线官兵作慰问演出。

1949年10月1日，以华北军区军乐团为主体的200名军乐手，在天安门广场上第一次亮相，随着毛泽东亲自按下的电动按钮，军乐队奏响了第一支中华人民共和国国歌，第一面五星红旗升上天安门广场的天空。两年后的1952年，中国人民解放军军乐团在北京正式扩编成立。

这个隶属于中国人民解放军总政治部的军乐团约有400余人。乐团的使命是为国家和军队的重大典礼、重要会议、迎送国宾等仪式举行音乐演奏。近年来，乐队合奏水平日益提高，较完美地演奏不同时代、不同体裁和风格的中外音乐作品，是一个人才济济的国家的礼仪乐队。

国事礼仪的灵魂

我记得礼宾司每次安排组织接待外国国家元首和政府首脑访华时，常常召开有关部门的协作会议。我最关心的是解放军军乐团团长老罗是否出席，老罗的光临总让我十分高兴。他来到时，我就把我国驻来访国使馆提供的该国国歌和民间乐曲录音带交给他。他总是满面笑容地接受并告诉我：他们将赶紧排练。当有紧急任务时，我会将录音带送至靠近北京紫竹院附近的军乐团驻地，请他们排练。因为我还要陪同礼宾司领导前往该军乐团驻所审听，所以我与老罗来往很密切。

在我眼里，在盛大的国家庆典上军乐不可少。军乐可兴礼仪震国威，没有军乐团演奏东道国和来访国国歌，国宾访华哪能算完美呢？国歌是一个国家之灵魂，当两国国歌奏响之时，那种震撼世人灵魂的旋律与心情共鸣，荡气回肠！

我是军乐团乐曲的“粉丝”，军乐团的作品《热巴》《阿细舞曲》热情、欢快，《人民军队永远向太阳》《祖国交响乐》雄壮磅礴，《步步高》《北京喜讯到边寨》悠扬悦耳……它们以雄伟的气势，明快、清新的风格，高超的演奏水平，赢得国宾的赞誉。作为礼宾官每次接待国宾、“近水楼台先得月”的我激动不已。

我很高兴地看到，伴着新中国诞生的军乐团，如今已形成一支以内外事司礼和重大演出为使命的特殊的队伍。60 多年来，它圆满完成了新中国成立以来的 14 次国庆阅兵和历次党的全国代表大会、全国人大、全国政协会议开闭幕式，香港、澳门回归祖国仪式及北京亚运会、北京奥运会等等重大司礼演奏任务 7000 余次。迎送了 200 多个国家的上千位访华国宾。他们还参加国际文化交流，出访了数十个国家，用音乐展示国家形象。

见证重大外交历史时刻

每当国宾访华，欢迎仪式的升国旗、奏国歌是重要礼仪之一。奏国歌当之无愧是军乐团，正确演奏来访国的国歌，奏好国宾访华的第一篇交响诗是军乐外交的开头。多年来军乐团的军乐外交有许多鲜为人知的故事。

军乐团在长期司礼的任务中并非按部就班，经常会遇到紧急情况。1972 年 12 月 9 日柬埔寨西哈努克亲王在来华旅途中，新创作了歌曲《中国，我亲爱的第二故乡》，周总理办公室午夜告军乐团：“第二天早晨西哈努克亲王将抵京访问，总理指示，欢迎曲要用亲王的这首新作。”这是一支节奏缓慢的抒情歌曲，要改编成军乐曲难度是可想而知的，且歌曲很长，在欢迎仪式上演奏时不能看谱。

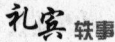

从编谱到配器、背谱、合练的时间只有几小时，当晚，正在熟睡的音乐家们被叫醒了，创作室、排练厅灯火通明。凌晨5时，一首带有浓郁柬埔寨风格的乐曲脱稿了。紧接着抄谱、背曲、合练、编队，仅仅合奏了几遍就出发前往欢迎仪式了。

在欢迎仪式上，走下火车的西哈努克亲王听到军乐团演奏欢迎曲竟是自己刚刚写成的新作，又惊异又兴奋。他双手合掌连连向军乐团亲切致意。后来在他举行的答谢宴会上，亲王还特意邀请了乐曲改编者出席。

1972年2月，美国总统尼克松访华，这是震惊世界的大事，周恩来总理在宴会厅设宴招待。周恩来总理非常了解军乐在外交中的作用，亲自拟定了欢迎尼克松总统的军乐曲目。考虑到尼克松对音乐很内行，周总理亲自在宴会厅审查军乐团排练美国乐曲。周总理走到乐队的前面对大家说："《美丽的阿美利加》和《草堆里的火鸡》是尼克松就职总统时选择的曲子，你们一定要演奏好！"

2月21日晚，人民大会堂国宴大厅里灯火通明，高朋满座，客人们为乐队娴熟的演奏技巧和对美国曲子完美的表达能力惊叹不已。接着，军乐队又为客人们演奏了《牧场上的家》等美国乐曲，尼克松坐不住了，他站起来为这支乐队敬酒，激动地说："我在外国从来没有听到过演奏得这么好的美国乐曲。"

国宾与军乐队共联欢

被军乐感动的国宾并非尼克松总统一个人。1992年10月23日至28日，日本明仁天皇和美智子皇后对中国进行友好访问。抵达北京当晚，杨尚昆主席在人民大会堂举行盛大欢迎国宴。明仁天皇从小就读过李白的诗，对《三国志》也颇感兴趣。当晚国宴精心安排军乐团演奏的中国乐曲有《小白帆》《高天上流云》《乡情》《赞美》《思念》《我和我的祖国》；日本乐曲有《樱花》《拉网小调》《北国之春》《合欢树下摇篮曲》《四季歌》《祝典进行曲》等。这些安排都让明仁天皇赞赏不已。

上世纪80年代有些国宾访华期间还举行答谢宴会，他们特地邀请军乐团为他们演奏乐曲。1988年2月29日，赞比亚总统卡翁达访华，在赞比亚驻华大使馆举行招待会上，他听了军乐团的演奏之后十分兴奋，信步来到军乐队前，操起指挥棒亲自指挥军乐团演奏了一首赞比亚乐曲《我的祖国》。顿时，宴会沸腾起来，招待会转眼之间变成了一个气氛热烈的联欢会。

1989年2月25日，新上任的美国总统乔治·布什访华，当他听到中国军乐团的演奏后说道："中国人民解放军军乐团是我听到的演奏美国国歌最好的外国乐队，我愿邀请这支乐队在我举行的答谢宴会上演奏美国国歌。"军乐团欣然接受了邀请。

走向世界

改革开放后，中国对外交往日益增多，军乐团越来越多地走向世界。1987年11月，军乐团赴泰国进行第一次出国访问演出。此后，军乐团访问过苏联、朝鲜、意大利、奥地利、加拿大、德国、美国、捷克、罗马尼亚、新加坡等几十个国家。

在泰国，中国军乐团演奏泰国国王作曲的《雨丝》时，观众随着音乐节奏报以掌声，热烈的演奏气氛持续了一个多小时，许多泰国观众深受感动。一位泰国朋友说："中国军乐团给泰国民众带来了真正的艺术和真诚的友谊。"

1994年7月，第三届国际军乐节在芬兰哈米纳举行。来自中国、美国、英国、瑞典、俄罗斯和芬兰6个国家的军乐团参加，他们为军乐节带来了各具特色的精彩表演。在首都赫尔辛基市中心举行的露天音乐会上，中国军乐团演奏了芬兰著名作曲家西贝柳斯史诗般的不朽之作《芬兰颂》，该作品赞颂了芬兰人民为维护祖国的尊严和民族独立而不屈不挠的奋斗精神。中国军乐团艺术家们准确又充满激情地诠释了这首交响诗的思想，深深打动每个观众。一位芬兰乐手在演出结束时真诚地说，"从来没有听到外国乐队把《芬兰颂》演奏得这么好！"

同年7月，中国军乐团还赴法国访问并参加军乐节。当军乐团奏起法国人民熟悉的《马赛曲》时法国观众欢呼声达到高潮。军乐节闭幕时，组委会秘书长亲自把飘扬在主会场上空的会旗送给中国军乐团，他说："只有最好的乐团才能享有如此殊荣。"

近几年，军乐团还赴马里、乍得、圭亚那、厄立特里亚、文莱、越南、格林纳达、喀麦隆、澳大利亚等国家访问演出。军乐团友谊之旅，也是军乐外交之旅。军乐团用音乐展示国家形象，用音乐传播和平友谊。

多彩的外交乐章

据记载，周恩来总理曾向军乐团提出，自1971年3月26日起，每次宴会的曲目单都要给他留一份。我在礼宾司工作多年，每次为欢迎国宾访华举行宴会，菜单和曲目单都是宴会的“姐妹篇”，缺一不可。国宴菜单固然重要，依我看有时曲目单显得更重要。每次周总理举行宴会，不仅仔细阅读菜单，还详细了解熟悉曲目单。他是一位高瞻远瞩，心细过人的外交家。他要曲目单，不足为奇，在宴会上他常常“见机而作”展示他多彩的外交艺术。

宴会上军乐团是按印好的曲目单演奏的，曲目单通常由中国和来访国的曲目组成，每当演奏到来访国的乐曲时，周总理便带头鼓掌，与国宾交谈甚欢。有的国宾并不都熟悉其本国的乐曲，经周总理一介绍，有的外宾才恍然大悟，称赞周总理是一位无所不知的伟人。

周总理和军乐团

1948年庆祝五一国际劳动节的文艺晚会上，周总理第一次看军乐团演奏，那时华北军区军乐队（军乐团前身）成立不到半年。自新中国成立至1976年20多年的时间里，周总理对军乐团十分关心和爱护，军乐团是在周总理直接的关怀下成长壮大发展的。

对军乐团的演奏，周总理曾亲切地说：在宴会上席间宾主正在谈话，乐曲要演奏得轻一些，柔和一些，祝酒时可演奏得热烈一些。他经常派工作人员对乐团提出表扬或改进意见。

我在礼宾司任职时，每当国宴将近结束，常常看到周总理陪同国宾到军乐团前祝酒表示感谢，并亲切与乐团指挥握手，对军乐团说些鼓励的话。

1972年周恩来总理为尼克松总统访华举行欢迎宴会，宴会前周总理对军乐团说：“《美丽的阿美利加》和《草堆里的火鸡》是尼克松就职总统时选择的曲子，你们一定要演奏好！”“是，请总理放心。”军乐团齐声说。周总理笑了：“我告诉你们，尼克松的音乐修养高，他钢琴弹得很好，你们还要多准备几支曲子。尼克松很重视这次访华，已经下令电视转播，新闻报道做了精心的安排。”之后，周总理又要大家练习演奏了一遍《美丽的阿美利加》等乐曲。在周总理为尼克松举行的欢迎宴会上军乐团按计划演奏了《美丽的阿美利加》《牧场上的家》《草堆里的火鸡》等乐曲。在祝酒辞中，尼克松总统特别称赞中国军乐团：“我不仅要赞扬那些准备了这次盛大宴会的人，而且还要赞扬那些给我们演奏美好音乐的人。我在外国，从来没有听到过演奏得这么好的美国音乐。”在周总理的陪同下尼克松还来到军乐团前祝酒，感谢军乐团的演奏。

1973 年 10 月 31 日至 11 月 4 日澳大利亚总理惠特拉姆访华。周总理为惠特拉姆访华举行欢迎国宴。宴会临近结束时，周总理陪同总理惠特拉姆和夫人到军乐团前，向军乐团祝酒致谢。周总理说：“客人对你们的演奏很满意，也很欣赏。你们是否可以再加演一首澳大利亚乐曲？”周总理提议再演奏《莫蒂尔德圆舞曲》，军乐团再次演奏成功，宾主开怀大笑，十分满意，宴会厅又一次响起经久不息的掌声。

丰富多彩的乐曲

军乐团以雄伟的气势，明快、清新的风格，高超的演奏水平，赢得国宾的赞誉。

几十年来，军乐团原创的音乐作品有 1500 多部，改编的外国名歌名曲有 2500 多部，平均每年新创作和改编的外国代表性音乐作品就达 100 多部，这些作品大多都走上了世界舞台，有些曲目还成为世界其他乐团竞相演奏的共享曲目。

1992 年 12 月 2 日，江泽民主席在人民大会堂东门外广场主持仪式欢迎乌拉圭总统。当军乐团演奏完乌拉圭国歌之后，全体来宾对军乐团的精彩演奏报以长时间的热烈掌声。事后，乌拉圭总统告诉中方，乌拉圭国歌是世界上最长的国歌之一，在重大的外事活动中，很多国家，包括他们本国的乐队常常只演奏其中的一部分。然而今天，中国军乐团却背谱演奏了全曲，这是中国人民对乌拉圭人民最大的尊重与理解。

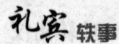

1997年7月1日和1999年12月20日分别是香港和澳门回归祖国的大喜日子，军乐团作为政权交接仪式中担任演奏任务的主角，他们的表现令世界瞩目。据在这两个重大历史时刻担任中国军乐团指挥的介绍，当时的气氛可谓紧张严肃，能否准确地在零时零分零秒奏响《中华人民共和国国歌》，对我们每个人都是一种考验，早一秒是失职，晚一秒是耻辱。我们经过无数次的刻苦训练，终于丝毫不差地完成了任务。担任交接仪式中方司仪的外交部领导说："你们演奏得非常准确，非常好，祖国人民谢谢你们。"

外交乐章的魅力

周总理是伟大人物，周总理善于用军乐团演奏的乐曲开展外交的艺术令人钦佩，无时无地体现他的外交魅力。

1965年9月，柬埔寨国家元首西哈努克亲王及夫人来到中国参加国庆典礼和进行国事访问，在周恩来总理、陈毅副总理等陪同下游览了中国很多名胜古迹，中国美丽的风光、主人的热情接待激发出亲王夫妇长期埋藏在心中对中国政府和人民的热爱、感激之情，亲王还写了歌曲《怀念中国》。

1973年11月18日至21日，越南南方共和国临时革命政府主席阮友寿应中国政府邀请正式访问了中国，周恩来等中国领导人热情接待了阮友寿一行。11月18日晚周总理为阮友寿一行访华举行盛大欢迎宴会，出席宴会的还有柬埔寨西哈努克亲王等。宴席上演奏西哈努克写的《怀念中国》《柬、老、越是兄弟》等乐曲。周恩来总理特意给军乐团送来一个字条（写在菜单上）请乐队"在宴会结束前，上水果时把《柬、老、越是兄弟》乐曲再演奏一遍"。周总理以此为题发表讲话：印度支那人民要团结起来，共同反对帝国主义的侵略。此时宴会厅爆发出经久不息的雷鸣般的掌声。阮友寿、西哈努克、周总理等到军乐团前祝贺他们演奏成功。

1972年9月25日，以内阁总理大臣田中角荣为首，包括外相大平正芳、官房长官二阶堂进等的日本高官共52人的庞大代表团访华，当晚周总理在人民大会堂宴会厅举行盛大欢迎晚宴，中日双方出席者600多人。军乐团现场演奏日本国歌《君之代》和《佐渡小调》《金比罗船》《鹿儿岛小原节》（分别为田中、大平和二阶堂各自家乡的民谣）等日本歌曲。当周总理对田中角荣说："这是你家乡的民歌，听起来一定很亲切。"田中角荣感动之余，话也说不清了，只是连声说："啊！啊！啊！"当奏到大平正芳、二阶堂进的家乡的民谣时，他们非常感动，离开席位上去与周总理握手，连连说："真没有想到！真没有想到！周总理心中还想到我们！"

1972年在中国和英国两国互换大使的10月，英国外交大臣道格拉斯·霍姆（伊顿公学、牛津大学毕业）访问中国，成为新中国历史上第一位访华的现任外相。在10月30日欢迎霍姆一行的宴会上，姬鹏飞外长说，两国达成互换大使的协议，打开了中英关系发展史的新篇章。霍姆在宴会上谈了他关于改善中英关系的若干设想，他强调中英应发展贸易。事前了解到外交大臣曾在伊顿公学读过书，该校学生对《伊顿公学划船曲》都很熟悉，军乐队在欢迎宴会上奏此乐曲。外交大臣听后情不自禁地回忆起往事，他说："当我听到乐队演奏起《伊顿公学划船曲》时，我想起学生时期的情景。那时我在该校读书，我的岳父是校长，后来我与他的女儿结婚。"外交大臣走向乐队祝酒感谢，应他的要求，乐队再把《伊顿公学划船曲》演奏一次。

“国家门面”三军仪仗队

在鲜艳的五星红旗下，雄壮的国歌旋律中，这支由陆海空三军组成的仪仗队，穿着帅气的礼服，闪耀着璀璨的中国民族精神，他们以排山倒海之势、雷霆万钧之力走来。排面如刀切剪裁，摆臂如流光闪电，踢腿如弯弓射箭，横看一条线，纵看一条线，斜看一条线……在这直线加方块的精美图案里，他们整齐划一有节奏地前进，如海浪拍岸，似松涛阵阵，大地共鸣，声势在天安门广场回荡。

外国国家元首或政府首脑、国防部长、军队总参谋长访华时，都要检阅三军仪仗队。军队是一个国家实力的象征，威武而划一的三军仪仗队体现了国家的形象。

今天每当我看到国家仪仗队欢迎国宾的情景，都思潮起伏，我想起了新中国诞生后的第一支仪仗队。

毛泽东与仪仗队

1949 年 10 月 1 日，中华人民共和国成立后，许多国家纷纷承认新中国，和我们建立外交关系，互派大使。1949 至 1955 年期间有 26 国与新中国建立外交关系。在这种政治背景下，毛主席将中央警卫团一个连改为仪仗连，主要担负外国大使呈递国书时的仪仗任务，毛主席与仪仗连有一个鲜为人知的故事。

共和国成立初期的一天，毛主席把仪仗连请到中南海，一是想看看他们的训练情况，二是让仪仗连熟悉一下执行任务的场地和环境。这是毛主席第一次见到仪仗连，毛主席见到队员们穿着礼服、头戴钢盔、手持上了刺刀的三八式步枪，看上去精神抖擞、庄严威武。

毛主席很认真地看了看每位队员称赞说:“个头选得好，很整齐。”在主席的亲自指挥下，仪仗连进行了一场模拟演练。外国大使的车子来到门口后，开始高奏国歌，在国歌声中，大使走下轿车。在“向右看齐”的口令中，官兵们举枪行礼，目光随着大使的脚步移动，直至进入怀仁堂。

毛主席看完演练后，表示基本上满意。他又向仪仗连领导交代：“仪仗兵就要有仪仗兵的样子，要从眼睛里体现出仪仗兵的精神气质，要从动作上体现出军事技术的干练和过硬；还要注意衣服的整洁，武器的保养。另外，动作不要太复杂，再精练一些。”

周恩来对仪仗队说：“总的来看，还不错。但我要纠正一下，大家不要绷脸，尤其是向右看的时候，人家高高兴兴的，我们也要愉愉快快的嘛。”

仪仗连根据毛泽东、周恩来的指示，加紧训练，不久，便正式执行外国大使呈递国书的仪仗司礼任务。仪仗连迎接的第一位外宾是苏联驻中国大使罗申。

1949 年 10 月 16 日，罗申大使正式向毛泽东主席递交国书，当天罗申大使在中南海勤政殿门前下车，由外交部办公厅主任迎接，仪仗队致敬，军乐队奏乐。罗申大使离开时外交部长送至勤政殿外厅，再由外交部办公厅主任送至勤政殿门前，仪仗队致敬，军乐队奏乐。外交部交际处处长陪罗申大使返使馆。

仪仗队第一次迎宾任务完成后，继续承担外国驻华大使向国家主席递交国书的仪仗司礼任务。

1952 年 9 月，蒙古总理泽登巴尔访华，这是新中国诞生以后，第一位来访的外国总理。在没有正式仪仗队的情况下，中央决定，调整、扩大担负呈递国书司礼的仪仗队伍，代替执行迎国宾的仪仗任务。他们按礼仪程序加紧演练，包括阅兵式、分列式、报告词等，胜利完成了任务。

欢迎蒙古总理泽登巴尔回来，周恩来向毛泽东进谏：“鉴于外交礼仪和国内重大集会的需要，我们应该组建一支仪仗队。”纵观历史，横看天下，哪一个独立主权的国家没有自己的仪仗队？毛泽东同意了：“中国是礼仪之邦。热情好客、文明礼貌是中华民族的传统美德。新中国应该有自己的仪仗队。”毛泽东对组建仪仗队早有考虑，周恩来的进谏，促使了毛泽东早下决心。

1953 年，代表“三军形象，国家尊严”的中国人民解放军三军仪仗队在首都北京正式诞生了。此后中国人民解放军陆海空三军仪仗队隶属于北京卫戍部队，与中国人民解放军军乐团、中国人民武装警察部队礼炮队等共同承担不同规格的司礼任务，仪仗队主要担负迎送外国元首、政府首脑、军队高级将领及纪念、庆典等重大国事活动的仪仗司礼任务。

仪仗队的人数和队形变换，因各国的习惯和规定而略有不同。有的国家对逝世的国家领导人及有特殊功勋的人士去世举行葬礼时由三军仪仗队进行护灵。国家举行具有历史意义的纪念碑揭幕仪式、度过纪念日，三军仪仗队必须出场。

“礼仪三百，威仪三千”

仪仗原是古代帝王、高级官员出巡时，护卫人员所持旗帜、武器等。在我国，仪仗队最早出现于公元前 11 世纪，春秋战国时代已比较流行。春秋时期孔子曰，“礼仪三百，威仪三千”，历史上也曾有“观兵以威诸侯”之说。后世各朝代帝王沿用检阅仪仗队的做法，唐朝时已把检阅仪仗队作为接待外国政要的常见仪式。

外国的仪仗队起源于古罗马、古希腊、古埃及。古今中外，异邦异代，虽名同形近，但却各具特色。英国白金汉宫的仪仗队，由皇家卫队中的王宫仪仗骑兵团担任。皇家卫队头戴熊皮帽子，身着红色制服，制服上绣有王冠和苏格兰、英格兰国花的图案，手持长枪短剑，骑高头大马。每逢国家举行重要仪式，王宫骑兵粉墨登场、气派非凡。丹麦等国家的迎宾式上，身着古典礼服、头戴高筒绒帽、手持佩剑的仪仗队，别具风姿，使迎宾仪仗显得典雅而华贵。在非洲，有的国家还有人和绵羊组成的仪仗队，可谓独具风采。

1953 年 6 月，中国人民解放军独立仪仗营正式成立。仪仗营组建伊始，周恩来就明确指出：仪仗兵代表三军的威武、国家的门面和民族的尊严，要求每个仪仗队员个头要高、长相要帅、气质要好。总之，从外观上要区别于其他军人。

仪仗营诞生后加紧训练，训练生活非常艰苦，经过严格训练后，他们光荣承担了新中国成立后一系列欢迎外国元首和政府首脑访华的仪仗任务。仪仗队见证了新中国与外国交往的发展历史进程。1953 年仪仗营成立后，于当年冬天在北京车站执行欢迎朝鲜民主主义人民共和国金日成首相的任务。周总理陪同金日成首相检阅仪仗队，仪仗队向贵宾展示了中国人民解放军的风采。1956 年 9 月 30 日，印度尼西亚苏加诺总统访华，毛主席亲自到机场迎接，并陪同苏加诺总统检阅中国人民解放军陆海空三军仪仗队。1959 年 10 月 1 日，在中华人民共和国成立 10 周年之际，许多国家领导人率领代表团应邀前来参加庆祝活动。当苏联部长会议主席赫鲁晓夫抵达首都机场时，中共中央主席毛泽东、中华人民共和国主席刘少奇、全国人大常委会委员长朱德、国务院总理周恩来在机场陪同赫鲁晓夫检阅仪仗队。这张珍贵的相片，收录于《新中国外交五十年》大型画册中。欢迎国宾访华的仪仗任务极为繁忙，例子不胜枚举。

1972 年 2 月 21 日美国总统尼克松实现访华的破冰之旅，为使欢迎仪式体现出国威、军威，周恩来总理批示仪仗队人数由以往的 240 人增至 360 人，持枪排成四列，军乐队 120 人，队伍总长达百米。周总理陪同尼克松总统检阅有史以来最大阵营的陆海空三军仪仗队，仪仗队精神抖擞向尼克松总统行注目礼，给他留下难忘的印象。当年日本首相田中角荣访华，欢迎仪式上也做了特殊安排，三军仪仗队人数增至 360 人。

2014 年 5 月 12 日，解放军首批女仪仗兵出现在欢迎土库曼斯坦总统别尔德穆哈梅多夫来访的欢迎仪式上，首批 13 名女仪仗队员第一次亮相，她们别有一番英姿。

走向世界

对于仪仗队来说，获得荣誉、嘉奖，大都是有形的，例如奖旗、奖杯、奖状等，而更珍贵的荣誉却是无形的，那就是外国元首和政府首脑、高级将领和各界人士的赞誉。

美国前总统尼克松在回忆录中写道："中国这支仪仗队是我看到过的最出色的一支……"美国前国务卿基辛格在回忆录中写道："中国仪仗队的纪律是我陪同总统出访中印象最深刻的。"英国女王伊丽莎白二世访华期间，赞扬中国仪仗队。中国军人清澈有神的眼睛、挺拔威武的身材、严谨庄重的着装、雄健整齐的步伐，震撼了女王。她检阅中国仪仗队后说："中国仪仗队举世无双。"

英国海军前参谋长菲尔德豪斯赞扬说："中国仪仗战士，双双有神的眼睛，出色的动作，非常令人满意。"重要外宾访华，有的说："你们仪仗队走出了中国军队的军威，是世界一流的，中国人民解放军仪仗队是一支战无不胜的队伍。”

我很高兴地看到中国仪仗队如今不仅胜利完成欢迎国宾的各项礼仪任务，他们还成功地走向世界舞台，展示中国之风采。

2010年这支仪仗队第一次应邀出国，出席墨西哥独立庆典200周年，得到好评。9月17日，墨西哥当地主流媒体《改革报》、《千年报》和《太阳报》等纷纷撰文高度赞扬中国人民解放军仪仗方队。这次阅兵是墨西哥有史以来规模最大的一次，受阅方队不仅包括墨西哥海陆空三军，还有来自中国、美国、俄罗斯、巴西等16个国家的仪仗队。9月16日上午11时，阅兵庆典正式开始后，首次走出国门参加海外阅兵的中国人民解放军仪仗方队从墨西哥城宪法广场出发，沿改革大道前行。这个由34人组成的仪仗方阵充分展示了东方古国的文明与气质、中国军人的威武与雄姿，显得尤为引人注目。2011年7月5日，中国三军仪仗队在委内瑞拉建国181年来举办的最大规模的阅兵式上亮相。

我很高兴地看到，在世界和平外交发展中，他们魁伟的身影越来越多地在美丽画卷上出现。

“红旗”礼宾车的“风雨路”

2014年11月10日晚，我在电视上看到壮观的“红旗”礼宾车队沿着灯光红地毯前进，抵达北京国家游泳中心“水立方”宴会大厅的情景，感慨万千。他们是出席在北京怀柔雁栖湖畔召开的APEC领导人非正式会议的领导人，其中有俄罗斯总统普京、智利总统、墨西哥总统、秘鲁总统等，这些贵宾均乘“红旗”轿车出行。

“红旗”礼宾车令我回想起上世纪五六十年代的轿车。那时的“红旗”轿车不仅成为新中国第一代领导人的用车，也成为访华国宾用车。报道说，“红旗”L5轿车在设计上采用了带有复古味道的车头设计和圆形前灯，新款的“红旗”轿车更多融合了复古与现代元素。“红旗”车的漫长的风雨路，让我看到祖国翻天覆地的变化，看到“红旗”车在新中国外交史上留下辉煌的一页。

“红旗”轿车的喜和忧

1971年我在中国驻卡拉奇总领事馆任职时，正好国内为中国驻巴基斯坦大使张彤配备了一辆大“红旗”轿车。外交部委托我国远洋轮船运输公司的“和平号”轮船把“红旗”轿车运抵卡拉奇港口，由卡拉奇总领事馆转运至伊斯兰堡大使馆。当“和平号”轮船抵达港口时，船长和政委专门到总领事馆汇报“红旗”轿车平安抵达的情况。他们说，他们已完成国内交代的政治任务，随后还邀请总领事馆人员登上“和平号”轮船与“红旗”轿车见面。

见面时我们人人欣喜若狂，看到国产的“红旗”轿车时，就好像见到祖国的亲人一样。为了庆祝“红旗”轿车胜利抵达，“和平号”船长在船上招待我们宴饮，我们尝到多年未有的猪肉菜肴，高兴极了。“和平号”船长告诉我们：为了保证“红旗”轿车完好无损地安全运到，他们采用严密的安全措施，用钢丝绳把轿车牢牢地绑在船舱里。当时我们再三感谢他们为“红旗”轿车保驾护航，我们还专门请他们到总领事馆看电影。

那天我到港口办完“红旗”轿车出港手续之后，高兴地看到“红旗”轿车从“和平号”轮船被吊到码头上。早有准备的总领事馆王师傅在“红旗”车加上带去的油、水后，经过发动验证轿车正常，他便缓慢开动起来。那时我们都感到自豪，那些在港口的巴基斯坦朋友，也同我们一起分享喜悦。

“红旗”轿车前进不久，我们还未开出港口，就撞上港口的运货火车。轿车的前保险杠、右前灯撞坏了，灯周围的外壳向里塌陷，大片的油漆脱落。不过“红旗”轿车还能开动，就这样“红旗”轿车带着伤痕开到总领事馆。到了总领事馆王师傅说，事故因“红旗”轿车刹车不灵所致。那时馆领导也没有责怪王师傅，认为当务之急是赶快联系修车。并说，一切按绝密案子办理，尤其不能让“和平号”知道事故。

那时正好春节，总领事馆几位司机轮流值班，请卡拉奇第一流的汽车修理厂朋友帮忙，夜以继日，把“红旗”轿车修理好，结果修得天衣无缝。几天后总领馆司机小心翼翼地把“红旗”轿车开至伊斯兰堡，交给大使馆。通过伊斯兰堡市区时，人人好奇地看着中国“红旗”轿车驶去。

“红旗”礼宾车有喜也有忧

当我再次调入礼宾司时，我的责任变了，在国宾接待处工作，成天接待访华国宾，也经常与国宾访华时乘坐“红旗”轿车打交道。我很热爱“红旗”车，这款高级轿车庄重典雅大方，车身曲线十分美观，无处不体现出东方民族特有的神韵。

1971 年美国尼克松总统特使基辛格博士秘密访华，他乘坐“红旗”轿车十分高兴。1972 年美国尼克松总统一行访华的“破冰之旅”，他所乘坐的车辆是“红旗”防弹轿车。尼克松来华前要求访问期间乘其自带的防弹车，在中方的坚持下，尼克松才乘坐“红旗”轿车的。1978 西班牙国王胡安·卡洛斯一世和王后陛下一行首次访华，我有幸参与了此访的准备和接待工作，记得当时我接待国王访华先遣组时，西班牙礼宾司长在北京看了准备为国王和王后陛下乘用的“红旗”

礼宾车后告诉我："太好了！多么舒服、宽敞，就像一节火车车厢一样！""红旗"礼宾车为中国赢得了光荣、声誉，我作为礼宾官，深感自豪和骄傲。

那时乘"红旗"车，有喜也有忧！我记得有一次韩叙大使陪同美国前国务卿基辛格博士访问乌鲁木齐，我作为礼宾官随行。在新疆期间，基辛格博士一行乘"红旗"轿车前往天池游览，车队爬坡时，我乘坐的"红旗"轿车"抛锚"了。我们下车来，加上后车的几位同志，齐心协力推车上坡，费了九牛二虎之力，司机终于重新发动起来。还好，我们没有掉队。

随之时间的推移，我听到有人不时抱怨"红旗"车，有的驻外大使说"红旗"车的毛病多，有时到机场去接某国总统，跑到半道，"红旗""抛锚"了，眼睁睁地看着别国的大使飞驰而去，急得直跺脚。据说，80 年代初，当时的国务院主要领导外出时，在他的"红旗"后面还有一辆备用车，有一次，他的"红旗"行驶中突然冒烟了，马上中途换车，事后检查是化油器的毛病。

看来那时的"红旗"车耗油较高，某些部件机械性能不够稳定，急待改进。1981 年，"红旗"牌高级轿车因耗油较高停止生产，从此"红旗"轿车也不作为国宾访华的用车了，由德国和美国的"奔驰"和"凯迪拉克"等外国车代替。

让"红旗"重新飘扬

就在访华国宾用德国和美国的轿车的日子里，我作为礼宾官，不时盼望"红旗"重新飘扬。我想，国宾访华乘国产品牌车才是理想的选择。乘"红旗"车既表现了中国对来访国宾的尊重，也能让来访国的领导人了解中国的汽车发展水平和文化。国宾接待车队是展示国家形象的窗口。如今我国已发展成为汽车生产大国，我们怎能不展示自己的品牌呢？

回想那年从"红旗"轿车的正式定型投产后，时间流逝，"红旗"车踏上了辉煌之路。那时"红旗"车得到很多外国领导人的认同。1962 年 12 月 31 日，锡兰（斯里兰卡）总理班达拉奈克夫人访华，成为第一位乘用"红旗"车的外国首脑。此后许多外国元首也与它有

作者于1970年3月在中国驻卡拉奇总领事馆内留影，背后为刚从国内运到的大使红旗车

一面之交，如尼克松、撒切尔等，都对它留下美好的印象。事实上，国宾访华很想乘坐中国品牌轿车。

1993年，德国总理科尔访华，他特意点名要坐一坐中国“红旗”车。身材高大的科尔对舒适、古朴的CA722防弹型“红旗”车非常满意。

1997年5月法国总统希拉克访华，法国驻华大使毛磊告诉外交部礼宾司长江康：希拉克总统访华，按法方规定，总统出访时只能坐中国或法国品牌的汽车，而当时我国接待国宾来访主车都是德国和美国的轿车。法国驻华大使毛磊强调说，如中方不能提供中国品牌的汽车，可调广州生产的法国“标致”车进京。

在一次为某国总理访华举行的欢迎仪式前，李鹏总理问起接待希拉克总统访华的准备工作，礼宾司长告知，希拉克总统访华要求只坐中国或法国车，不坐德国和美国车。李鹏总理听后说：“这是好事嘛！”礼宾司长说，警卫部门说老“红旗”车已存放多年不能用了。李鹏总理马上表示：我们有那么多老“红旗”车，我就不相信找不出几辆来。几天后礼宾司长接到警卫部门电话，已修好两辆“大红旗”供希拉克总统访华用。希拉克总统用车的要求，刮起“红旗”重新飘扬之风。

2013 年 4 月 25 日，应中国国家主席习近平邀请，法国总统弗朗索瓦·奥朗德抵达北京，开始对中国进行为期两天的国事访问，他乘坐的也是“红旗”礼宾车。2013 年 11 月 29 日韩国总统朴槿惠访华，乘坐的“红旗”礼宾车受到了众多朋友的关注。

中国一汽集团于 1981 年停产“红旗”，1995 年复产。现在，一汽集团打造了“红旗”最新款车型 H7。

2013 年，北京向太平洋国家斐济捐赠 20 辆中国产“红旗”轿车。在苏瓦举行的一个仪式上，斐济总理姆拜尼马拉马称这份礼物“慷慨”且“及时”。在斐济主办的 77 国集团的一次高层会议上，这批轿车直接派上了用场。

首汽国宾车队享有“中国第一车队”的美名，据说一批“红旗”H7 轿车已交给首汽国宾车队。外国媒体说中国增添了一个外交武器——国产豪华轿车。

“红旗”轿车代表着一段历史，是惊世之作，人们把它当作我们伟大祖国的象征。在汽车领域，“红旗”更是我国轿车工业从无到有的标杆。今天我就像追忆一位故人那样来缅怀当时的“红旗”轿车，但愿“红旗”轿车施展更大的外交影响力，让我们看到“红旗”永远飘扬。

签字仪式见证外交成果

在礼宾司漫长的岁月里，每天做的事很平凡，但不平淡；在接待访华国宾的日日夜夜里，很辛苦，但很快乐，最快乐的莫过于亲眼看到国宾访华取得的丰硕成果。

国事访问是否取得成果，要看双方是否达成协议、协定、条约，以及签署什么样的文件。隆重的签字仪式通常是国宾访问的重要项目之一。两国或多国之间缔结条约、协定、议定书以及联合声明、公报和重大合作项目的协议书等都要举行签字仪式，签署人多是国家元首、政府首脑或有关部门负责人。

1965 年调入礼宾司后，我记得每次进钓鱼台宾馆接待国宾访华时，礼宾司领导都要提醒我是否准备好签字文具、签字桌上的国旗和国旗架等。那时，签字仪式上用的是“英雄”金笔和黑色墨汁。签字前，我小心翼翼地备好“英雄”金笔，注入墨水，做书写试验，保证届时国家领导人和国宾签字书写时流畅并符合要求。

空前盛大的香港回归签字仪式

1984 年 12 月 19 日，在北京正式签署了《中华人民共和国政府和大不列颠及北爱尔兰联合王国政府关于香港问题的联合声明》，宣布中国政府将于 1997 年 7 月 1 日恢复对香港 (包括香港岛、九龙、新界) 行使主权，这场具有深远历史意义的签字仪式很隆重、很热烈。当时出席签字仪式的除签字人中国总理和英国首相外，中方有邓小平、李先念等中方领导，英方有代表团全体人员，还有香港百余名观礼人士，中外记者两百余人，总人数近五百人。如此空前盛大的签字仪式安排在人民大会堂西大厅举行。礼宾司巧妙地利用西大厅的长度安排签字仪式，场面宏大。

当时礼宾司为保证签字仪式顺利进行，专门致函上海市外办，请其协助找英雄金笔厂专门为此次签字仪式制作两支台式签字金笔，礼宾人员在当天签字仪式前，做了认真细致的准备，还做了几次金笔注墨水试验，保证签字时书写顺畅，万无一失。

当天仪式很成功，在场很多摄影记者不停追逐那两支中英政府首脑用过的英雄金笔，不停照相。一时间英雄金笔成为“明星”，因为它们书写了中英外交史上的光辉的一页。

礼宾人员把这两支英雄金笔收存好，日后送进历史博物馆珍藏。

签字程序严谨有序

签字仪式首先要做好文本的准备工作，如文字定稿、翻译、校对、印刷、装订、盖火漆印等项技术工作，通常来说，文件一经签署就具有了法律效力，但是也有些涉及国家重大利益的文件，虽然已经签署，但需要经过国家最高权力机关批准才能正式生效。

签字厅的签字桌一般呈长方形，上面铺墨绿色台布。桌上正前方摆国旗，签字桌后，为两位签字人安放两把座椅，均是主左、客右，桌上要为双方各自摆好一副签字笔及笔架、吸墨纸。签字桌对面数米外，是记者采访区。出席签字仪式的基本上是双方参加会谈的人员，人员数量和级别基本相当。

司仪、译员、助签人是必不可少的。我国的礼宾习惯是，将主客双方出席人（包括签字人）站位，分别安排在签字桌后方，一字排列；主、客双方人员各占半边，主左，客右；身份高者居中，由中间向左、右排，从高至低。如出席签字仪式人员多，可设置二三排站台架。

签字仪式司仪常由礼宾司司长担任，助签人由双方负责文本的一名官员担任。签字仪式助手很重要，千万马虎不得。司仪在麦克风前，宣布仪式开始，宣布签署何种文件，由谁签署。此时，助签人带着文本走到签字桌后，将文本摆到桌上，然后站到签字座椅外侧，等待签字人入座。待签字人从站排中走出并入座后，助签人来到签字人外侧，翻动文本，指明应签字的位置。签字人先在本国保存的文本上签字，签后由两位助签人去交换对方手中的文本，再在对方保存的文本上签字，两位签署人互相交换文本，即将本方保留的文本，留在自己手中。交换文本时，通常使用右手。一般认为，用左手传递东西，是不礼貌、不文雅的。交换文本后，签字人将文本交给助签人，再与对方握手或拥抱。此时，双方参礼人员热烈鼓掌，举起服务人员送上的香槟酒，与对方人员碰杯庆贺，仪式结束。

两个以上国家代表的签字仪式，程序大体如上所述，只是相应增加签署人的座椅、签字文具和国旗等。国际上签署多边公约时，通常仅设一个座位，由公约保存国代表先签字，随后由各国代表依次轮流在公约上签字。不论哪种情况，双方或多方签署人的身份均是对等的。各国对签字仪式安排以及位次排列，做法不尽相同，但签字程序的严谨性却是一致的。

签字仪式的“阴差阳错”

严谨的签字程序必须落实在各个细节中。现场如战场，细微环节，一环扣一环，细节不落实，尴尬的事就会时有发生。20 世纪 90 年代初，某国总统访华，两国签署一个经贸合作协议，由两国元首亲自签署。举行签字仪式时我方由时任国家主席杨尚昆签字。由于我方签字助手的疏忽大意，将对方总统应签的地方指给杨主席签了，无巧不成书，当时对方助签人也将由杨主席该签的位置指给了对方总统，这样双方都签错了。现场谁也看不出什么破绽，当晚我方才发现错情。当时双方元首都准备就寝休息，次日来访总统将离京回国，如何处理？双方礼宾官反复研究，为维护经贸合作协议的严肃性，请双方元首重新签。80 高龄的杨主席只好专门等礼宾官重新印刷文本后送给他签。待双方元首重新签好文本后，已是深夜了。这一错情，说明签字仪式助手很重要，千万马虎不得。

1966 年，非洲某国政府经济代表团访华。在一项协议签字仪式上宾主相互举杯祝贺时，周恩来总理见对方端起香槟酒略有迟疑，便立即说，做做样子就行了。事后他指出：他们是伊斯兰国家，习惯不喝酒，以后遇此情况不要上香槟酒，以水代酒即可。如今举行签字仪式，祝贺时以水或果汁代酒者，也不少见。

礼宾工作的“严、准、细”

周总理要求外交干部遵循“站稳立场、掌握政策、熟悉业务、严守纪律”十六字方针，还特别要求礼宾人员办事必须做到“严、准、细”。礼宾工作既是繁琐的事务，又处处件件含有政治元素，体现我们的外交政策，非常具体、单调、琐碎，看似不显眼的小事却是关乎外交的大事，就像没有好的零件，整个机器运转就不灵了。

“雅典事件”的思考

时到今日我还不时思索“雅典事件”。1973 年 6 月，中国驻希腊大使馆因翻译失误导致了一起外交事件。中国驻希腊周大使上任不久，翻译把科威特国庆日日期搞错了，周大使误入正在举行招待会的以色列驻希腊大使馆。周大使误入后，在场的美国《纽约时报》记者看到中共大使前来以色列大使馆，与大使热情寒暄，感到非常意外，便问周大使是否中共对这里（指以色列）的政策有重大改变。翻译把这里（指以色列）翻译为“希腊”，周大使听罢认为该记者在挑衅中国与希腊的关系，便莫名其妙地回敬该记者一闷棍。“雅典事件”很快在世界上传开了。

当时中国还没有与以色列建立外交关系，规定中国外交人员不能与以色列外交人员有任何接触和往来。“雅典事件”发生时，我在中国驻卡拉奇总领事馆任职，知道此次事件是“十分严重、极为荒唐的政治错误，成为外交界的丑闻，影响极坏”。

多年后我在北京得知，当年令人震惊的“雅典事件”很快就汇报给了刚刚从延安返京的周恩来总理。周总理听后很不高兴，十分生气。

当年周总理主管外交部，因一起“雅典事件”，引发江青一伙对周总理的强烈不满，周总理自然而然成了政治局会议上被江青等人重点攻击的对象。

幸好，毛泽东主席在外交部上呈的“雅典事件”报告中将“十分严重、极为荒唐的政治错误”删去，改为“是没有调查研究的结果”，并把周大使对错误的认识从“较好”改为“很好”。

遵循毛主席的指示，重新估计这次“雅典事件”错误的性质，毛主席批准免于对周大使的处分。这就是中国外交史上的“雅典事件”。

今天，我仍然在思考“雅典事件”的教训。我想，如果当年翻译或当事者办事认真些、细心些，重视核对、重视礼宾的“深耕细作”，重视调查研究，此次事件是可以避免的。

忘事挨饿的事故

礼宾业务是外交工作的重要组成部分，重视礼宾工作的“深耕细作”，树立使命意识、担当意识何其重要！有人说有了责任心才能“深耕细作”，言之有理。

办案人员责任心极为重要，千万不能忘事，忘事就是责任心不强的表现。比如，1964年9月底，越南总理范文同率党政代表团访华，并参加中华人民共和国成立15周年国庆。除北京外，代表团还去上海、杭州访问。上海至杭州段访问做了一项特殊的安排，安排客人10月4日上午8时离开上海，乘专列到杭州只需一个多小时，在火车上用早餐，一边品尝上海的风味小吃，同时领略铁路两旁的美丽风光。领导让办案人员事前通知客人下榻的锦江饭店厨师做好当天早餐准备。

当天火车启动后，宾主愉快交谈，并准备品尝丰盛的早餐，但十几分钟过去了，却不见服务员端来早点。礼宾官员便去催列车主管人员，列车主管人员说，没得到在列车用早餐的通知，负责具体落实早餐的那位干部猛然想起，忘了通知锦江饭店厨师准备早餐，当然也不能把早餐送到专列上。早餐安排落空，客人似乎若无其事，中方人员却十分尴尬和难受。无奈之下陪同的罗贵波副部长询问专列上有什么东西可吃，列车长答称，只有少许大米、咸菜和几个鸡蛋，于是临时在列车上现熬大米粥和煮鸡蛋。20分钟后，主要客人和主要陪同几个人算吃到列车上的“朴素早点”，其他人员只好“买参观票”了。

接待和出访的“深耕细作”

接待国宾的“深耕细作”必须根据来访的国宾具体情况和特点，安排其访华日程和生活接待。我国领导人出访也一样，这是外交关系中的一件大事，除了做好政治准备工作外，还有大量具体的礼宾工作，如商定出访日程等，这些都需要双方多方面的沟通。礼宾人员除了照顾好我国领导人外，也得好好关照其他随行人员。

办事一定要认真思考。国宾访华的下榻安排十分重要，住房安排也得细致。民以食为天，国宾访华为他们举行宴会或者一日三餐膳食也十分重要。要有的放矢备餐，使他们感到宾至如归，否则，国宾会误解东道主让他们挨饿。由于礼宾官对来访国国宾了解不细致，不太符合国宾胃口的宴会时有发生。例如，1976 年 9 月萨摩亚国家元首访华，我国领导人在钓鱼台设宴欢迎贵宾。当晚宴席的菜肴，以“汤”多些，吃的是“味”。但对于萨摩亚人来讲，就不够实惠了，他们平时的食品多以面包果、芋头等薯类为主，淀粉含量大，胃口也大，几小碗汤汤水水吃下去，过不了个把小时便饥肠辘辘了。晚上 10 点，元首副官来到接待室，说他们晚饭没吃饱，可否给他们弄点芋头、啤酒。宾馆服务人员搬来了一箱啤酒，但临时找不到芋头，外宾只好拿些面包、香肠充饥。元首一行去中国南方访问时，每顿饭都加了煮芋头、烤芋头等点心，贵宾们非常满意。

1978 年 8 月 16 日至 9 月 1 日，我国国家领导人出访罗马尼亚、南斯拉夫等国，那次出访发生了随行人员受伤事故。一位陪同人员，因年纪大，视力不太好，在机场没有看清擦得锃亮的透明玻璃门，行进时眉头撞在门上。上专机时，他的眉头的紫血包已经鼓起来，疼痛难忍，因伤当天下午不能参加政治会谈。那次访问，还有两名随行人员骑自行车因不熟悉踩倒闸受轻伤。那次的礼宾教训就是：如果工作做得更细致一些，不厌其烦地多强调一下安全，受伤事故也许是可以避免的。

办事要细致周到

周总理非常重视各国的风俗习惯，他有一句话，我铭刻在心。他说：“尊重一个国家的传统习惯，实际是对这个国家的尊重。”在他的亲切关怀下，礼宾司人员努力做到周到细致。尤其是注意尊重来宾的传统习惯。多年来为来自伊斯兰国家的国宾举行的国宴，均安排清真全席，宴席上不用酒类，而是用饮料或茶水。为全体驻华使节举行的招待会，也只安排清真食品。在宴会上对个别外宾饮食有某种忌讳，还作特殊安排。有一次在宴请外宾时，宴席上了包子，周总理询问制定菜单的礼宾人员，今晚的包子是什么馅的，回答说大概是猪肉的。周总理很不高兴地说："什么是大概，如是素食者或伊斯兰教徒，那怎么办？"

有一次外事活动，周恩来总理突然问道："诺曼底登陆是哪月哪日啊？"当时在座的人都答不出准确日子。当时韩叙也在场，他也不知道，便立即打电话问，随之问了出来，就回答说："是 1944 年 6 月 6 日。"周恩来总理马上就表扬了他，说："韩叙就这点好，他能勤问。不知道的就要问。"韩叙是原外交部礼宾司司长，是我的老领导，他那细致的工作作风，影响我一生，使我受益匪浅。

我在礼宾司时，韩叙常说，办事要细致周到，礼宾人员办事要留出机动时间。组织大型招待会或礼仪活动时，礼宾人员必须早到晚退，晚到早退者不得找借口。

韩叙曾对我们说：办事要像抓中药一样，抓一味药，就应在药方上做个记号，全抓齐以后，再逐一核对。药抓错了，比如说多了一味或少了一味，或者量多量少，关乎人命。在他的教导和关心下，我在礼宾司办案通常备一个小本子，记录领导要我办的事情，办完了就打钩。打电话也是如此，通知重要活动，都要在电话通知单上记号，注明接电话者姓名，打电话的日期和具体时间，以便日后查验。

礼宾工作的"深耕细作"就是"细节决定成败"之意，这是由外交工作特殊属性所决定的。

第二章

国事访问

周总理“客随主便”

新中国外交的特点之一是坚持大小国家一律平等的原则。周恩来总理在坚持平等的原则方面为我们树立了光辉的榜样。在同小国、穷国、弱国打交道的时候，他尤其注意贯彻这项原则。他常说：“客随主便”。“客随主便”是说到人家那里去做客，要尊重人家的安排，少给主人添麻烦，了解东道国的难处和尊重他们的风俗习惯等。

1956年初，周恩来总理和陈毅副总理出访尼泊尔王国。尼方出于友好，专门安排尼泊尔首相阿查利亚亲自陪同周恩来总理和陈毅副总理乘坐尼政府专机——两个螺旋桨的“伊尔12型”小客机前往波克拉小城访问一天。当时随行人员知道“伊尔12型”客机是第二次世界大战期间的小飞机，它的性能和拔高能力均有限。从加德满都首都机场起飞后即刻要拔高飞越周围高山，且高山天气变化大，雾气浓。随行人员报告周总理，建议以日程太紧为由取消这项安排。周总理马上开会，严厉批评说，尼首相亲自陪同去波克拉访问，完全是一种十分友好的姿态，不去是很不礼貌的。难道大国总理重要，小国总理就不重要？尼方既作此安排，就一定会采取严密的安全措施的。事后经商尼方，双方派出有关人员，乘坐尼方的专机先去打一次前站。最后周恩来总理和陈毅副总理按尼方原计划访问了波克拉城。该城人口不到10万人，当天几乎倾城出来欢迎周恩来总理一行。这次访问十分成功。

1960年4—5月间，周总理、陈毅副总理应邀对印度、尼泊尔、柬埔寨、蒙古等国进行访问。访印度快结束时，忽然得到柬埔寨国王诺罗敦·苏拉玛里特陛下病逝的消息，原定5月初访柬埔寨还能按期进行吗？

周恩来指示外交部通知柬埔寨方面，他将率领代表团按期访问，专程吊唁逝世的老国王，并同西哈努克亲王会谈。周恩来还特地强调，因为在柬埔寨王国国丧期间，希望柬方在接待方面一切从简。周恩来的决定出乎大家的意外，使柬方深为感动。

吊唁与访问不同，为强调吊唁的丧葬肃穆气氛，周恩来特地紧急指示：按照中国传统治丧服装颜色，在北京为代表团全体成员赶制一身白色西服送往昆明，以便从那里出发前往柬埔寨参加吊唁活动。

1960 年 5 月 5 日上午 9 时，专机到达金边波成东机场。周恩来总理、陈毅副总理以及中国政府代表团全体人员，个个身着白色礼服，臂缠黑纱，表情沉重，缓缓走下专机。周恩来的细心、诚意，感动了整个柬埔寨。

1963 年 12 月至 1964 年 2 月，周恩来总理在陈毅副总理陪同下首次访问非洲十国。在访问几内亚时，杜尔总统亲自陪同周恩来总理赴金迪亚地区访问。去时乘车，回首都时东道国计划坐直升机。中方打听到直升机是苏联制造的，驾驶员是从捷克来的，加上几内亚国土大多是高原和山地，具有一定危险性，怕万一出事，中方就以安全为由，不同意乘直升机回来，提出还是乘车回来。但杜尔总统执意不变，认为这可减少坐长途车的疲劳。中方礼宾官把意见反映给陈毅副总理，陈毅说这事由总理定，周总理获悉后说："人家总统、议长、国防部长，一、二、三号人物都能坐，我周恩来为什么不能坐？" 表示"客随主便"。参观结束后，杜尔总统陪同周恩来总理、陈毅副总理及一名译员乘直升机安全降落首都，大家心中的一块石头才落地。

1964 年 1 月 2 日，在周总理访问加纳前数天里，阿克拉发生了开枪行刺恩克鲁玛总统的事件。1 月 7 日，加纳总统府内阁秘书、外交部主任秘书等 4 人联合接见黄华大使，表示他们已向恩克鲁玛总统建议：将周总理访加改为非正式、私人性质访问，接待安排重新调整。次日早晨恩克鲁玛总统接见黄华大使时，一再强调局势完全可以控制，安全无问题，希望周总理按原计划如期访问，性质不变，一切安排照旧，他本人去机场迎接周总理。黄华大使报告周总理后，周总理深情地说："愈是在人家困难的时候愈是要去。" 他当即决定派黄镇副部长先期去加纳，同加方商谈。黄镇副部长带去周总理的三点建议：为了两国领导人的安全，一切外交礼仪可以从简，恩克鲁玛总统也可以不去机场迎接；不去首都以外地方参观，可多进行会谈；请加方指定安全保卫官员与使馆联系，具体布置安全工作。

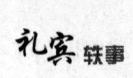

周总理一行于1月11日晨乘专机抵达阿克拉。专机着陆时未鸣礼炮，改为传统迎宾礼仪，击鼓迎接。在我方建议下，恩克鲁玛总统不去机场，由加方外长等官员迎接。当晚，周总理前往总统官邸会见恩克鲁玛总统，总统热情地与周总理和其他随行人员拥抱，并说："欢迎你，感谢你能来。"1月13日晚，恩克鲁玛总统在克里斯兴城堡为周总理举行国宴，双方发表热情洋溢的讲话。周总理与恩克鲁玛总统举行多次会谈，会谈中周总理第一次提出中国对外援助的八项原则。

周总理从政治着眼，冒着风险如期访问加纳，在困难的时候支持了恩克鲁玛，在礼仪方面强调"客随主便"，体现了对一个小国的尊重和对非洲人民患难之交的真情。

1964年1月30日，周总理应海尔·塞拉西一世皇帝的邀请对埃塞俄比亚进行友好访问。埃塞俄比亚迫于美国施加的压力，把接待和会谈地点安排在远离首都的古都阿斯马拉。周总理体谅埃塞俄比亚方面的困难处境，他说："没有关系，外国对他们有压力，我们应该体谅他们。"欣然前往阿斯马拉，埃方深为感动，接待规格逐步升高，周总理所到之处受到群众的夹道欢迎。塞拉西皇帝亲自陪同周总理参观，会谈时表达发展埃中关系的愿望。

周总理从加强两国人民友谊大局出发，体谅小国困难处境，客随主便，这种政治家的风度获得了埃塞俄比亚人民的高度赞扬。周总理此行产生重大影响，1970年10月24日，埃塞俄比亚终于与我国建立了外交关系。

在多年接待国宾的日子里，我常常想起周总理的教导："主随客便"就是要尊重来访客人的生活习惯，尊重他们的要求和需要，根据不同情况，调整对客人的安排，让客人高兴而来，满意而归。而出国访问则强调"客随主便"，尊重主人的安排。安全工作除要掌握内紧外松外，重要的是把安全工作的主要责任交给东道国负责，做到万无一失。

"客随主便"和"主随客便"通常是相互的和双方的，其精神实质是尊重对方，不强加于人。周总理在执行"客随主便"和"主随客便"原则方面是我们的楷模。

欢迎仪式上的面包和盐

世界上每个国家和民族都把自己的习俗礼仪当作不可侵犯的财富加以维护和崇敬，习俗礼仪凝结着本国人民和民族的感情。了解其习俗礼仪并尊重之，对尊重主人、朋友，赢得友谊，十分重要，无知和夜郎自大都是外交官忌讳之处。

从洋格纳饮料说起

1990 年，杨尚昆主席在访问拉丁美洲五国后回国途中过境访问斐济。斐济总统佩纳亚 · 加尼劳隆重热情接待杨主席一行，亲自到机场迎接，第二天以当地最高礼仪和传统习俗，举行欢迎仪式。仪式开始后由地方酋长向杨主席敬献象征权力的宝物——“塔布阿”(鲸鱼牙)，然后由当地人把第一碗自制的洋格纳饮料献给杨主席。洋格纳饮料是当地一种灌木的根基或木质加工制成的黄色的饮料。

杨主席严格按照斐济的传统习俗，双手接过椰壳碗的洋格纳饮料，毫不犹豫地一饮而尽。斐济总统见此十分高兴、激动，立即带领全体，齐声击掌 7 下，表示谢意。仪式上还向杨主席献上洋格纳树、席子、芋头等土产。

1991 年，杨尚昆主席访问摩洛哥，抵达机场时当地少女端上一盘蜜枣请杨主席品尝，杨主席拿起 2 个枣子高兴地吃下去，欢迎人群见此情景，热烈鼓掌。由少女向国宾献上蜜枣是摩洛哥迎宾的礼仪之一。

向国宾献上面包和盐

世界上不少国家在国宾抵达时会向国宾献上面包和盐。礼仪上的面包和盐，与献上洋格纳饮料、蜜枣等一样，意义深长，是一种庄严、神圣、高尚的礼仪，也象征东道国的传统习俗和文化。

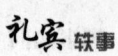

1994年4月18日至28日，李鹏总理对乌兹别克斯坦、土库曼斯坦、吉尔吉斯斯坦、哈萨克斯坦等国进行正式访问。笔者曾率先遣组先期访问上述四国，商谈礼仪安排。每到一处，东道国礼宾官员均郑重其事介绍说，李总理抵达下机时，由一名少女向李总理献上面包和盐。在最隆重的机场迎宾礼仪中献上最普通的面包和盐？真耐人深思。客随主便，先遣组欣然接受东道国的礼仪方案并报告北京。

自此以后笔者又遇到类似的经历，耳濡目染诸多同类习俗。世界上许多国家把面包和盐当作最珍贵的礼物，献给来访的国家元首或政府首脑。俄语中面包和盐既是指食品，又是指好客。铺着绣花的白色面巾的托盘上放上大圆面包，面包上面放一小碟盐。捧出“面包和盐”来迎接客人，这是向客人表示最高的敬意和最热烈的欢迎。这种传统待客的风俗已经作为俄罗斯国家的迎宾礼。每当外国国家元首或政府首脑来访，俄罗斯姑娘便端着新出炉的面包和盐款款走上前，请客人品尝。客人躬身掰一小块面包，蘸一点盐，品尝之后表示感谢。

欧洲一些国家，如匈牙利、保加利亚等迎接外国国宾最隆重的礼节也是向国宾赠送面包和盐，这种习俗自古沿袭至今。面包和盐象征着主人最隆重的接待和最真挚的情谊。入乡随俗，到访的贵宾都应用手从面包边上掰下一小块，从小碟中蘸一点盐，品尝一下，然后向热情好客的主人表示谢意。

面包和盐是圣物

极为平凡的食品，在此场合中却显示了它最崇高的价值，为什么他们如此看重面包和盐？面包和盐使笔者想起东欧国家的一个神话。很久以前，有一天国王举行宫宴，要求各个王子携他们的未婚妻进宫觐见，每位未婚妻手里必持一枝自己最心爱的花，并允诺谁所持的花最有意义，国王就让位给那个爱她的王子。那天晚上有的姑娘手里拿着玫瑰花，有的持着石竹花……唯独“青蛙仙子”姑娘持着一根麦穗，国王看到麦穗十分赏识，决定传位给那个爱她的小王子。国王爱花，但更钟爱做面包的原料——小麦。

面包是许多国家人民传统的主食，是赖以生存的必需品，一日三餐都吃面包。在俄罗斯面包无处不在，无时不有，和人民生活息息相关。面包大、色香味美、种类多、形状和名称也很多。每年小麦收获季节，人们载歌载舞庆祝小麦丰收，并烤制第一炉面包，与家人共享天伦之乐。

每年 8 月 20 日为匈牙利的“面包节”，匈牙利举国上下用新小麦烤出第一炉面包来欢度这个节日，招待贵宾。他们欢聚一堂，回顾一年来的辛勤劳动，祈望明年五谷丰登。保加利亚人认为：人类为大地、水和火的三元世界，面包就是世界三元化合而成的。面包无疑是人间的圣物，每当贵客临门，他们必须专门为客人烤制一炉面包，让客人和他们一道共享新面包之欢乐。

保加利亚人十分崇拜面包。他们珍惜每片来之不易的面包，他们吃面包的方法也不同寻常，吃新麦磨面烤出的第一个面包时，每个人必须伸出右手去接年长长辈分给的面包，然后右手拿面包从右侧绕到脑后，再将面包从脸部左方送入口中，这种吃法不容易，意在让大家知道面包来之艰难，叫“血汗面包”。他们认为浪费面包是无法赎回的极大罪恶，平时他们崇拜和珍惜面包，当贵宾来访，便把面包当作最心爱之物献给客人。他们认为：面包是一种崇高有意义的食物，是他们的劳动果实，是无价之宝。

在欢迎贵宾的宴席上，他们除了款待客人面包外，还备有放了盐的汤和自取的碟盐。食盐是人们必需的食品之一，是人体生理功能不可缺少的物质。盐也是无价之宝，对于地处内陆或境内不产盐的国家或民族来说，盐是千金难求的。在古代盐巴奇缺，即使在盛大国宴上，也只有在贵宾席上备一点盐，供少数人食用，可见盐在古时十分珍贵。在他们的宴席上，不备咸汤或碟盐，意味着冷落客人。至今俄罗斯人十分忌讳打碎盐罐，打碎盐罐意味着不幸。

面包和盐在他们的物质和文化生活中起着举足轻重的作用。在今天的日常生活中，面包和盐是一种十分平常、十分便宜的东西。当他们以最平凡和最基本的东西款待贵宾时，面包和盐在价值上便达到了顶峰。

“面包和盐”是关乎生命安全的传说

“面包和盐”作为一些国家的传统欢迎礼仪，已成为温馨佳话。但有人认为“面包和盐”原是一种关乎生命安全的习俗。在古代甚至近代欧洲，“面包和盐”实际上是一种“保命”的安全措施。

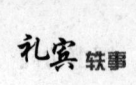

古代欧洲的部落、家族、部族交往中，为保障共同的利益，人们最终形成了一种约定俗成的道德规范——“宾客权利”。早在古希腊、古罗马时代，这种宾客权利就已出现，在中世纪欧洲形成固定风俗甚至法律。只要主人与来客通过食物形成“主客关系”，就要保证客人的人身安全，同时客人也不得谋害主人。

这种宾客权利的具体实现方式，最终演化为“面包和盐”。这种形式在中世纪的欧洲十分普遍，最终在东欧发展为一种礼仪：使用面包和盐。

东道主端出面包和盐，就代表主人送给你最宝贵的礼物。对于远离家乡的古代人来说，最宝贵的不是食物，也不是钱财，而是安全。你吃了面包，表示主人带给了客人安全的保证。可见，“面包和盐”作为最高的欢迎礼仪，体现的是信任和承诺，最终在今天成为热情友好的象征。

别样的欢迎仪式

中国国家主席或国务院总理出国访问，东道国通常举行热烈隆重的欢迎仪式：抵达时东道国派战斗机护航，在机场、知名场所或车站、码头接受献花，检阅仪仗队，鸣放礼炮 21 响或 19 响，摩托车开道……各种欢迎仪式大同小异，体现东道国的热情接待。除此之外，世界各国礼俗不同，别样的欢迎仪式也五彩缤纷。

搭起座座欢迎拱门

我亲历亲闻的别样欢迎仪式丰富多彩。记得有一次，我随国务院总理访尼泊尔，这个美丽的高山之国的别样欢迎景象，让我记忆犹新。

尼泊尔人热情好客，待客纯朴真诚。对中国客人来访，他们从机场出口处至客人下榻的宾馆沿途搭起一座座彩色拱门，拱门两侧各置一个闪光明亮的大铜瓶，内装清水，瓶中插满鲜花，节日般的气氛，使客人感到宾至如归。

在加德满都停留期间，访问团得到主人的盛情款待。见面时，“那摩斯代”(namaste，您好)、“坛尼亚巴德”(taniyabad，谢谢)不绝于耳。临别时，主人赠送一顶尼泊尔帽和一把廓尔喀腰刀给每位中国客人。他们认为，人体最重要的部分是头部，送帽子给客人，表示对客人的尊重和爱护；尼泊尔朋友视廓尔喀腰刀为国刀，以国刀相赠，表示祝客人一路平安。

赶羊群和顶芒果迎贵宾

周恩来总理访问马里，独特的欢迎仪式让人难忘。1996 年 5 月 17 日，江泽民主席访问马里，感人场面再现。江主席抵达马里首都机场，马里群众赶着羊群、顶着芒果，从四面八方来到机场，欢迎江泽民主席。当车队抵达江泽民主席下榻的宾馆前，一队身穿猎装的农民，举着猎枪，抬着一头刚刚打到的野猪，列队向空中射击，表示对中国领导人的崇高敬意，这是马里最古老的迎宾仪式。

敬献椰枣和鲜奶

自1963年12月以来，周恩来总理、杨尚昆及江泽民主席等先后访问摩洛哥，古老的迎宾仪式给中国客人留下了深刻印象。中国客人抵达当天，身着民族服饰的摩洛哥男女老少，聚集在从拉巴特王宫广场到市政厅的街道两旁，敲打皮鼓、载歌载舞，迎接中国贵宾。1991年杨尚昆主席访问摩洛哥抵达机场时，当地少女端上一盘蜜枣请杨主席品尝，杨主席拿起2个枣子高兴地吃下去，欢迎人群看此情景，热烈鼓掌。由少女向国宾献上蜜枣是摩洛哥迎宾的礼仪之一。

摩洛哥人向中国客人敬献椰枣和鲜奶，椰枣味道甘醇，象征着甜蜜的友情；鲜奶色泽洁白，象征纯洁的友谊。椰枣和骆驼鲜奶是摩洛哥人维持生存的要素，每逢贵宾来临，热情的摩洛哥人会把它们献给客人，以表达盛情欢迎之意。当中国客人经过象征拉巴特市政府的拱门时，拉巴特大区行政长官代表首都市民，敬献椰枣和鲜奶。当中国客人抵达国宾馆时，国王代表摩洛哥全国人民，再次敬献椰枣和鲜奶。三次敬献椰枣和鲜奶，表达摩洛哥和中国两国人民的深厚友谊。

撒下洁白的茉莉花

2000年11月，江泽民主席对柬埔寨进行国事访问。13日，当江泽民主席抵达金边机场时，柬埔寨国王西哈努克热烈欢迎中国贵宾。机场上举行高棉民族祝福贵宾的最高仪式，两名身着民族服装的少女在两位元首脚下撒下洁白的茉莉花。西哈努克国王陪同江泽民主席检阅仪仗队。驱车前往王宫时，沿途两侧18万群众和学生手持两国元首的肖像，挥着鲜花和两国国旗，欢迎中国贵宾。

拴线仪式别具一格

这是老挝的一种传统迎宾仪式，表示对远方的客人的欢迎和表达衷心的祝福。2000年11月，江泽民主席应老挝国家主席坎代·西潘敦邀请，对老挝进行国事访问。坎代主席和夫人按照传统的习惯，为江泽民主席及夫人举行拴线仪式。

仪式上设置“福席”，安放银制托盘，装饰五颜六色的鲜花，鲜花上挂着一缕缕洁白的棉线。盛装的长老咏诵着诗句，把圣洁的白线轻轻地束在贵宾的手腕上，把美好的祝愿献给贵宾，让他们把福祉带回自己家中。

专机上的往事

1965年，中国领导人出国访问已开始用自己国家的专机，结束了租赁承包外国航空公司飞机的历史。国宾在中国省市访问也乘坐中方提供的专机。

中国没有“空军一号”

1964年周恩来总理访问非洲14国乘坐的是荷兰皇家航空公司的飞机。周总理多次指出：中国民航一定要飞出去，不飞出去，就打不开局面。从1965年开始，中国领导人出国访问便结束了租用外国飞机的历史。

1978年1月和10月，邓小平副总理访问缅甸和日本，专机由中国空军提供。1988年8月吴学谦副总理作为中国特使赴巴基斯坦出席为哈克总统举行的国葬，1991年8月杨尚昆主席访问蒙古，1992年4月江泽民总书记访问日本，1992年11月李鹏总理访问越南以及1994年4月访问中亚四国等，专机都由中国国际航空公司提供。笔者作为礼宾官随访，亲历筹备专机的过程。

专机执行任务有一套完整的程序，要求采取准备充分、严密保障措施。主要程序包括外交部门与专机经过的国家和地区进行联系，要求降落点提供高级别警卫。

必要时中国民航局与中国国际航空公司成立“专机航线考察组”，在专机飞行之前进行航线考察，内容包括考察航线、机场及备降机场等。确保专机地面安全的内容包括经停机场、东道国机场的航空燃油、水、食物等的补给安全措施。在专机起飞前，要进行全面清舱检查。起飞并到达目的地后，警卫24小时巡视、看护专机。中国驻东道国的使领馆责无旁贷给予积极支持和协助。

众所周知，美国总统专机为“空军一号”，专为美国总统服务的机组都是第一流的，人们说它是豪华飞行的五星级酒店。在中国则不然，提倡勤俭节约，不专门固定为国家领导人设置专机。专机上设施、配备保持着朴素的风格，专机通常在中国民航客机中选定。

礼宾司通常在国家领导人出访前，通告民航总局关于专机的飞行任务。国航通常使用波音 747 为专机，确定专机机型、机组成员名单，对接受任务的飞机进行安检和改装、制定安全计划等。除了安全保障，专机乘务组还需保证服务到位、配餐和用品供应齐全。国家领导人出访归来，专机恢复原样，继续从事商业运营。

我经办数起国家领导人乘专机的案子，大多以国航的波音 747 为专机。波音 747 体积够大、航程够远、技术够安全。客舱可载客 400 多人，宽敞，舒适性好，空间很大。波音 747 有 4 台发动机，安全系数高。

专机如何布局

专机常给人神秘之感，依我看专机上的布局与普通客机虽有差异，但也十分简朴。民航根据规定，按照不同的级别，乘用飞机时享有不同级别的服务。客舱布局大致分为四部分：前半段是国家领导人使用的席位，包括客厅、办公室和卧床；中间是部长席，供主要陪同官员乘坐；再往后就是司局级官员的席位；其余舱位为随行媒体记者和工作人员所用。此外，司局长席里面还设有警卫和医护人员的席位，方便他们进出，及时提供服务，专机的安全保障要做到万无一失。专机的航程时间不一，根据时间长短，机上常有外长会见随行记者等活动，称媒体吹风会。

按照我国的礼仪习惯，国宾访华时中国领导人陪同国宾赴省市访问均乘中方专机。1972 年 2 月尼克松总统访华，周恩来总理亲自陪同尼克松总统一行赴杭州。中方安排机械性能最佳的“伊尔 18”型专机作为主机，机上布置有国宾及主要陪同者的客厅、卧床等，主机配备了技术最熟练的机长。在主机上安排两名美方通讯人员，他们携带先进轻便的手提通信设备，方便尼克松总统随时与副机（美国专机作为副机）保持联系。当主机在 26 日中午 12 时 50 分按时抵达杭州机场时，尼克松一行热烈鼓掌，祝贺专机顺利到达。这种主、副机的安排既符合中国的礼仪惯例，又灵活解决了美国总统随时保持与美国国内联系的问题，美方安全和通讯人员对中方提供的方便一再表示感谢。

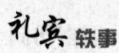

英国首相希思从1974年5月起访问中国达26次之多。有一次我接待希思一行来访，他的随行人员并不多，离开北京乘中方安排的专机飞外地，专机起飞后有趣的事发生了。希思的秘书与我坐在后舱第一排，起飞时他把手提箱放在他身前，便闭眼养神了，当专机上到一定高度并平稳飞行时，他睁开眼睛，发现他身前的手提箱“失踪”了，他神情十分紧张，向我报告此事，我即把此事报告机组航空小姐。那两位航空小姐不慌不忙地搜索，最后在靠近舱尾处找到这个手提箱，立刻完璧归赵。原来专机起飞时，手提箱“偷偷”溜走了，一路畅通无阻到了客舱尾。这位秘书失而复得手提箱，再三表示感谢。

化险为夷的故事

在礼宾司我亲闻不少专机化险为夷的故事，真让人感到惊心动魄！

早年为周恩来总理专机执行任务时，机组人员曾多次在空中遇到雷雨大风或者突然事件。面对危险，周恩来总理总是镇定自若，又总是充分相信机组有能力有办法脱离险情。有一次，专机由河内回国，晚9时起飞离开，飞行不过10分钟就进入雷雨区。专机借着闪电的光和雷达，努力寻找着云层的缝隙。专机在四周闪电的包围中，穿来绕去，左躲右闪，经过半小时的紧张飞行才绕过雷雨区。周总理慰问机组人员，对机长说：“你们辛苦了！”“我知道你们会有办法嘛！”

1965年，周恩来、陈毅等一行乘专机前往阿尔及利亚参加第二次亚非会议。专机在伊朗加油起飞不久，报务员收到国内发出的电报，他将翻译好的电文交给机长张瑞霭。“坏事了，阿尔及利亚发生政变！”张瑞霭立刻报告给在客舱的周总理。“形势变化得这样快？”周总理显然也很吃惊。对于突如其来的情况变化，总理经过思考，冷静地说：“继续往前飞，到埃及开罗降落，先了解一下具体情况，再说下一步怎么办。”专机在开罗降落。

经商定，派陈毅、乔冠华两人前往阿尔及利亚了解具体情况。第二天，陈毅带着乔冠华在炮火纷飞、政局纷乱之时，抵达阿尔及利亚，并确认阿尔及利亚的第二次亚非会议已取消，之后周总理一行平安回国。

早年，国家领导人出国访问的专机都是向外国航空公司租用的，专机上时不时出故障，不足为奇，其中的两个例子，让人久久难忘。

1955 年 12 月下旬，宋庆龄副主席率团应邀访问印度、巴基斯坦、缅甸等国。21 日，代表团飞往加尔各答访问途中，专机突然发生飞行故障。

宋副主席一行乘坐的专机为荷兰航空公司的“空中小霸王”，是两个螺旋桨的飞机。飞机快到加尔各答上空时，宋副主席的警卫秘书首先闻到机舱里有一种异常的臭味，原来是从前舱散发出来的橡胶的焚烧味。宋副主席觉察后，没吭声，仍很镇定自如，机上其他人员有些紧张担忧。当飞机的左引擎发出异样的鸣声时，机身开始剧烈地上下颤动起来，之后左引擎开始不能正常旋转。在危险关头，机长通过广播，要求各位不要紧张，要镇定，系好安全带，并宣布飞机马上迫降。

机长镇定、果断，及时采取了紧急措施。在与地面中断联系和恶劣气候的情况下，机长凭借高超的技术、有素的训练，冒着浓浓的燃烧气味，终于安全降落在加尔各答机场。此时全机舱响起了热烈的经久不息的掌声和欢呼声。事后得悉事故是由螺旋桨起火引起的。

下榻饭店后，宋副主席亲切会见专机机组全体人员，衷心感谢机组的努力并与他们合影留念。

无独有偶，1966 年 4 月下旬，李先念副总理率中国政府代表团应邀访问柬埔寨。礼宾司与柬埔寨驻华使馆联系时，使馆表示十分乐意为李先念副总理一行提供专机，并将尽一切努力保证安全飞行。

外交部决定同意柬埔寨驻华使馆意见，并上报周总理。周总理很快就批准了，并指示采取应急措施：在海南岛增加备用机场；为代表团增派中方领航员和报务员各一名；在海南岛及其周围岛屿和军舰开启雷达，跟踪联络。

4 月 20 日清晨，代表团从广州登 DC6 专机启程，经过近 4 小时飞行，顺利到达金边，受到柬方高规格接待。一周之后代表团圆满结束访问，乘 DC6 专机返回。大家登机返回时十分高兴，如释重负。就在大家放松时，飞机刚刚进入南越边境，舱内听到一声巨响，飞机右翼的两个发动机中的一个停止转动，接着飞机向一旁倾斜，并迅速下降。在关掉左翼相对应的一个发动机后，飞机才恢复平衡。此刻，在飞机上的李先念副总理神色自若地听取柬航总经理等人的汇报，之后他当机立断，决定专机立即返回金边，然后再请示国内。同时，当周总理接到专机上向国内发出的“飞机出故障”消息后，立即下令按应急措施开启备用机场和雷达设施，之后专机缓慢掉头飞返金边。

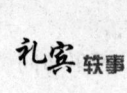

直到我驻柬埔寨使馆报告代表团安全返抵金边后，这惊险一幕才告结束。代表团安全返抵金边后，又住进金边迎宾馆。翌日，代表团换乘柬埔寨另一架飞机，安全飞抵广州。

战机护航和摩托护卫

每次国宾访华，安全工作责无旁贷，东道国必须做到安全护卫万无一失。国宾一行的安全护卫，责任重如山。

摩托车护卫小史

外国国家元首、政府首脑来华进行国事或正式访问，或者中国领导人出国访问，按常规，他们抵、离首都时，东道国会出动摩托车护卫。在中国，国宾从首都机场到国宾馆，从国宾馆到人民大会堂，保证国宾交通上方便和安全，这些都是国宾护卫队员们的特殊“战场”。

1954 年 6 月，中国在迎送国宾仪式中增设车队摩托车护卫，2004 年 1 月，摩托车护卫队因交通阻塞被取消。2014 年 10 月，坦桑尼亚总统基奎特访华恢复摩托车护卫。

摩托车护卫是多数国家给予到访外国元首、政府首脑等政要的一种最高礼遇和一项严格安全保卫措施，是国际上的通行做法。

1954 年，继中国人民解放军三军仪仗队组建之后，中央人民政府下令在迎送外国元首仪式中增设国宾车队摩托车护卫，一则体现新生的共和国是礼仪之邦，二则安全措施所需。事实上这种迎宾礼仪在当年的世界各国都成惯例。北京市公安局交通大队组成了我国第一支国宾车队摩托护卫队。1984 年 7 月，国宾车队摩托护卫队正式成立。多年来一批批的护卫队不断提高了摩托车护卫水平，他们以更系统、刻苦的训练方式和更专业的国际水准武装队伍，如今他们已成为综合素质上乘的护卫队。

1954 年 10 月，印度总理尼赫鲁访华，他成为摩托车护卫的第一名国宾。尼赫鲁总理一行在西郊机场下飞机后，受到周总理等党和国家领导人的迎接及群众的夹道欢迎。护卫队员们按照事先演练的动作，适时启动摩托车，待周恩来总理和尼赫鲁总理上了敞篷汽车后，四辆摩托车左右相护，缓速驶离机场，一路安全送达前门东交民巷尼赫鲁下榻的饭店。1961 年 6 月范文同总理为首的越南民主共和国政府代表团访华，1984 年 4 月美国总统里根访华等，摩托车护卫队都出警。里根是中美两国自 1979 年建交以来访华的第一位在职的美国总统。里根访问北京时，国际上恐怖活动频繁，中国公安部门确保了摩托车护卫万无一失。里根总统曾说：北京宽阔的大道令人赞叹，中国的护卫礼仪让人难忘。

在国外，有的国家摩托车护卫国宾场面十分壮观，护卫摩托车十多辆排开，浩浩荡荡。有的国家除了摩托车护卫外，还有骑兵队随卫。例如 1994 年 9 月 8 日，江泽民主席对法国进行国事访问，抵达巴黎，在机场欢迎仪式结束后，密特朗总统陪同江泽民主席乘直升机，直达巴黎市区的荣军院广场。抵达广场时，由 50 名法兰西共和国卫队护卫，骑兵队的马匹高大俊美，骑手配合默契，他们护卫江泽民主席行进在香榭丽舍大街上，飒爽英姿成为巴黎最耀眼的一道风景。

敞篷车的“礼仪政治”

新中国建立后，国宾来访受到热烈欢迎。群众在贵宾车经过时挥舞着两国的小国旗、彩条和花束高呼着“欢迎，欢迎，热烈欢迎”的口号，目送贵宾车经过，国宾乘敞篷车检阅欢迎群众成为迎宾重要礼仪之一。我国领导人和国宾乘敞篷车频频向欢呼的群众招手致意，欢呼声就像波浪似地一浪接着一浪，一直把国宾送到钓鱼台国宾馆。

1956 年国庆前夕，印尼苏加诺总统访华，受到高规格隆重接待。毛泽东主席陪同苏加诺总统乘敞篷车经过夹道欢迎的群众队伍，每到一处，欢迎的欢呼声和两国小国旗、彩旗、花束、标语等就像河流滚动，十分壮观。当时还搭建了欢迎彩门，上面写着的“向苏加诺总统致敬”标语，不时映入人们的眼帘。

1957 年 4 月至 5 月，苏联最高苏维埃主席团主席伏罗希洛夫访华，发生了一个关于敞篷车的有趣故事。

为欢迎伏罗希洛夫访华，北京市政府特意提前重修了南苑机场，拓宽了机场通向北京市区的道路，摩托护卫队也扩大了阵容，由最初的 4 人 4 车扩大为 7 人 7 车。伏罗希洛夫访华受到毛泽东、朱德、刘少奇、周恩来等中央领导人的热情拥抱欢迎。中央安排了首都百万人夹道欢迎友好使者，欢迎队伍由南苑机场经永定门、天安门一直绵延到新华门，极为隆重。

毛泽东和伏罗希洛夫同上一辆敞篷车后，摩托护卫队排成标准的A字形队列，头车探路，后两辆处理国宾主车前方可能出现的情况，国宾主车左右的两辆摩托车负责主车两侧可能出现的突发情况，另外两辆摩托车则紧随国宾主车后两侧。摩托护卫队的安排很严格，但百密一疏，在前往中南海途中，车队从东往西驶入天安门广场时，欢迎群众热烈欢呼“毛主席万岁！”“伏罗希洛夫主席万岁！”上万名群众一下子越过警戒线，蜂拥而上，导致毛泽东和伏罗希洛夫乘坐的敞篷车被堵塞时间长达15分钟。据记载，面对突发场面，伏罗希洛夫既兴奋，又不解。毛主席看到伏老焦虑的样子，便宽慰道：“群众看够了，自然就会散去。”伏老还问：“怎么喊我万岁呢？”毛主席说：“既喊之，则听之。”这次拥挤事件虽未发生危险，却成为一个极其深刻的教训，迎宾指挥部等有关部门都为此受到严厉批评。

1963年12月14日至1964年2月4日，周恩来总理访问非洲十国，受到热烈隆重的欢迎。周总理一行到达苏丹之时，苏丹政府建议周总理从机场到宾馆乘敞篷车，好让首都喀土穆人民一睹周总理的风采，也可以扩大苏丹现任领导人的政治影响，但当时正值苏丹局势动荡不安之际，怎么办？

考虑到安全问题，当时随行的礼宾官员未请示周总理和陈毅，就拒绝了苏丹方面的安排。周总理知道此事后，非常生气，严厉批评这位官员说：“顾虑太多，没有从大局考虑，这种做法是对东道主不尊重，在他们困难时，没有给予支持，也错过了与苏丹喀土穆人民直接见面的机会。”周总理立刻指示有关官员与苏方商量，在代表团离开喀土穆时安排他和陈毅从宾馆到机场沿途乘敞篷车。周总理说：“这不仅仅是个礼仪的问题，这一行动的含义远远超过礼仪方面的考虑。这样做是为了表示声援一个处境困难的被压迫的国家领导人，也是为了支持苏丹人民的正义斗争。”

礼宾官没有请示周总理，单从安全方面考虑，导致出现差错。礼宾无小事，小事含有政治含义，敞篷车的“礼仪政治”是最好例证之一。

战斗机护航的礼仪

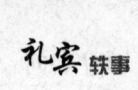

纵观当今国际礼仪，东道国对一国国家元首访问派战斗机为专机护航者屈指可数。提到战机护航，在很多情况下，为到访专机护航有着现实安全需求，但在一个国家和平时期派出战斗机为外国首脑专机护航，更多是一种礼仪。护航战机的数量体现着两国关系的亲密程度，国际惯例并未对护航战机数量规定统一的标准，2 架、4 架、6 架、8 架的情况都曾出现过。

新中国成立后有的国家的元首或政府首脑访华，曾向中方要求为其领导人访华专机抵离时安排战斗机护航，并视之为重要礼仪之一。

1961 年秋，印尼总统苏加诺访华，在他的专机进入中国领空后，由中方派 8 架战斗机进行护航。2002 年 2 月 21 日，美国总统布什访华，布什此次访华适逢尼克松访华 30 周年，30 年来，国际形势已经发生了极其深刻的变化，但是中美之间的共同利益和对世界和平肩负的共同责任不是减少了，而是增加了。接待时，美国“空军一号”专机进入中国领空后，中国战斗机即升空迎接和护航，布什回国时仍由中国战斗机护航出境。

为国宾访华专机护航的做法并非固定不变，而是根据当时的形势以及双方商定而安排。中国国家主席或总理出国访问，很多国家有为中国专机护航的惯例。1963 年春天，刘少奇主席及夫人王光美、陈毅元帅及夫人张茜一行访问印度尼西亚，专机离雅加达马腰兰机场还有几十公里，4 架印度尼西亚的喷气式战斗机便前来接应护航，这是东道国欢迎刘少奇主席一行的最高礼节之一，但这一礼节却给当时中方机组人员增添了很多担忧。他们想：战斗机护航，实际上等于 5 架飞机组成飞行编队，而中国专机从来就没有与喷气式战斗机进行过编队飞行训练，他们担心安全，怕战斗机距离速度控制得不好，可能发生撞机事故。面对喷气式战斗机护航，据说中国专机正副机长紧张得全身都汗湿了。

多年来，东道国派战斗机为中国领导人访问专机护航者不胜枚举。例如，1996 年江泽民主席访问挪威，当江主席的专机从西班牙进入挪威领空时，受到数架挪威空军战斗机迎接，为专机护航至奥斯陆国际机场。2002 年 4 月 9 日，江主席访问德国，德国出动 4 架战斗机为江主席座机护航。2010 年 11 月 6 日，胡锦涛主席访问葡萄牙，葡萄牙空军出动两架 F16 为他护航。2013 年 5 月 22 日，中国国务院总理李克强访问巴基斯坦，当时巴基斯坦空军派出了 6 架战机为总理专机护航，体现了中巴两国不一般的友好关系。2015 年 4 月 20 日，应巴基斯坦总统侯赛因和总理谢里夫的邀请，国家主席习近平对巴基斯坦进行国事访问，习近平所乘的专机进入巴基斯坦领空时，巴基斯坦空军派出了 8 架中巴合研的枭龙战机为习近平专机护航，这体现了中巴两国“全天候”的密切关系。

战斗机护航既有安全因素的考虑，更有礼仪政治的意义。

随邓小平访日追忆

邓小平副总理访日是中日两国邦交正常化后中国最高领导人首次访问日本，开创了中国国家领导人访日的先河，历史意义深远。这次访问在中日友好之路上，树起一座丰碑。

亲见隆重热烈的欢迎仪式

“扶桑正是秋光好，枫叶如丹照嫩寒。”这是鲁迅先生描写日本美丽秋天的诗句。1978 年 10 月 22 日，正是菊茂花艳、枫叶如丹、秋高气爽的日子，邓副总理一行乘专机飞往日本东京。专机经过 3 个多小时的飞行，掠过雪白的云海，在薄云下，蔚蓝海洋中的列岛之国便映入我的眼帘了。瞬息间，美丽巍峨的富士山清晰可见。

下午 4 时，我们乘坐的副机先 20 分钟抵达羽田机场。4 时 20 分，邓副总理乘坐的主机抵达。秋日的羽田机场，蔚蓝的天空下中日两国国旗迎风飘扬，邓副总理满面笑容走出机舱时，日方打破惯例，隆重鸣放礼炮，19 响礼炮响彻长空。邓副总理和夫人卓琳沿着红地毯与前来迎接的日本外相园田直等日方高级官员热烈握手。园田外相高兴地说：邓副总理带来了艳阳天。

邓副总理来访在民间引起震动。我记得，邓副总理一行的车队在日本警方护送下从羽田机场驶往市区的途中，受到了民众的热情欢迎。沿途有许多民众聚集在悬挂着两国国旗的街道旁观看，甚至有不少身居高楼大厦中的人们挤在窗口向车队挥手致意。邓副总理的车队开往市中心的赤坂国宾馆时，更多的民众自发聚集在街道两旁频频向车队挥手致意。

23 日上午 9 时 27 分，福田赳夫首相和邓副总理在国宾馆大厦正门前亲切见面，热烈握手，相互问候。9 时半，邓副总理在国宾馆前出席福田首相举行的正式隆重欢迎仪式。10 时半，中日两国关系史

作者随邓小平访日，《中日和平友好条约》批准书签字仪式场面

上具有历史意义的时刻到了，《中日和平友好条约》互换批准书仪式在日本首相官邸大厅隆重举行。大厅灯火辉煌，悬挂着中日两国国旗，大厅中央主人精心用白色、黄色菊花、红色的石竹花装饰两国国旗。邓副总理一行和日本首相以及其他内阁成员和外务省高级官员40多人出席仪式，大厅充满着欢乐的气氛。福田赳夫首相和邓副总理入席后，现场高奏两国国歌，然后园田外相和黄华外长分别代表本国政府在《中日和平友好条约》批准书上签字，两位外长用的是东方传统的毛笔、砚台和芬香的墨汁。签字毕，互换条约批准书的时刻，大厅掌声雷鸣，经久不息。接着福田首相和邓副总理互致贺词，随后全体举杯共庆条约生效。在掌声中，邓副总理和福田首相、园田外相亲切互相拥抱。

我有幸出席这一历史性的签字仪式，目睹这一激动人心的场面。我凝视着罩着绿色呢绒的签字桌上的文房四宝，思绪万千。我亲眼看到那砚台、毛笔、墨汁签下中日两国关系史上光辉灿烂的新篇章，签下中日两国人民热爱和平的心愿，也签下致全世界人民的宣言书：中日两国反对自己称霸，也反对别国称霸，中日两国人民要世世代代友好下去！

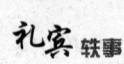

关注邓副总理与天皇历史性的会见

在东京，邓副总理的车队马不停蹄。签字仪式后当天中午，邓副总理前往皇宫正殿竹厅会见裕仁天皇。这是一次历史性的会见，举世瞩目。我作为一名随行人员，在皇宫等候，对这次会见更是全神贯注。邓副总理和夫人卓琳来到皇宫竹厅，天皇和皇后与邓副总理夫妇紧紧握手，然后宾主并肩而坐进行亲切的交谈。符浩大使陪同在座。会见充满着友好的气氛，会见结束时天皇和皇后赠送邓副总理夫妇一张署名照片和一对银花瓶，邓副总理夫妇回赠了一幅水墨画卷和彩色艳丽的刺绣屏风。会见后，天皇和皇后在皇宫丰明殿设午宴，欢迎邓副总理夫妇和主要陪同人员。后来我获悉，天皇的谈话有的是离开外务省和宫内厅商拟的稿子。例如，天皇说：“在两国悠久的历史中，虽然其间一度发生过不幸的事情，但正如你所说，那已成为过去。两国之间缔结了和平友好条约，这实在是件好事情，今后两国要永远和平友好下去。”媒体十分重视这次会见，当天日本报社和电台均以重要消息进行报道。共同社说：“陛下在首次会见中国最高领导人时，使用‘不幸的事件’这一措辞，是从天皇的战争责任这个角度，间接向中国人民表明谢罪之意。”

当天下午3时半，福田首相和邓副总理举行会谈，晚上，日首相举行盛大的欢迎宴会。邓副总理的日程安排非常紧张，简直是以分秒计算的。邓副总理还会见了日本在野党领导人等。

饮水不忘掘井人

在东京访问期间，邓副总理会见了日本各界的老朋友，结识了许多新朋友。邓副总理专程前往会见了日本前首相田中角荣，田中全家及40多位日本国会议员热烈欢迎邓副总理。会见日中友好人士的家属时，邓副总理语重心长的讲话留给我深刻的印象。邓副总理对为日中友好而献身的先驱者表示深切的怀念，他说：“周恩来总理生前曾经多次地强调：‘饮水不忘掘井人’。诸位是中国人民的老朋友的亲属，当然也是中国人民的亲戚。你们已经是为中日友好努力的第二代、第三代了。从你们身上，我们更加相信中日两国人民一定会世世代代友好下去。”

在繁忙的日程中，邓副总理还亲切会见了旅日侨胞。“留日华侨欢迎委员会”特地烧制了写有“邓副主席访日欢迎纪念”字样的瓷杯，赠送给邓副总理以及随行人员，至今这对瓷杯还摆放在我的客厅中。我记得会见时，邓副总理请廖承志副委员长讲话，侨胞对祖国粉碎“四人帮”后的政治形势感到欢欣鼓舞，他们十分关心祖国的经济建设，言谈中寄托着他们对祖国统一的深情厚望。东京访问日程安排虽然十分紧张，但客随主便，邓副总理总是神采奕奕，笑容满面。

关心邓副总理举行记者招待会

10月25日下午4点，邓小平在东京日比谷举行了一次为世人瞩目的记者招待会。邓副总理在日本广播俱乐部联合举办的记者招待会回答日本国内外记者所提的问题，当时的情景让我终生难忘，尤其是邓副总理就记者提出的钓鱼岛问题的回答。邓副总理说：这个问题我们和日本有争议，钓鱼岛，日本叫尖阁列岛，你看名字就不同嘛。这个问题可以先放一下，也许下一代比我们聪明些，会找到实际解决问题的办法。邓副总理的回答简洁明快，既维护我国的主权，明确表示钓鱼岛是我国固有领土，又指出了解决问题的办法，这就是暂时搁置争议，维护两国友好大局，留待日后解决。

邓副总理沉着、坚定、自信、灵活自如又很幽默地回答记者的问题，获得了场内外记者和观众一致的赞扬。我很高兴，邓副总理举行记者会是访日的又一个大亮点。

争分秒参观学习

在东京，邓副总理出席日中友好各团体联合举行的招待会、经济团体举行的午餐会等。在招待会上，邓副总理介绍我国为实现四个现代化而奋斗的方针和决心。他说：“我们坚持自力更生，同时也要学习和借鉴包括日本在内的各国的先进经验，以加快我们的建设步伐，实现毛主席和周总理的遗愿，把我国建设成一个繁荣昌盛的社会主义强国。”在日本访问期间，邓副总理以只争朝夕的精神观察和学习日本，给我留下深刻的印象。我作为随行的礼宾人员，任务之一是在每场活动出发前检查中方人员是否到齐。访日期间我细心注意到：每天出去参加活动，邓副总理总是提前两三分钟在大厅等候，准时乘车出发。他说：“我们安排日程习惯上午一个，下午一个，顶多晚上再加上个。而人家安排日程是几点几分到几点几分，是以分秒计算，我们不能再慢吞吞了，要把失去的时间夺回来！”

参观日产汽车制造厂，他仔细听了介绍，了解到那里的劳动生产率比长春第一汽车厂高出几十倍时，他感慨地说：“我懂得什么是现代化了！”参观大阪造币工厂、“新日铁”的君津制作所、松下电器公司所属茨木工厂等，他都仔细听介绍，与技术人员谈话，问这问那，直到明白为止。26日下午，邓副总理一行乘坐东海道新干线“光81号”列车前往京都、奈良、大阪访问，当问及乘新干线的感想时，他说：“就感到快！真像飞一样。看来干什么都要有速度哟！”邓副总理和我们同坐一个车厢里，和蔼可亲，谈笑风生！

愿中日友好之瓜世代丰收

邓副总理一行10月27日中午来到岚山，日本朋友用京都的名菜“怀石料理”招待我们。在岚亭楼阁上观看雨中岚山，饮着甘美的绿茶，欣赏日本民间乐曲，宾主开怀畅叙，自然谈到中日友好的奠基者——敬爱的周恩来总理。邓副总理对日本朋友说：《雨中岚山》别有风味，周总理写的诗就是写雨中岚山。我很喜欢这个地方。”周总理年轻时留学日本，两次游岚山，写下不朽的诗篇《雨中岚山》，诗篇如岚山峻秀挺拔的青松一样千秋流芳。

京都的庙，大阪的桥，秋日景色分外娇，邓副总理游览了古老的唐昭提寺等，每到一处，都受到盛况空前的欢迎。在奈良访问，奈良市长健田先生赠给邓副总理一包“奈良瓜”种子，这种“奈良瓜”也称“西安瓜”，原生长在中国西安，后来传到日本，在日本栽种成功。邓副总理接过“奈良瓜”种子，指示说，交给北海公园栽培，让中日友好之瓜世世代代获得好收成。

在参访过程中，邓小平也主动地与日本民众进行交流。10月28日，邓小平一行在奈良一家饭店出席午宴时，邓小平留意到宴会厅对面厅里有新人正在举行婚礼，午宴后他就走进婚礼现场道贺，与新人握手、合影。这件事反映出邓小平关心青年、希望将中日友好寄托在下一代身上的心愿。

10月29日，邓副总理一行圆满结束访问，离开大阪回国。在回国专机上，我的思绪万千。我深为这次成功访问感到万分高兴，我轻轻地抚摸着日本国际贸易促进协会京都总局制作并赠送给我们的纪念章，心花怒放。纪念章上刻有“日中和平友好条约签订纪念”字样，还有两只巨手紧紧相握的图案。这枚纪念章将永远见证邓副总理此次的历史性访问。

40多年过去了，这枚珍贵的纪念章陈列在我的客厅里，仍然光辉闪闪。愿它天长地久，与日月同辉，愿中日友好之瓜世代丰收！

随邓小平访缅追忆

我家相集里首页上是一张黑白相片，那是 1978 年 1 月邓小平副总理访问缅甸时，在仰光（内比都现为缅甸首都）国宾馆草地上与随行人员的合影。随着时间的流逝，相片愈益珍贵。每当我看到它，美好的回忆便涌上心头。

1977 年 7 月，邓小平重新回到中央领导岗位。1977 年 9 月，缅甸总统奈温访华，双方商定了邓小平对缅甸的访问。1978 年 1 月，邓小平访问缅甸。这是中国人民胜利粉碎“四人帮”之后第一位中国高级领导人出国访问，外电纷纷评论说“是有历史意义的”，英国广播电台说：“这些年来有不少外国的国家元首和政府首脑到北京访问，但是中国领导人则很少出国访问。”“这是近 3 年来中国高级领导人头一次出国访问。”澳大利亚广播电台等外国媒体也纷纷对邓小平的出访进行报道和评论。外电评价说：邓小平这次出访，标志着中国同周边国家的睦邻友好关系将得到全面的改善和发展。

邓小平副总理一行 25 人 1 月 26 日上午 11 时离开北京机场时，李先念、纪登奎、吴德、余秋里、陈锡联、耿飚、陈慕华、邓颖超、王震、姬鹏飞等，还有黄华、李强等部长前往机场送行。高规格的党和国家领导人送行，表明中国对邓小平赴缅甸访问的高度重视。

我作为礼宾人员随邓小平副总理访问缅甸，有幸目睹了这次举世瞩目的历史性访问。数十年过去了，今天我还时时追忆那次睦邻外交里程碑式的访问。

倾国倾城欢迎邓小平

邓小平副总理一行乘空军三叉戟专机，经过 5 个多小时飞行，于当天下午 3 时在仰光国际机场降落，受到缅甸的热烈欢迎。

1978 年 1 月邓小平访问缅甸，他与随行人员在仰光国宾馆合影，第三排右 2 为作者

邓副总理一行抵达时，缅甸总统兼国务委员会主席吴奈温、国务委员会秘书山友将军、总理吴貌貌卡以及很多的缅甸高级官员都来机场热烈欢迎。多国驻缅甸外交使节也前往迎接。机场鸣礼炮 19 响，吴奈温总统陪同邓小平副总理检阅仪仗队。军乐分别奏两国国歌，摩托车开道。从敏加拉洞机场至国宾馆的沿途两边，5 万多名市民挥动两国国旗夹道欢迎，他们高呼“欢迎邓小平！”“缅中友好万岁！”在民乐声中，人们载歌载舞，挥动着纱巾和彩旗，约有 50 个民间乐队演奏欢快喜庆的缅甸乐曲。欢迎一位副总理的礼仪规格比欢迎一位国家总理的礼仪还热烈隆重，让我难以忘怀。

当晚 6 时半，邓副总理在外交部副部长韩念龙以及中国驻缅大使莫燕忠等的陪同下前往亚弄路总统府拜会吴奈温总统。7 时半，吴奈温总统举行家宴招待邓副总理一行，菜肴为中国菜，席间谈笑风生，气氛热情友好。

次日，缅文《新光报》发表社论《胞波友谊进一步巩固和发展》，文中引述邓副总理的一段话：“我们认为，一个国家的社会制度，只能由这个国家的人民自己选择和决定，而不能由别国来强加。在国家关系中，我们一贯严格遵循互相尊重主权和领土完整、互不侵犯、互不干涉内政、平等互利、和平共处五项原则。”社论同时引用吴奈温总统的话："特别重要的是我们双方都应该继续努力维护和巩固中缅两国人民的友谊。不仅我们，我们的子孙后代也应该珍惜、培育和维护这种友谊……当我们之间出现分歧的时候，只要我们以友谊为重，本着宽容、耐心的态度，决心解决问题，问题是不会长期得不到解决的。"缅文《镜报》也发表社论《胞波情谊》。

吴奈温总统亲赴机场迎接，并亲自设宴招待邓小平，属于礼仪破格。它向外界传达这样的信息——吴奈温本人和缅甸政府对邓小平十分敬重，也反映了他对发展缅中关系的热切期待。

向昂山将军墓敬献花圈

1月27日上午9时，邓小平副总理在吴貌貌卡总理陪同下，前往缅甸民族英雄昂山将军墓敬献花圈。花圈由我国驻缅甸使馆准备，并提前送至墓地。

昂山（1915—1947）生于缅北马圭县那藏镇的一个律师家庭。1937年，昂山加入德钦党。两年后，他参加了缅甸共产党成立大会，当选为首任总书记。年底，他秘密组建人民革命党，策划通过武装斗争赶走英国统治者。

1941年太平洋战争爆发。随后，日本入侵缅甸。1944年8月，他联合共产党、人民革命党和他领导的国防军，秘密组成以他为主席的反法西斯人民自由同盟，领导了缅甸全国抗日武装起义，配合盟军反攻部队消灭了日本占领军。战后，他领导人民进行了反对英国重新统治、实现缅甸完全独立的战争。

1947年，昂山率领自由同盟代表团赴英谈判，在伦敦签订了著名的《昂山——艾德礼协定》，建立缅甸联邦共和国。昂山在制宪会议选举中获胜，出任缅甸临时政府总理。英国方面在玩弄谈判手段的同时，秘密策划了暗杀昂山的严重政治事件。7月19日早晨，昂山和他的6位战友被谋杀。那年昂山年仅32岁，之后，缅甸政府将其遇害的日子定为缅甸烈士节，还修建烈士陵园，以此纪念。

烈士陵园坐落在仰光市中心，陵墓建造在一座不高的平台上面，平台上有一个由许多圆柱支撑的屋顶，死难的7位烈士就在此安息。墓前树立着7块墓碑，中间最大的一块碑石下安葬着昂山将军，在他两旁，分别安葬昂山的6位战友。

邓小平走到墓前，向这位缅甸民族英雄深深地三鞠躬，表达了中国政府和人民的崇敬之情。

游览仰光大金塔

1月27日上午9时，邓小平副总理向昂山将军墓献花圈之后，前往游览坐落在仰光市中心的大金塔。这座具有2000多年历史的古建筑，巍然屹立，气势宏伟。大金塔周围是郁郁葱葱的古树林木，美丽的茵雅湖滋润着这块宝地。周恩来总理曾热情赞扬缅甸的古代文明，说缅甸金碧辉煌的大金塔和中国巍峨壮丽的万里长城，同是人类文化的瑰宝，同样闪耀着劳动人民智慧的光辉。

大金塔塔身外表贴满金箔，塔顶由宝伞和钻珠组成。经过历代的修缮，到1774年，塔身修高至112米，底座周长420多米，又在塔顶上安装了新的金伞。金伞系由金属所制，重达12.6吨，钻珠镶在一颗金球上，共有钻石、红宝石、蓝宝石数千颗。在阳光下，大金塔金光闪闪，耀人眼目。

游览大金塔时，邓小平不时通过缅文译员提出问题。我看到邓小平兴致勃勃地来到古钟前，拿起木棒连敲三下，祝愿中缅友谊万古长青。他走到大金塔题词纪念册前，欣然提笔："中缅两国人民世世代代友好下去。"陪同访问的缅甸朋友纷纷鼓掌欢迎。

出席盛大国宴

邓小平参观大金塔之后，于上午10时直接去总统府新楼与吴奈温举行会谈。韩念龙副外长和缅甸国务委员会秘书山友将军、吴貌貌卡总理、吴拉蓬外长等参加了会谈。邓小平向吴奈温通报了中国国内情况，并就当时一些重大国际问题同吴奈温总统交换了意见，双方观点比较一致。

27日晚6时30分，邓小平副总理出席吴貌貌卡总理举行的盛大国宴，国宴在总统府的花园草坪上举行。花园树木上闪烁着色彩缤纷的灯光，和建筑物上悬挂的装饰灯相互辉映，呈现一片喜乐景象。

宴会结束后，宾主一起观看了缅甸艺术家的精湛表演。一位缅甸歌唱家用汉语演唱了由陈毅的诗《赠缅甸友人》改编的歌曲："我住江之头，君住江之尾。彼此情无限，共饮一江水；彼此为近邻，友谊长积累。不老如青山，不断似流水……”歌声在夜空久久回荡，掌声经久不息。晚会上还表演了中国舞蹈——红绸舞，把现场的欢乐气氛推向了高潮。

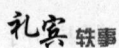

一张“全家福”的诞生

在访缅时邓副总理非常尊重礼宾工作人员的安排，他的守时使我十分敬佩。按照多年形成的生活习惯，他晚上 10 时半就寝，黎明即起。一天清晨散步时，一位工作人员请求与邓副总理合影，他欣然同意。消息传开，随行人员都来了。就这样，一张代表团“全家福”在新华社随行摄影记者的手中产生了。

结束首都访问之前，邓副总理举行答谢宴会，吴奈温总统等缅方高级官员出席，宴会又一次畅叙亲戚胞波情谊。为准备好答谢宴会，笔者根据指示，用离开北京时随专机运去的数筐苹果和梨，在答谢宴席上请缅甸朋友品尝。当晚宴席上他们舍不得吃，说从来没有见过如此硕大且香甜的苹果和梨，要捎回家，与家人享用。

访问山道威

1 月 28 日，邓副总理一行在吴貌貌卡总理和吴拉蓬外长的陪同下，访问位于孟加拉湾的山道威。邓小平来到山道威，受到六千多名群众的热烈欢迎。山道威风光秀丽，额不里海滩上婆娑的椰树、古老的木屋、强烈的阳光、金色的沙滩，都美不胜收。

在山道威，邓副总理一行参观了晒盐场、珍珠蚌养殖场和渔村。当天晚上，缅甸西部军区司令、若开邦纲领党党委主席敏贡上校在海滨树林中露天设宴，款待邓小平一行。宴会结束后，在海滨的临时舞台上表演了优美的若开邦民间舞蹈和缅甸传统体育项目。邓小平副总理一行还看了惹人发笑的大象运木头 ，兴致勃勃地下海踏浪、游泳，令陪同的缅甸朋友称赞不绝，感叹邓副总理身体健康。

29 日上午，邓小平在海滩上观看了充满若开邦民族特色的摔跤比赛并为优胜者颁奖。傍晚，海滩上燃起了几堆篝火，邓小平在篝火旁饶有兴味地品尝了主人特地烤制的全鹿，同时欣赏缅甸艺术家表演的各族民间舞蹈。此时，当地村民点燃了“孔明灯”，灯笼点亮后，像气球一样冉冉升空，高悬天际，如颗颗明星，熠熠闪光。

我国领导人来缅甸访问，缅方多安排他们到山道威来参观游览。因此，山道威是中缅友好的见证。1961年陈毅副总理曾到这里访问，写下了《山道威海浴》的诗篇：“冬日海浴山道威，细如银沙碧波催。孔明灯挂天遥远，宾主夜谈缓缓归。”1963年春，刘少奇和陈毅访缅，吴奈温偕夫人亲自陪同，在山道威海滩度过了难忘的两天。周恩来曾九次访缅，其中有两次就是在山道威度过的。

1月31日，邓小平圆满结束对缅甸的正式访问回国。吴貌貌卡总理陪同一道前往机场，沿途又有数万名群众欢送。在机场，吴奈温总统又一次陪同邓小平副总理检阅仪仗队，热情告别。邓小平副总理带着缅甸人民对中国人民的友好胞波情谊，乘专机回国。2月3日，邓小平一行乘专机从成都赴尼泊尔访问。

邓小平副总理此次对缅甸的访问，是中缅关系史上的一次里程碑式的访问，为中国积极执行“与邻为善，以邻为伴”和“好邻居、好伙伴、好朋友”的睦邻友好外交政策奠定了坚实的基础，提供了丰富的外交实践。

满园樱花烂漫时——我为江总书记访日打前站

1992年，江泽民总书记作为中国的最高领导人访问日本是中日关系史上的一件大事，意义重大。我当时任外交部礼宾司参赞，3月初，外交部让我牵头，率领先遣组赴日为江总书记访日打前站。出发之前，部领导再三叮嘱我们，一定不辱使命，不负重托，圆满完成任务。

3月24日，先遣组乘日航班机飞往东京。那天阳光和煦，春风拂人。飞行不到4个小时，我们便抵达东京，下榻中国驻日大使馆。次日，我和同事拜访了日本外务省仪典长中村顺一，随后与日方举行联席会议。会议结束后，又马不停蹄地察看迎宾馆、日本新闻中心、NHK演讲大厅，晚上北村典仪官为先遣组举行宴会。第二天仍是繁忙的一天，日程排得满满的，又是会谈又是察看皇宫、总理大臣官邸等。晚上匆忙吃完了饭便向驻日大使杨振亚汇报，向北京请示，工作千头万绪。

在日方精心细致的安排以及双方密切的合作下，江总书记访日的日程草案已经拟定，礼仪规格、会见名单、安全措施、生活接待以及访问大阪、福冈，参观濑户大桥等，双方都达成初步共识，但对两件事，双方仍各执一词。一是日方拒绝中方日文译员参加明仁天皇在皇宫会见并设午宴款待江总书记这场活动，坚持说这是日本的惯例，应由日方安排译员；二是日方从安全方面考虑，婉拒安排江总书记与东京市民一道观赏樱花。

我深知外事无小事，在这两件事情上应尽最大努力争取日方的理解和支持。在向北京报告的同时，我天天做日方的工作。我说，江总书记访日意义重大，会见并出席明仁天皇的午宴是访问中一项极其重要的活动，成败关系重大；江总书记喜爱文学，讲话时常引用中国

1992 年 4 月江泽民总书记访日，时任外交部副部长徐敦信（左）与作者在濑户大桥旁合影

古诗词，中方译员熟悉总书记的语言、语音，有利于准确地进行语言交谈。否则，如果发生语言障碍，将影响会见和午宴的友好气氛。日方称，他们的译员有能力承担此重任。在我再三的坚持下，日本外务省的官员只好推辞说这是皇宫的决定，可与宫内厅官长商谈此事。既然有一线希望，我就不放弃。我又准备好说辞，趁 26 日先遣组察看皇宫见到宫内厅官员时，我便开门见山说明中方译员参加天皇会见并宴请江总书记如何重要，但宫内厅官长还是没有当场答复。

后经过努力争取，3 月 30 日，在先遣组即将回国之际，日本外务省电话告之：天皇会见江总书记时请杨振亚大使陪同（杨大使精通日语）；天皇举行午宴（包括饭前酒和饭后咖啡）同意中方日文译员吴江浩出席。

江总书记访日，正是东京樱花盛开之时，樱花是日本的国花，日本人民十分喜爱它。为了江总书记身临樱花之都，能观赏盛开的樱花，体现亲民作风，我又多次与有关方面相谈，说服日方安排总书记观赏樱花的活动。我说，日方负责江总书记一行的安全责无旁贷，我相信日方的警卫能力，全力以赴定能做到万无一失。我还特别强调，如果江总书记不能观赏樱花将是访问中的美中不足，再说江总书记平

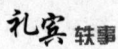

易近人，能与东京市民一道观赏樱花，将充分体现他亲近民众的作风。经过再三商讨，日方最后不得不同意先遣组的意见。

随江总书记访日

4月6日，江总书记一行访日如期进行，当地下午1时40分，专机抵达羽田机场。

4月10日，江总书记圆满结束了访日。在日本访问5天，江总书记出席在迎宾馆举行隆重欢迎仪式、与宫泽喜一首相正式会谈、出席欢迎宴会、出席杨振亚大使举行的招待会等。除东京外，江总书记一行还前往大阪、关西等地访问，日程紧密，内容充实，形式多样。我作为随行的礼宾官，先期来日打前站，在日期间我特别留心观察访问是否按日程顺利进行，礼仪安排如举行简短的中日熊猫互换仪式、江泽民总书记在NHK大厅做《国际形势和中日关系》演讲、江总书记亲赴看望身患重病的日本前首相田中角荣等项目，双方事先认同日程安排，我比较放心。我更加关注的是日方能否如约安排明仁天皇在皇宫会见并设午宴欢迎客人和特别观樱会这两场活动。

4月7日上午，江总书记来到日本NHK参观，在著名新闻节目主持人园田矢的邀请下，总书记走上播音台，回答了主持人提出的问题。随后，主持人请江总书记写下他喜欢的格言，总书记挥毫写下了唐朝诗人王之涣的诗句："欲穷千里目，更上一层楼。"然后步入NHK大厅，发表了题为《国际形势和中日关系》的演讲。

当天中午，明仁天皇在皇宫"竹间"会见江总书记。天皇陛下说，今年是日中邦交正常化20周年，我对江泽民总书记的来访表示热烈欢迎。日中两国历史上有长期交往，日本在文化上深受中国的影响。日本的京都、奈良都是仿照古都长安建起来的。我相信，江泽民总书记的来访必将有利于两国人民的相互了解和两国的友好关系。江泽民总书记说，他很高兴见到陛下，昨天与宫泽喜一首相谈得很好，就双边关系和共同关心的国际问题取得了广泛的共识。在双方的共同努力下，这次访问必将促使两国在各个领域的友好合作关系取得新的发展，并会增进两国人民的传统友谊。江泽民表示，欢迎天皇和皇后在今年秋季对中国进行友好访问。明仁天皇对中国邀请他和皇后访华表示深切的谢意。

会见时江泽民把中国汉代张衡的地动仪复制品赠送天皇，明仁天皇回赠江泽民总书记一对银制花瓶和亲笔签名的照片。会见后明仁天皇在连翠厅设午宴款待江总书记一行。中方日文译员也出席，宾主通过各自的译员，言谈甚欢，并举杯祝中日两国人民世世代代友好下去。我悬在心头的一块石头落了地。

4月8日早8时，江总书记在迎宾馆和风别馆，邀请福田赳夫、铃木善幸、中曾根康弘、竹下登、宇野宗佑、海部俊树等6位前首相共进早餐。他们都是中日关系发展历程的重要见证人，也是中日关系发展的有功之臣。在短短的40分钟的早餐会上宾主交谈甚欢，双方共叙过去20年中日关系发展历程，表示要进一步增进两国人民的传统友谊。早餐会上，江总书记向福田赳夫赠送画家袁熙坤创作的“王者之风”一幅；向铃木善幸赠送刘力上的“竹、鸟”一幅；向中曾根康弘赠送崔子范的“牡丹”一幅；向竹下登赠送王成喜的“梅花”一幅；向宇野宗佑赠送聂鸥的“少女”一幅；向海部俊树赠送李延声的“双鹿”一幅。当他们逐一接过名作打开欣赏时，都赞扬那些作品。礼宾司代司长鲁培新和我在场，回忆离京前筹备江总书记出访工作时，徐敦信副部长特地邀请黄胄等十多位中国著名画家到钓鱼台宾馆共进晚

1992年4月江泽民总书记访日取得圆满成功，图为江泽民总书记与礼宾司人员合影，左2为作者

1992年4月江泽民总书记访日圆满成功，在回国的专机上温家宝主任与作者（左）合影

餐并为江总书记访日而创作的情景，感慨万分。这些名家大师用精湛的艺术佳作为此访锦上添花，为中日友好增光添彩。

早餐会后，日方为江总书记一行安排一个特别观樱会。当中国客人乘车来到新宿御苑时，受到东京市民热烈欢迎。新宿御苑是日本皇室御苑，当时这座公园正是樱花盛开、满园樱花烂漫的时候，园内4000多株树木中，樱花占有1800株，怒放的樱花在和煦的阳光下灿若红云，春意盎然。广阔草坪上数十名日本“樱花姑娘”身着华丽的和服，唱着“樱花、樱花”“洁白的羽毛寄深情”和“祖国颂”“大海啊，故乡”“五星红旗”等日中歌曲，簇拥向江总书记一行。她们是由日本“新制作座”剧团团长真山美保带领的团员。江总书记一行高兴地和她们一起唱歌鼓掌，欢声笑语在蓝天下荡漾。当江总书记一行高兴地与“樱花姑娘”一起合影时，她们又唱起“北国之春”和“我爱北京天安门”，悠扬悦耳的歌声把友好气氛推向高潮。当时，天空是那样湛蓝，草坪是那样嫩绿，歌声是那样悠扬悦耳，景色是那样秀丽迷人。

4月10日下午2时，江总书记一行在福冈国际机场乘专机回国。登机前江总书记与杨振亚大使握手告别时，特地说，这次访问安排得非常好，我是非常满意的。在回北京的专机上，礼宾司代司长鲁培新和我要求与江总书记合影，总书记欣然同意。于是，一张在空中拍摄的相片成为我终生难忘的纪念品。

随杨尚昆主席在“蒙古包”做客

在蓝天白云下蒙古包像一颗颗璀璨的明珠散落在翠绿的草原上，分外妖娆，又别具一格。广阔的草原，丰茂的水草，肥壮的牛羊，雪白的蒙古包……构成蒙古牧区的独特风情。蒙古包在蒙古语中称作“格尔”，意为“家”或“屋”，蒙古人祖祖辈辈住惯了移动的蒙古包。蒙古首都被称为“毡包之城”，即使今天乌兰巴托高楼林立，在高楼大厦中间，偶尔可见数座蒙古包。

《马可·波罗游记》中描写的蒙古包十分宏伟壮观，是古时蒙古可汗的豪华宫殿。蒙古国家领袖在“移动的宫殿”礼节性会见外国来访的客人，这种待客礼仪习俗沿袭至今。

1991 年 8 月 26 日至 29 日，杨尚昆主席应邀对蒙古人民共和国进行正式友好访问。笔者时任外交部礼宾司参赞，随杨主席办公室赵宇田主任先期为杨主席访问打前站，并随同杨主席访问。

随杨尚昆主席访蒙古，作者（右）在蒙古包前留影

随杨尚昆主席访蒙古，作者在蒙古机场留影

“移动的宫殿”，它位于苏赫巴托广场一侧，是在一座气势非凡的现代化国家大楼底层天井空间搭建的礼仪宫——蒙古包，蒙古礼宾官员称它为国家礼仪宫。

这个融古代与现代于一体的蒙古包的基本形状和构件是传统的，主要有三大构件：结成网状围壁的条木，搭起伞形圆顶的椽木，围抱圆壁和覆盖顶棚的白色厚毡。蒙古包外面同样用粗毛绳扎牢，外表上与草原上蒙古包没有差异。不过礼仪宫崭新壮丽，色彩缤纷，蒙古包内铺着考究的地毯还有高级玻璃茶几、五彩缤纷的壁画，同普通的毡包相比，这无疑是独有豪华的礼仪宫。蒙古包是牧民在草原上逐水草而居移动的家，有的一年要迁徙百余次，而移动的礼仪宫则相对固定。

笔者记得杨主席一行抵达乌兰巴托当天，蒙古总统彭·奥其尔巴特前往机场迎接，机场欢迎场面盛大空前，检阅仪仗队，奏两国国歌，鸣礼炮 21 响。乌兰巴托国际机场洋溢着隆重热烈的欢迎气氛，欢迎仪式是现代礼仪。而当天下午四时，蒙古总统会见杨主席却采用传统礼仪。杨主席及陪同人员在蒙古贡其格道尔吉副总统陪同下，前往礼仪宫会见彭·奥其尔巴特总统。杨主席一行走进现代化国家宫大楼，从一层大厅过道沿着地毯进入礼仪宫。杨主席热情地与蒙古总统握手，随后两位国家元首和双方主要陪同人员进行了亲切交谈。

在两国元首交谈时，记者三五人分批进入礼仪宫摄影、摄像。主

1991 年 8 月 26 日，杨尚昆主席一行与中国驻蒙古使馆人员合影，第二排左 2 为作者

人热情好客，递送茶点的传统习俗既细致又周到。礼仪性会见结束，杨主席一行由蒙古总统陪同离开礼仪宫，乘电梯上国家宫大楼二层会谈大厅举行正式会谈。

8 月 28 日上午，杨主席一行在蒙古总统的陪同下，前往蒙古中央省色尔格楞县牧民家做客，在牧民蒙古包里用午餐。主人热情好客，端上别具风味鲜嫩的烤全羊，这种全羊是用烧红的石块塞进羊的肚子烤熟的。蒙古语称为“浩尔赫格”，是牧民用来招待最尊贵的客人的。

午餐后，在蒙古总统陪同下，杨主席穿着蒙古袍观看“那达慕”盛会。“那达慕”蒙古语是“娱乐”之意，意指蒙古传统的体育比赛。摔跤、射箭、赛马是他们最喜闻乐见并具有广泛群众基础的体育运动。近年来，比赛项目日益丰富，除了传统比赛项目外，还增加了田径、体操、篮排球、跳伞、马术、自行车、摩托车等。

杨主席在蒙古包外的草原上观看“那达慕”，十分高兴。杨主席对旁边的蒙古朋友说：“你们看，我穿上了你们的衣服，戴上了你们的帽子，还有一匹马，可以跟你们一样在草原上奔跑了。”在蒙古包做客，亲如一家，宾至如归。

蒙古草原上还有一种融现代与古代于一体的蒙古包，其特点是室内有现代化的陈设，包括高级地毯、高级软床、沙发、玻璃茶几、梳妆台、写字桌、彩色电视机、组合音响，还有豪华淋浴间，这无疑是草原上的豪华宾馆，是外国贵宾和旅游者的下榻之地。

移动的礼仪宫是蒙古国家领袖会见外国国家元首和政府首脑之地。草原蒙古包被称为外国贵宾之家，当国宾访蒙，牧民常常邀请他们到家里做客，这成为国宾一项重要的日程。

为什么蒙古国家元首礼节性会见外国来访的客人安排在移动的礼仪宫呢?

这充分体现蒙古人的传统礼仪和待客习俗，蒙古包是他们从事畜牧业生产环境的特有产物，蒙古人把移动的礼仪宫当作民族传统的象征，彰显蒙古人的民族精神。它的设计和制作体现蒙古人的聪明才智，是长期以来蒙古人生产实践和勤劳智慧的结晶，他们为它感到自豪和骄傲。蒙古人民对传统移动的家非常珍惜和热爱，也希望来访客人了解和尊重这种习俗。

灿若繁星的蒙古包，在高楼大厦中安然处之，在草原上更是光彩耀眼，却似迷人的移动的宫殿。随杨主席在蒙古包做客的往事，就像金子般地积淀在我美好的记忆长河里。

访问“一带一路”沿线四国

李鹏总理于1994年4月访问哈萨克斯坦、吉尔吉斯斯坦、土库曼斯坦、乌兹别克斯坦四国，如今上述四国称为“一带一路”沿线国家。那次访问意义深远，现在中国同中亚国家的合作关系发展很快，令人兴奋的消息不断传来，让我浮想联翩，仿佛回到当年我为李鹏总理访问中亚四国打前站的日子里。

我时任外交部礼宾司参赞，外交部通知我率领先遣组，为李鹏总理访问中亚四国打前站。先遣组除了与东道国礼宾部门商谈李鹏总理访问日程外，还商谈礼仪、宾馆、赠礼等具体细节。应他们的邀请，还到参观点看看。他们都是刚独立不久的国家，我们在那里的所见所闻，都令我们耳目一新。

阿拉木图的参观点

当年3月29日至4月10日，我率先遣组访问中亚四国，阿拉木图是第一站。中国有句俗话，远亲不如近邻，中国与哈萨克斯坦有长达1700多公里的共同边界。哈萨克斯坦面积有270多万平方公里，是中亚面积最大的国家，也是世界最大的内陆国。当时，阿拉木图是哈萨克斯坦的首都。

从新疆乌鲁木齐飞至哈萨克斯坦阿拉木图只需1小时30分钟。阿拉木图位于天山外伊犁阿拉套山脉的山脚下，山顶终年白雪皑皑，在太阳照耀下熠熠生辉。在哈萨克语中，阿拉木图是“苹果之城”的意思。这个都市拥有120万左右人口，在近70年的时间里，它一直是哈萨克斯坦的首府。1997年哈萨克斯坦新首都产生，阿克莫拉取代阿拉木图，1998年新首都更名为阿斯塔纳。

春天的阿拉木图林木复苏，苍翠重新渲染着这个美丽的都市，一排排高大树木屹立在大道两旁，据说阿拉木图是苏联时期绿化工作最佳的都市，人均绿化面积约达20平方米。阿市天气多变，笔者抵达当天春光明媚，次日却是大雪纷飞，气温突然下降。使馆陈参赞告诉我，阿市冬春多雪，夏秋多雨。5月1日前后才算春暖花开的季节，树木茂盛，满目青翠，即使偶降大雪，当日也会融化。夏天白天炎热，晚上凉爽如秋。

阿市街道广阔，街道两旁新建的楼房众多，且多镶有铝合金的大玻璃窗，采光甚好，透亮的铝合金门窗显示这个国家铝制业较发达，街道两旁的排水沟明显可见。公共交通十分方便，没有小汽车车流，计程车也稀稀落落，偶尔可见，人们来往畅通无阻。在市区行走，笔者很难看到清真寺，经朋友指点，偶尔也看到一两座。不过，哈萨克斯坦独立后清真寺不断增加，清真寺向人们昭示这个都市和这个国家人民的宗教信仰。该国约有1000万穆斯林教徒，伊斯兰教已融入哈萨克民族文化之中。据书籍记载，阿拉伯半岛的伊斯兰教于8世纪初进入中亚，此后哈萨克人开始信奉伊斯兰教。

阿市商店的标志不明显，以分辨哪是住家哪是商店。商店里面货架空空的，有的商店商品数量稀少，品种单调，只有面包、盐等一些日用品，笔者和同事入住阿拉木图饭店，周围商店食品也不多。住旅馆只能吃喝从简，一顿饭几片面包和二三片马肠肉完事。那次短暂停留，笔者亲眼目睹苏联猝然解体给哈萨克斯坦社会和经济带来的巨大冲击，哈萨克斯坦于1991年独立，独立后举步维艰，人民生活艰辛。

在阿市，笔者高兴地看到“中国商品热”方兴未艾，有些人到中国新疆购买服装或其他日用品，大包小包带回去。中国商品尤其是日用消费品、食品等的涌入，在一定程度上缓和了阿市市场的紧张状况。朋友对我说，他们喜欢中国商品，更喜欢中国的资金和技术。哈萨克斯坦人对合作开发项目、办中餐馆和食品加工业等项目很感兴趣。阿市的中餐馆“长城饭店”等生意兴隆，说明哈萨克斯坦人越来越喜欢中国菜肴，中国驻哈萨克斯坦大使张德广在该饭店请我们先遣组共进晚餐，商谈公务。

阿市名胜古迹并不多，最令哈萨克斯坦人感到骄傲的是“麦迪奥”滑冰场。哈萨克斯坦外交部礼宾司司长告诉我，来到阿拉木图必须去“麦迪奥”滑冰场一游，就像外国人去北京非登长城不可。“麦迪奥”滑冰场离市中心14公里，是世界最大的高山冬季体育运动中心之一，海拔1700米，拥有人造滑冰跑道，冰场面积10500平方米，每年9月至次年4月冰场对公众开放。看台可容纳12000多名观众，以常举行大型国际滑冰及冰球比赛而闻名。在哈萨克斯坦外交部礼宾司司长的热情邀请下，笔者和同事前往“麦迪奥”滑冰场参观，不过当天天公不作美，笔者上路时便是大雪纷飞，抵达时积雪之厚，车轮已难转动。我们只在那里看到一个白茫茫的世界，除了大雪还是大雪，大雪把整个滑冰场覆盖得严严实实，我们只好匆匆返回。

阿拉木图人说起位于果戈里大街的烈士陵园来，十分自豪。陵园迎面是一座苏联红军雕塑群像，黑色的雕塑恰似一只展翅的雄鹰，气势磅礴。“二战”时期，苏军1075团的28位勇士，其中有10名为阿拉木图人，参加了莫斯科保卫战，他们为击退德国法西斯坦克部队进攻而坚守4小时，全部壮烈牺牲，他们被授予苏联英雄称号。20世纪70年代，为了纪念这些烈士，当地专门修建了28勇士陵园。因时不我与，未能前往瞻仰，深感遗憾。

在阿拉木图人们很熟悉中国音乐家冼星海的名字。冼星海于1943年从莫斯科辗转到达阿拉木图，在这里度过了他40岁生命历程中的最后两年半时间，受到当地人民无微不至的关爱和照料，并在那里创作了第一交响曲《民族解放》、第二交响曲《神圣之战》及《中国狂想曲》等音乐作品，收集和改编了大量哈萨克斯坦民歌，成为用音乐传递中哈友谊的使者。

笔者很高兴获悉，为纪念这位伟大的音乐家，哈萨克斯坦于2014年7月在阿拉木图命名了冼星海大街，还建造了冼星海纪念碑和保留了冼星海故居，这些已成为中哈两国人民友好的象征。

伊塞克湖的风情

4月2日，我们驱车从阿拉木图前往吉尔吉斯斯坦时，大雪纷飞，沿途山地银装素裹，雪时大时小，山区时暗时明，尽管如此，笔者仍不时看到银白世界露出翠绿树木。到了比什凯克，先遣组先到中国驻吉尔吉斯斯坦大使馆，向潘占林大使汇报工作。

中国同吉尔吉斯斯坦山水相连，有着1000多公里的共同边界。两国人民的友谊源远流长，吉尔吉斯斯坦是古丝绸之路上的重要国家，历史上在活跃欧亚大陆的商业往来和文化交流方面做出过卓越贡

作者在伊塞克湖旁留影

献。吉尔吉斯斯坦独立后，于1992年同我国建交，建交以来中吉关系一直和睦友好相处，互利合作关系健康发展。

吉尔吉斯斯坦位于中亚东南部，是一个内陆山国。面积19.85万平方公里，人口约436万，全境海拔在500米以上，天山山脉占全国国土面积的4/5。这个山国处处是高山风景，山峦起伏绵亘，树木茂盛，郁郁葱葱，是中亚有名的山国绿洲。辽阔的山区，翠绿的森林，还有近3000个大小不一的湖泊，构成美丽的风光。湖泊宛如颗颗珍珠镶在辽阔的山地上。这个山国埋藏着丰富的煤、锑、汞、铅、锌、石油和天然气等自然资源，水力资源更为丰富。传统的农业和畜牧业比较发达，占这个国家国民生产总值的40%。

1991年，吉尔吉斯斯坦获得独立，这个原苏联遥远边界上的山地绿洲正在经历着新的变化。在这里政治上较稳定，经济上较自由，基础设施较好，劳动力也较廉价，加之政府实施市场经济和保护外国投资等法令，人民满怀希望，为把自己的国家建成“中亚的瑞士”而努力。

比什凯克是吉尔吉斯斯坦的首都，坐落在楚河平原上，人口约70万。比什凯克是中亚的绿色城市，该市捷尔任斯基街心公园的面积居世界同类公园第二，绿色城市，名不虚传。我们抵达比市时春光明媚，冰雪融化，水流潺潺。街道两旁树木茂盛，杨树、白桦……

一排排、一行行，远处则是层峦叠嶂的雪山，阳光与雪山辉映，比市显得更加明亮。城市的街道并不平坦，坑坑洼洼，汽车司机多有抱怨，但人们多注意行车礼让，公共汽车、有轨无轨电车乘客上下车老幼有序。笔者住在友谊旅馆，前面是一个广场。广场中心有建筑艺术佳作，加之周围花繁草茂，树木葱葱，在这里散步令人心旷神怡。1993 年 5 月，这个国家发行了自己的货币——索姆，新货币的发行给人们生活带来了一些好处，人们高兴地用索姆买卖东西，新货币的发行使这个国家物价上涨指数低于卢布区的平均水平。

吉尔吉斯斯坦流传一句谚语：“没有到伊塞克湖，就不算到吉尔吉斯斯坦。”4 月 4 日，先遣组在中国驻吉尔吉斯斯坦使馆陈参赞陪同下驱车去伊塞克湖参观。上午 9 时出发，离开比市时阴雨绵绵，汽车驶入山区时也细雨不断。据使馆同志说，这种雨叫地形雨，是高山积雪融化后，水汽受阻变成的细雨。

在吉尔吉斯语中伊塞克湖是“热湖”的意思，古时中国也称其“热湖”，因冬天不结冰，湖底湖边温泉多而得名。中国古称它图斯池、热海、清池。玄奘西天取经西行时曾经路过这里，并且留下了世界上有关伊塞克湖的最早记载：“山行四百余里至大清池。周千余里，东西长，南北狭。四面负山，众流交凑，色带青黑，味兼咸苦，洪涛浩瀚，惊波汩忽，龙鱼杂处，灵怪间起。所以往来行旅，祷以祈福。水族虽多，莫敢渔捕。”

这里风景迷人，气候宜人，是这个国家主要的旅游和疗养地。水面海拔高度 1600 余米，长 220 公里，最宽处为 80 公里，面积 6300 多平方公里，在世界高山湖泊中水深数第一、集水量第二。湖水清澈澄碧，终年不冻，是中亚地区旅游疗养的胜地。吉尔吉斯斯坦几十条河流注入该湖，但无一条流出。周围雪山环绕，湖面上烟波浩渺，水天一色。

抵达湖边时已是中午时分，我们没吃午饭，就兴致勃勃地漫步湖边欣赏湖光山色了。瞧！多么奇妙，湖面的蓝色竟有如此多的变化，浅蓝、灰蓝、湛蓝、钴蓝、深蓝、银蓝……湖深处显得那般深邃，让人感觉深得不可见底。充满着神秘色彩的蓝色，变幻莫测，片片白云缭绕着蓝宝石一样的天穹。天鹅像一束束银光似地在湖面闪耀着，远处的雪峰依稀可见。

使馆同志告诉我，每年6月至9月上旬是伊塞克湖的旅游黄金季节，旅馆和别墅接待来自各地的游人。人们在湖边游泳，在金黄色的沙滩上晒太阳，加之湖水盐度低，水质清澈，人们喜欢来此疗养，接受温泉治疗。湖中盛产鲤鱼、鳟鱼，是游客和疗养者餐桌上的美味佳肴。人们还能乘游船游湖，领略湖边周围的雪山景致，或是登上栈桥的瞭望台，极目远眺。沿岸有疗养区，湖边有游乐园、赛马场以及其他娱乐设施，供游人选择。通往伊塞克湖的宽阔大道行车十分方便，游览旺季时，还有火车行驶至湖边。

此外湖边还有机场，称“乔尔邦达城”机场。这个机场可降安24和雅克40型飞机，机场别具一格，跑道设在斜坡上。那天下午我们察看这个机场时，机场管理人员告诉我，这里有比什凯克和奥什定期商业航班来往。机场虽小，看起来似耍马戏团的地方，但30多年来没有发生任何事故。

传说湖中水底深处有被淹埋的古城遗址，众说纷纭，故事十分动听：很久以前，高山上有座城堡，主人是个贪婪、残暴的大汗。山脚下住着美若天仙的牧羊姑娘，许多人倾慕她的美貌前去求婚，但姑娘回答说，“我已有了心上人。”大汗带着贵重礼物去求婚，同样遭到了拒绝。这位姑娘原来爱恋一位英俊骑士，有一次，这位青年骑士骑着白马带她上山，青年骑士从手中摘下戒指赠予她说：“只要有戒指在，你将远离任何灾难。”日后这对男女青年就分开了。有一天姑娘独自上山去找心上人，不小心弄丢了戒指。她哭着往家跑，半路上却被大汗劫持到城堡中，但姑娘宁死不从，纵身从窗跳出，落下悬崖。就在这时，地动山摇，大汗的城堡开始下沉，四周的山谷中涌出一股股洪水冲向城堡，直到山谷和城堡一起没入水底。

有的传说更是扑朔迷离，说湖底曾发现成吉思汗时代的物品。当地人说，伊塞克湖底确实有古城堡遗迹，他们已从湖底打捞出一些古代的生活用品和古钱币，经鉴定是成吉思汗时代的物品。这些传说越来越引起考古学家的浓厚兴趣。有的更说成吉思汗的墓地在湖底，当地不少历史学家和考古专家支持这一推断。据说，成吉思汗去世后，其后人秘密地将他的遗体和众多的财宝运到湖区，并制作了巨大的石棺，将遗体和财宝装入其中并沉入湖底，藏宝的秘密至今也没有被揭开。

参观天马和地毯之故乡

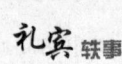

4月初，土库曼斯坦的天气已热得使人难受，阳光十分刺眼。首都阿什哈巴德朴素、干净整洁，十分宁静。没有太多的高楼大厦，街旁绿树成荫。没有川流不息的车流，车辆断断续续，给人交通不拥挤的印象。首都人口近50万。1948年这里发生大地震，整个都市夷为平地，眼前新的楼房、别墅楼多是震后盖的。

公务之余，笔者和同事漫步于阿什哈巴德的大街小巷，目睹耳闻，感受这个陌生都市奇特之处，觉得它新鲜有趣。这个都市免费向市民供应电、天然气，商店的食盐免费自取。当地报纸、电台和电视台每天离不开谈论石油、天然气之类的新闻，都市也好像飘散着石油的芬香；这里水比油贵，多年如此。这个国家油气资源十分丰富，石油储量约为120亿吨，天然气探明储量更为巨大。但因80%的国土被卡拉库姆大沙漠覆盖，水源难找。自来水虽缺，但市政也免费配给用户。

土库曼斯坦于1991年独立。土库曼斯坦国徽中间有土库曼人的阿哈尔捷金马，中间圆周上绘有五种地毯图案。土库曼斯坦外交部礼宾官告诉我，阿哈尔捷金马和地毯是他们为之自豪的两件国宝。土库曼斯坦人说起这两件国宝，滔滔不绝。说这种国宝在这个国家中有着独特地位，它们不但被绘入国徽的正中央，钱币上也有它们的身影，电视台节目播放过程中，也时常会出现骏马奔腾的镜头。土库曼斯坦人庆祝节日，少不了赛马这一传统项目。可以说，这个历史上的游牧民族对宝马的挚爱，已经完全融入了国民心中。

在他们的安排下先遣组前往阿什哈巴德种马场参观。这个种马场于1992年改名为尼亚佐夫种马场，距市区8公里，是世界唯一养殖阿哈尔捷金马的种马场。独立后，尼亚佐夫是土库曼斯坦的首任总统，被人民称为“国父”。在“恋之城”，我不时看到尼亚佐夫的画像，人民对他十分热爱。据报道，尼亚佐夫兴趣爱好十分广泛，对诗歌、哲学、历史和音乐均有涉猎，是一个非常重视友情的领袖。正是他开创了将国宝阿哈尔捷金马赠予友好国家元首的先例。在尼亚佐夫种马场，我们先遣组看到多种多样的马。我还注意到在广阔马场的左边还有赛马的观礼台，主人告诉我，那里不时举行马展或赛马演出。主人特地向我们介绍阿哈尔捷金马。阿哈尔捷金马是世界上一种最古老的马种，马的毛色多为淡金黄色、枣红色或银白色，马的力量大、速度快、威武剽悍，耐干旱，马的性情暴烈，主人告诉我，这种马驯服后非常顺从。在中国历史文献中，这种马被誉为“天马”，以奔放而著称。

据中国史书记载，西汉时期，张骞出使西域，发现一种出汗如血一般鲜红的宝马，于是将其带回长安，这便是传说中的“汗血宝马”。这种宝马就是我们当时观看的阿哈尔捷金马。当地人认为，中国古人之所以把马身上流的汗误认为像血，是因为这种马皮肤非常薄，血管又细又密，奔跑时鲜红的血管膨胀起来，流出的汗水在强烈的阳光照射下，酷似红色，故称其“汗血宝马”。据记载，成吉思汗和其他帝王都坐骑过这种马，这种马为历代宫廷用马，在赛马场里，这种马参加比赛常常夺魁。中土两国的友谊源远流长，许多世纪以前，我们的先辈通过古老的“丝绸之路”把中国盛产的茶叶、丝绸和瓷器运到土库曼斯坦，买回了驰名天下的“天马”，留下了千古传诵的佳话。

阿哈尔捷金马是世界上最古老的马种之一，至今已有3000多年的驯养历史，是人工饲养历史最长的一个马种，其祖先是生长在偏僻的沙漠戈壁地带的野马。目前，全世界纯种的汗血宝马仅存4000余匹，其中土库曼斯坦有3000匹左右。土库曼人已将其视为国宝，禁止出口。如今，阿哈尔捷金马主要用途有两种，一是纯种的用于赛马或种群繁衍，另一种则多用于长途跋涉或游客骑玩用。在国外享有盛名的土库曼马戏团，也拥有多匹阿哈尔捷金马。

这个都市地毯厂闻名遐迩。抵达次日，笔者和同事有幸参观这个工厂。该厂建于1926年，全厂有800名织工，生产传统土库曼地毯，地毯以美观和结头细密而著称。笔者颇有兴趣地欣赏该厂博物馆里收藏的每块地毯，古老罕见的两面挂毯以及栩栩如生的世界伟人、名人的织像，让笔者大开眼界。每块地毯织得很密，每平方米有114万个结头。生产的装饰性地毯和挂毯年产量达2700平米，主要销往德国、英国等。地毯博物馆参观者流连忘返，人人称赞不绝。

土库曼斯坦于1991年10月27日独立，苏联时期在15个加盟共和国中，它的社会经济发展水平是最差的一个，笔者访问这个国家时，首都经济受到冲击的痕迹还处处可见。商品少，瓜菜缺，日用品贵又难买。一位朋友告我，有人叫它“土苦慢”，“土”是指发展滞后，都市现代化的高楼大厦稀落，郊区一片片沙土；“苦”是指条件差，夏天高温，酷热难熬；“慢”是指效率低下。但在“恋之城”短暂停留期间，笔者也高兴地看到，土库曼斯坦人民对建设家园，发展经济充满着自信和力量，决心变不利条件为有利条件，他们的油气储藏量丰富，得天独厚，这是主要有利条件。他们十分热爱他们的领袖——尼亚佐夫总统，总统的画像处处可见。人们称他为伟大的独立的缔造者，并说他一定能带领人民走向繁荣富强。土库曼斯坦人民战胜困难的信心留给笔者深刻的印象，笔者带着他们的崇高精神和深情厚谊依依不舍离开“恋之城”。

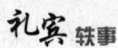

多年过去了，我高兴地看到：以阿哈尔捷金马为纽带，中国和土库曼斯坦在政治、经贸、能源和人文等各领域的合作交流顺利展开。2013 年 9 月，中国国家主席习近平对土库曼斯坦进行了首次国事访问，与土库曼斯坦总统别尔德穆哈梅多夫共同签署了《中土关于建立战略伙伴关系的联合宣言》，将两国关系提升至战略伙伴关系。目前，中国已成为土库曼斯坦第一大贸易伙伴和第一大天然气进口国。随着中国—中亚天然气管道的开通，来自土库曼斯坦的优质天然气已经源源不断地进入北京及周边地区的千家万户。我还高兴得悉，目前，两任中国国家主席获赠的“国礼”阿哈尔捷金马在位于天津武清的汗血宝马中心健康成长。

古丝路上的“东方门户”

乌兹别克斯坦素有“东方门户”之称。举世闻名的古丝绸之路和现代亚欧大陆桥均从这里经过。乌面积 44 万多平方公里，人口 2400 多万，自然资源丰富，人们称它拥有四金：黄金、“白金”（棉花）、“乌金”（石油）、“蓝金”（天然气）。

1991 年 8 月 31 日，乌兹别克斯坦独立。在塔什干市行走，笔者眼见耳闻，感受到那里人们的生活气息。他们十分热爱和珍惜来之不易的独立。

乌兹别克人是这个国家的主体民族，占总人口的 70%。乌兹别克人的语言和相貌与中国维吾尔人相似。乌兹别克人与哈萨克人交谈彼此只听懂一半，乌兹别克人与维吾尔人交谈却可完全听懂，不需译员。

从土库曼斯坦的“恋之城”至乌兹别克斯坦的首都塔什干的距离约 1100 公里，4 月 7 日笔者和同事飞抵塔什干时已是晚上 9 时多了。从飞机上鸟瞰塔什干市，万家灯火，如繁星闪烁。在塔什干机场贵宾室休息片刻，办完入境手续之后我们一行便离开机场。在机场时，中国驻乌兹别克斯坦关恒广大使告诉我，因我们为李鹏总理访问乌兹别克斯坦打前站，乌方极为重视，特为先遣组配置一辆开道的警车。果然我们离开机场时，威风凛凛的警车在我们车前鸣笛开道，尽管当时行人和车辆稀少，广宽的街道上，交通畅通无阻。

塔什干是中亚的古城，有 2000 多年的历史，中乌历史上经由丝绸之路互通贸易。首都塔什干面积 250 平方公里，人口约 220 多万。塔什干崭新的建筑群令人赏心悦目，建筑艺术别有一格，现代的文化建筑艺术与传统伊斯兰建筑图案融为一体。不拘一格的市政设施不断映入人的眼帘，新型的住宅小区如雨后新笋的涌现。在一个历史悠久的古城怎么会呈现如此崭新的姿颜？原来塔市于 1966 年 4 月发生 7.5 级大地震，市区夷为平地，新的建筑物是大地震后兴建的。

从交通角度来说，塔市确是一座现代化城市，是苏联时期仅次于莫斯科、列宁格勒、基辅的第四大城市。塔市的机场是世界著名的国际机场之一，同土耳其、沙特、巴基斯坦、印度、马来西亚、中国、德国等很多国家开通直达航线。市内新修的街道十分宽广，市区交通发达，公共汽车、有轨和无轨电车、出租汽车、地铁，样样齐全。交通十分繁忙，但井井有条，人们不受堵车塞车之苦。考虑到交通方便，抵达第二天先遣组便谢退了乌方为我们配置的开道警车。没有官方提供的开道车，一样方便自由。

在塔市除了与乌方外交部官员商谈公务外，先遣组还肩负察看李鹏总理一行将访问的参观点，时间所限，只能有选择前往。

参观瓦列里 · 契卡洛夫飞机制造厂。在塔市，人们为瓦列里 · 契卡洛夫飞机制造厂感到自豪。笔者和同事应邀参观了制造厂。这个飞机制造厂于 1941 年秋由莫斯科郊区的希姆吉镇迁来，是苏联面临德国大举进犯，采取疏散措施的结果。原为民用飞机维修厂，后改为飞机制造厂。瓦 · 契卡洛夫是上世纪 30 年代该厂的新飞机试飞员，多次完成艰苦卓绝的试飞任务，后来在一次试飞中牺牲，工厂遂以他的名字命名。工厂主要生产运输机，包 · 里苏诺夫 -2 是该工厂产品的

李鹏总理及夫人与作者在专机上留影

佼佼者，还有伊尔 -14 客机、伊尔 -114、普斯 -90 和重型运输空降机等。但可惜的是由于经济困难，巨大的厂房有的不得不用于制造儿童车或其他玩具，有的则用于制造洗衣机等；可喜的是该工厂瞄准中国的大市场，已经为中国生产多架运输机，并拟与中国进一步开展合作。当人们谈到合作前景时，个个露出笑容。

4 月 10 日，先遣组完成任务，离开塔什干乘机返回北京，结束中亚四国之行。随后我作为礼宾人员又随李鹏总理访问上述四国。在塔什干，李鹏总理阐述了中国对中亚国家的四项基本政策：第一，坚持睦邻友好，和平相处；第二，开展互利合作，促进共同繁荣；第三，尊重各国人民的选择，不干涉别国内政；第四，尊重独立主权，促进地区稳定。在阿拉木图，李鹏总理就发展同中亚国家的经贸关系提出六点主张：一，坚持平等互利原则，按经济规律办事；二，合作形式要多样化；三，从实际出发，充分利用当地资源；四，改善交通运输条件，建设新的“丝绸之路”；五，中国向中亚国家提供少量经济援助是一种友谊的表示；六，发展多边合作，促进共同发展。这就是中国对中亚国家著名的四项基本政策和经贸关系的六点主张。当年中国对中亚国家的四项基本政策和经贸关系的六点主张，与今天的“一带一路”的建设均受他们的积极响应和支持。

谒陵献花的背后

向纪念碑献花的礼仪

国家领导人出国正式访问，日程上常常有向被访国已故领袖、民族英雄或无名战士的纪念碑或陵墓献花圈的活动。例如国宾访华，根据他们的要求，礼宾司常常安排他们向人民英雄纪念碑献花圈。

向纪念碑献花圈或谒陵墓，表示对被访问国人民斗争的历史和对该国历史上有影响的杰出人物的敬意。实际上，也是对被访问国人民的友好表示，比如，向胡志明陵墓、向昂山墓、向真纳墓、向甘地墓献花圈等。但是，在个别情况下，由于墓(碑)的政治历史背景原因，不宜安排此类活动，所以礼宾官对墓碑的政治历史背景需事先了解，这十分重要！

向纪念碑或陵墓献花圈的礼仪程序大致是：现场安排军乐队和仪仗队参与礼仪。代表团由主人方面的高级官员陪同。仪式开始时，乐队奏乐，花圈由礼兵抬着走在前面。谒碑(墓)人由陪同人员陪同随行于后。仪仗队持枪致敬。当礼兵将花圈放置于碑前时，主献人上前扶一下，或者整理一下花圈上的飘带。然后稍退几步，肃立致敬。致礼毕，有时还可绕场一周。有的信仰宗教的人，还为死者祈祷。

参加仪式，一般穿着素色服装。肃立致敬时应脱帽(军人若不脱帽应行举手礼)。花圈飘带上的题词，按各国习惯书写，墓碑上已故领袖、民族英雄名字前是否加什么形容词，则需根据实际情况参照当地习惯拟定。有些国家的陵墓建立在寺院内，谒墓时有其独特的宗教仪式。不信教者前往谒墓，可不做某些宗教动作，但应遵守当地的风俗习惯，如进入清真寺要脱鞋等。

中国从上世纪80年代开始，根据国宾要求，安排他们向人民英雄纪念碑献花圈。仪式庄严隆重，礼兵分列两侧，礼兵抬花圈在前，访华国宾随后行进，在人民解放军军乐团专门谱写的哀乐声中，缓步走到人民英雄纪念碑前敬献花圈。

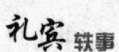

1995年11月30日至12月8日，卡斯特罗主席首次访华，应古巴方面的要求，访华期间，拜谒毛泽东纪念堂和向毛泽东主席座像敬献花篮，表现卡斯特罗主席对毛泽东主席的敬重。

访巴基斯坦向真纳墓献花圈

我亲历亲闻多起向陵墓或纪念碑献花圈的往事。1969年至1975年，笔者在中国驻卡拉奇总领事馆任礼宾官。中国出访巴基斯坦卡拉奇的重要代表团，都向真纳墓献花圈。我常常为代表团向真纳墓献花圈奔忙。

位于卡拉奇市区中心的真纳墓，是一座乳白色的穹顶建筑，周围草坪环绕，林木扶疏。当我随中国代表团成员缓步走进高大、宏伟的墓室，向这位巴基斯坦国家英杰鞠躬致祭，然后静默少时，我的思绪如潮，浮想联翩。

穆罕默德·阿里·真纳(1876—1948)是巴基斯坦立国运动领袖。早年曾留学英国。1896年加入甘地领导的印度国民大会党。1913年参加全印穆斯林联盟，并两任主席。1934年后为该联盟终身主席。真纳最初曾主张印度建立统一的独立国家。1920年，由于民族、宗教等复杂原因，真纳与国大党决裂。1940年，真纳提出建立巴基斯坦，主张在印度穆斯林聚居地区建立伊斯兰国家。此后，真纳领导穆斯林联盟为之多年奋斗，终于在1947年依据《蒙巴顿方案》，实现了印巴分治、巴基斯坦独立。真纳曾任巴基斯坦自治领首任总督，并享有“国父”之誉。

真纳墓前，着装奇特的巴国士兵持枪肃立，目不斜视。前来瞻仰的民众络绎不绝；不远处的街心花园里，活泼可爱的儿童正在嬉戏，蔚蓝的天幕下，时有鸽群飞过，留下一串哨音，余韵悠长……记得我到卡拉奇任职不久，国内派专家至卡拉奇，为安装从中国运至的真纳墓穹顶建筑的巨型吊灯而日夜操劳，如今灯火如初，明亮辉煌，赏心悦目。

向胡志明陵墓献花圈

1992年，李鹏总理一行访问越南，我作为礼宾官随行。访问期间向胡志明主席墓致敬的往事令我难忘。当年12月1日上午9：05李鹏总理一行向胡志明陵墓献花圈，随后前往胡志明故居参观。中国领导人访问越南，毫无例外都要安排这项重要活动。

胡志明陵墓位于河内的巴亭广场主体位置，巴亭广场两侧是巨大观礼台。胡志明陵墓建筑风格是列宁陵和越南民族风格的糅合，外墙装饰使用了越南名贵花岗岩和大理石，内部结构使用越南多种名贵的木材。胡志明的遗体安放在水晶棺中。

胡志明是越南共产党的卓越领导人，越南人民的伟大领袖，逝世于1969年9月2日，享年79岁。为了纪念胡志明主席，越南党和政府决定在巴亭广场修建胡志明陵墓，永久保存胡志明的遗体，以供后人瞻仰。

我怀着崇敬的心情随李鹏总理进入陵墓，在胡志明的遗体水晶棺前肃穆致敬。胡志明的遗体保存完好，胡志明主席躺在水晶棺中，面色红润，仪态安详，银须清晰可见，就像经过一天辛勤的工作后正在安睡一样。

1945年越南人民取得八月革命胜利，同年9月2日，胡志明宣读了“独立宣言”，建立了越南民主共和国。随后胡志明领导人民反抗法国再次入侵。1964年美国侵略越南南方的战争扩大到北方。1969年9月，越南战争打得正酣之时，越南领袖胡志明不幸去世。

胡志明陵墓附近的胡志明博物馆，气势恢宏，图片、实物极其丰富，装饰也颇具现代化，这里展示了胡志明自出国寻求报国之路到他给越南人民写下具有历史意义的遗嘱的各个时期的活动。

离开胡志明陵墓，李鹏总理一行经过巴亭广场前往胡志明主席故居参观。胡志明故居位于巴亭广场旁的主席府内。主席府的主体建筑是一栋由德国人建的法式别墅，1954年越南抗法胜利后，胡志明回到河内，没有进入别墅大楼，而是住在别墅楼旁的电工平房宿舍，生活极为简朴。后来搬进一栋新建的高脚屋居住，当年9月2日胡主席就在高脚屋里逝世的。

胡志明主席赢得越南人民的衷心爱戴，他那艰苦朴素的高尚情操和清正廉洁的道德风范深深打动每个参观的中国人。

向印度甘地陵墓献花圈

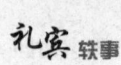

甘地墓是印度国父莫汉达斯·卡拉姆昌德·甘地的陵墓，位于新德里的朱木拿河畔，墓园正中的祭坛是1948年1月31日甘地遗体的火化之处。甘地墓园并不大，呈凹形。四周有几堵白色矮墙，矮墙外面是草地，草地延伸到二十米远的地方，有一圈黄石高台，把整个墓园围住。甘地是印度近代史上杰出政治家，被印度人民称为“国父”。

1996年11月29日，江泽民主席访印，向圣雄甘地墓献花圈。之后江主席在纪念册上留言：“民族英灵，世人敬仰，印度独立运动先驱和领袖圣雄甘地永垂不朽！”向甘地墓献花圈后，江主席还种了一棵玉兰树，以示对甘地的尊敬。

向圣马丁将军纪念碑献花圈

2001年4月，中国国家主席江泽民对阿根廷进行国事访问。9日上午向解放者圣马丁将军纪念碑敬献了花圈。上午9点30分，江泽民主席来到圣马丁广场，受到阿根廷外交部长贾瓦里尼、武装部队联合参谋长穆尼奥洛和阿根廷驻华大使巴特费尔德的迎接。

圣马丁将军纪念碑坐落在布宜诺斯艾利斯市中心的圣马丁广场上。这里曾是阿根廷独立战争爆发时圣马丁将军率领的第一支部队建军的地方。现在是阿根廷首都最重要的政治文化中心之一，也是市民休息的公园。这里古木参天，环境优雅，绿地如茵，古老的建筑与现代化的大厦环绕四周。

江主席献花圈之前，主人在圣马丁纪念碑前举行了简短而隆重的仪式，军乐队奏阿、中两国国歌。贾瓦里尼外长首先致辞。他代表阿根廷政府对江泽民主席来到阿根廷人民寄托着深厚感情的圣马丁广场、缅怀阿根廷的国父和解放者圣马丁将军表示感谢和欢迎。他还赞扬江泽民主席访问布宜诺斯艾利斯意义重大，表达了两国政府和人民继续发展两国友好关系的愿望。

外国国宴往事拾趣

我在礼宾司任职期间亲历亲闻国家领导人出国访问不少轶事，加之又曾三次派往国外常驻，出席过许多大大小小的宴会。回国后，大家最感兴趣、问得最多的，要数哪国的国宴最具“神秘色彩”。

第一次出席外国国宴，印象最难忘。那是1978年1月27日晚6时30分，缅甸吴貌貌卡总理在总统府草坪上为欢迎邓小平副总理访问举行盛大的国宴，我作为随行礼宾官出席。国宴后，一位缅甸歌唱家用中文歌唱陈毅元帅的诗《赠缅甸友人》，至今甜美的歌声一直在我耳边萦绕。当年1月28日，邓副总理一行在吴貌貌卡总理的陪同下，访问位于孟加拉湾的山道威。晚上缅方在沙滩篝火旁举行宴会，第一道菜是品尝海龟蛋。记得当晚主人让我撕开柔软的蛋皮，用嘴啜入蛋清，然后吃下蛋黄，别有清香美感。宴席上我还品尝烤全鹿肉，观看当地村民放在空中的一盏盏“天灯”，欣赏民间艺术家的精彩的歌舞表演。

数十多年过去了，弹指一挥间。在以后的岁月里，我作为礼宾官，有幸数次随我国国家主席或其他领导人访问其他国家，亲见东道国隆重热烈欢迎中国领导人的场面，目睹中国领导人在国际政治舞台的风采，那激动人心的时刻，令人刻骨铭心，深感当今的中国领导人在国际上的巨大影响力和魅力。东道国举行盛大国宴，款待中国领导人反映出主人对来宾的尊重和热烈的欢迎。

丰俭之间凸显民族特色

外国国宴通常为晚宴。仪式隆重，礼仪端庄，气氛融洽，菜肴讲究。宾客都穿着正式服装，按事先排定的席位入座。宴会一般持续两到三个小时，尽管礼仪非常隆重，饭菜却远比人们想象的简单：往往是少许冷盘，一两道热菜，一道甜食，外加面包和饮料随时供应。

挪威国王、首相举行的国宴一律都是一冷盘、两热菜、一至二甜食。既保证宾客吃饱吃好，又不铺张浪费。国王宴请，冷盘多是鱼子加配菜，热菜是名贵菜鹿肉、大马哈鱼或鲤鱼卷，奶酪和蛋糕为甜食。1996 年 6 月江泽民主席和 1997 年 4 月乔石委员长分别访问挪威，国宴菜肴都是如此。

当然，饭菜简单不代表“礼轻情不重”。西式国宴特别注重礼仪，营造国宴氛围，功夫往往在饭菜之外。比如，瑞士联邦政府主席为招待各国外交使节而举行的国宴，都是三菜一汤，加上一份甜食。尽管饭菜有些“朴素”，但细心的主人用五彩缤纷的鲜花和美妙的音乐营造出温馨的氛围，给客人宾至如归的感觉。菜式的设计更是别出心裁：甜点上装饰有瑞士国旗的图案，使人感到亲切；状若熊掌的蘑菇牛排赏心悦目，令人联想到瑞士首都伯尔尼素有“熊城”的美誉，吃了这道菜，可以说从肚子到脑子你都难忘伯尔尼了。

外国国宴政治色彩浓厚，“秀色可餐”，别具一格。当然有的也是平平淡淡，茶余饭后，一笑置之。

“全副武装”的豪华盛宴

美国国宴最早始于 1874 年，是美国总统给予外国政要最珍贵和最正式的荣誉宴会。1979 年 1 月 28 日至 2 月初，邓小平副总理应美国总统卡特的邀请访问美国。这是中华人民共和国成立后中国领导人第一次对美国的访问。邓小平受到国家元首规格礼遇的隆重接待。29 日晚，卡特及夫人在白宫举行盛大隆重国宴欢迎邓小平及夫人。美国国宴很多人竞相出席，但无奈“粥少僧多”，还是很多人无法如愿以偿。

那天晚上，在卡特总统举行国宴的邀请名单上原先并未列上美国西方石油公司董事长兼首席执行人阿曼德·哈默。这位大名鼎鼎的企业家临时出席宴会。据美国报刊报道，哈默先生是“偷偷溜进会场”的，美方官员见他进来，便安排他在后面的桌次入座。找机会，哈默主动走近邓小平，与邓小平握手致意。邓小平满脸笑容迎上与哈默亲切握手，并说，哈默先生，久闻大名了，很高兴今天与你见面。欢迎你有机会到中国访问，到中国投资办厂。当年 5 月，哈默率领一个经济实力雄厚的工商代表团访华，与中方签订多项经济合作协定。

2011年1月18日至21日，应美国总统奥巴马邀请，中国国家主席胡锦涛对美国进行国事访问。1月19日，夜幕降临，白宫国宴厅里，音乐悠扬，烛影摇曳。美国总统在白宫内的国宴厅举行宴会，宴会厅通常只能容纳130名客人。这次白宫举行的国宴特意开放了3个厅。出席国宴的200余名各界人士——耆宿政要，商界名流，科技文化领域成就卓著的学者大家，共同见证中美关系发展的历史性时刻。

国宴的部分礼仪由美国国务院官员负责，很多重要细节，由美国第一夫人及助手具体操办，每一名白宫女主人都会在国宴上留下自己独特的印记。白宫女主人都会密切关注菜单的安排、餐桌颜色、花的摆放等，以便让到访的外国来宾满意，留下美好回忆。

宴会上菜肴精心制作，面点厨师为来访国宾制作的甜点更为精细。设计的点心图案多与来访国有关，显然设计者的意图在于给客人们传递了友好的信息。白宫对餐桌的布置引人关注，除了各人席位前摆放的餐盘、各种不同的刀叉外，还摆放4个高脚杯，分别盛放红、白葡萄酒，水和香槟。每个餐桌中心通常摆放一个带鲜花的装饰物。

宴会的功夫全在菜肴之外。宴会前每位来宾都会收到一个信封，其内容之一就是他的席位安排。出席者必须穿西服，打黑领结；必须持请柬入席。其间记者云集，宴会似乎成为一次精心策划的政治演出。“全副武装”的豪华盛宴，红地毯铺开，镶嵌美国国徽的盘、碗，一一闪亮。国宴策划者似乎要让每一个出席者被国宴高档次的气势所折服。

展示英国君主的气势与风范

英国女王每年只在春秋两季接待两位外国国家元首，其他来访的外国元首则作为英国政府客人。女王举行国宴，总会不遗余力地向来宾展示英国君主的气势与风范。

1999年10月18日，应伊丽莎白二世女王的邀请江泽民主席对英国进行国事访问。这是有史以来中国国家元首对英国的首次国事访问。第二天中午，伊丽莎白二世女王设午宴款待江泽民主席夫妇，晚上女王在白金汉宫为江泽民主席夫妇举行欢迎国宴。在宴席上女王对江泽民主席说：“阁下，您和我同年出生。别人告诉我，我们在中国的生肖同属虎。我们在波澜起伏的世纪中经历了将近四分之三的旅程。”女王在宴席上还谈到中国文化，引用了孔子的名言“学而不思则罔，思而不学则殆”，表达她希望学习中国传统文化的愿望，并强调两国今后将继续为世界和平与繁荣而合作。

在江泽民主席访问期间，女王 6 次出面陪同江泽民主席参加有关活动，女王有史以来第一次前往中国驻英国大使馆出席江泽民主席举行的答谢宴会，使大使馆在礼宾上做出破例安排。

白金汉宫由白金汉公爵于 1703 年建造。从 1837 年维多利亚女王登基起，英国历代君王都在此居住，女王重要的国事活动均在此举行。来访的外国元首也在宫内下榻。在白金汉宫内，国宴设在 Ballroom，当中摆放了一个超长宴席桌，长 23 米，宽 8.5 米，这个 Ballroom 于 1850 年由维多利亚女王建成，并于 1914 年设下第一场宴会，由英王乔治五世宴请丹麦王室。在温莎宫，国宴则设在 St George's Hall，那里的宴会桌更长达 53 米，能够款待多达 160 位嘉宾。

国宴的菜单，通常提前下达。先由主厨建议两款菜单，再由女王最后定案，两者择其一。在维多利亚女王以及英王爱德华七世的那个年代，英国一场国宴多达十二至十四道菜。例如，1906 年，英国王室在温莎宫宴请挪威王室的国宴菜单，当中便有多达十道菜。进入新世纪后，国宴菜单大为精简，缩减至四道菜。头两道菜通常是鱼和肉，后两道菜通常是布丁、甜品或水果。

“秀色可餐”的法国国宴

按法国传统礼仪，法国总统在爱丽舍宫举行欢迎来访的国家元首国宴。马蹄形的宴席伸展在狭长的宴会厅内，主客在前厅喝以香槟为主的开胃酒。在共和国卫队乐团的迎宾曲声中，宾主鱼贯进入。金碧辉煌的大厅，红色的法兰西地毯，加上屋顶五彩缤纷的绘画和悬挂的巨型水晶吊灯，把整个宴会厅和走廊装饰得格外高雅、豪华、气派。

国宴菜肴两菜一汤。法国名贵的特色菜，如朗德鹅肝、珍稀黑色菌“松露”之类，最负盛名的一种是“巴黎牛排油炸土豆丝”，又被誉为这个美食大国的国菜，每次都会被端上国宴台面。这菜妙在牛排半生半熟，肉呈红色，鲜美可口，土豆丝焦熟适度，嚼起来满口是香、风味独特。法国国宴上还常有名菜烤蜗牛，它的制作很特别：将蜗牛肉同葱、蒜、洋葱一起捣碎，拌以黄油，调味之后，把肉塞回壳内，放在特制的瓷盘中，送进烤箱烤。食用时油还冒着泡，香气扑鼻。

法国国宴通常以两个热菜招待客人。1987年11月7日至12日，李先念主席访问法国，密特朗总统在爱丽舍宫宴会大厅举行欢迎宴会。当晚法国外交部礼宾官告我使馆：按照法国近年的做法，国宴上规定只能上两个热菜。密特朗总统本人在看了欢迎李主席的国宴菜单后，亲自决定在冷盘之下增加一道奶油鱼汤，使宴会变得更加丰盛和更具有法国菜肴的特色。

在我的印象里，法国的国宴可谓是“秀色可餐”。法国国宴注重礼仪，营造国宴氛围，功夫往往在饭菜之外，如穿着古装的服务员高高地托着闪闪发光的器皿分成两列，在宴会厅中间迈着特有的步伐上菜。与主菜搭配的酒是精选的，何年何地何种酒，都在菜单上注明。法国宴会注重吃的过程，美食佐以雅谈，锦心绣口。既是物质享受，更能生发精神，增进友谊。

1994年9月8日至12日，江泽民主席对法国进行第一次国事访问，密特朗总统为江主席举行高规格的国宴，宾客达到230多人。为增添宴会的友好气氛，法方还特意安排法国著名演员米歇·马蒂厄在宴会上用中文演唱中国民歌《茉莉花》，使宴会达到高潮。

1999年10月，江泽民主席又一次对法国访问，25日晚希拉克总统举行国宴招待。这是一次文化情趣浓厚的国宴。宴会厅和宴会桌都装饰红玫瑰，约用了4000朵红玫瑰花。布置与众不同，别具一格。宴会前希拉克总统请江泽民主席观看中国艺术品展览，展品有中国辽金时期的一尊罗汉像等，希拉克总统兴致勃勃地向江主席讲解那些展品的艺术价值，谈起青铜器来更是眉飞色舞。在宴会祝酒时，希拉克总统引用了杜甫的诗《客至》：“舍南舍北皆春水，但见群鸥日日来。花径不曾缘客扫，蓬门今始为君开……”江主席则用法语念了祝酒词最后一部分，宴会的友好和文化氛围甚浓。

采用“唱名”的办法介绍所有来宾

莫斯科克里姆林宫的国宴通常在大克里姆林宫的多棱厅里举行，这个厅原是俄国皇帝接见外国使臣的地方。多棱厅顾名思义，厅名由“棱”而生辉。在四面墙以及两个巨型立柱上，堆砌着无数不规则的棱体，灯光一亮，整个大厅宛如水晶宫一般。这个厅面积不大，可容纳一百二三十宾客。

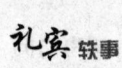

1991年5月15日晚，时任苏联总统、苏共中央总书记的戈尔巴乔夫为江泽民总书记访苏举行欢迎国宴。戈尔巴乔夫和江泽民两位领导人并排在弗拉基米尔厅中央与来宾握手。弗拉基米尔厅与多棱厅齐名，都是用来举行特别重要的国事活动的场所。

当晚国宴菜单上写着两种汤，让各位宾客两者选一。两道热菜是煎牛排和煎鲟鱼块，少许冷盘。当然面包是有的，红、黑鱼子酱也有。

1991年12月26日，苏联解体，俄罗斯联邦成为独立国家。1995年前后，俄罗斯对国宴前的一些礼宾程序进行了改革。其中包括：在与俄罗斯总统及外国元首见面之前，采取“唱名”(包括“唱”姓名、敬称、头衔)的办法来介绍参加国宴的所有来宾。传媒说，这是恢复俄国皇帝执政的某个时期曾实行过的一种“老礼节”。有时俄国的国宴从全国广播员中挑选最高水平的播音者，在国宴上介绍来宾，人们称它为“国嘴”介绍宾客。

江泽民主席1997年春天访问俄罗斯联邦时，在欢迎国宴开始前，“唱名”就“唱”了将近一个小时。因为参加国宴的中、俄宾客多达一百五六十人，差点儿把礼宾官的嗓子都给“唱”哑了。由于“唱名”拖的时间太长，俄方人员怕两位元首夫人累着，就搬来两把椅子让她们坐。

乌拉圭好吃的稀粥

2001年4月10日，江泽民主席对乌拉圭进行国事访问。乌拉圭总统巴特列为江泽民主席举行欢迎国宴。总统很重视这场宴会，专请夫人梅纳芙拉负责操办。她特地从中国驻乌拉圭使馆借来上百双筷子在宴会上用。还让负责烹调的乌拉圭大厨专门请教了煮米饭的“秘方”。不料百密一疏，乌方大厨一不小心放多了水，结果米饭煮成了稀粥。主人感到过意不去，江泽民主席夫妇却很喜欢吃煮得较烂的米饭。主人问客人饭菜是否可口时，江主席连声说“好吃”，并称赞当地大米不错，乌方大厨的手艺也很好。主人高兴，客人感到宾至如归，双方皆大欢喜。

朝鲜的“全狗宴”

和崇尚简约的西式国宴不同，一些国家和地区非常注重以民族特色的国宴招待宾客。1970年4月周恩来总理访问朝鲜时，金日成主席

在古晋接受马来西亚沙捞越州元首授予勋章后，作者夫妇与州政府礼宾官合影

设“全狗宴”款待贵宾。“全狗宴”的冷盘和热菜均从狗身上做文章，每道菜做法各异，香而不腻，美味可口。除了“全狗宴”，看似不起眼的泡菜在朝鲜国宴上也占有一席之地。朝鲜泡菜风味独特，酸、辣、香、脆俱备，既下得普通百姓的厨房，也上得一国国宴的厅堂。

墨西哥用蝗虫做馅料的“达科”

墨西哥国宴与朝鲜的“全狗宴”有异曲同工之妙。墨西哥人以玉米为主食，他们的国菜也是一盘盘玉米美食：“托尔蒂亚”是一种将玉米面放在平底锅上烤出的薄饼，类似中国的春饼；“达科”是一种包着鸡丝、沙拉、洋葱、辣椒，用油炸过的玉米卷，最高档的“达科”干脆用蝗虫做馅料;“蓬索”是一种用玉米粒加鱼、肉熬成的鲜汤。除了玉米美食，墨西哥人食用米邦塔仙人掌也有着悠久的历史，用它做成的佳肴也是墨西哥国宴上的一道大菜。

埃塞俄比亚的生牛肉宴

埃塞俄比亚的国宴多是生牛肉宴。生食的牛肉很鲜嫩，吃法有三种：一是将剥去皮的整头牛劈成两半挂在钩上，客人一手持刀一手拿盘，自己动手去牛身上切，边切边蘸着佐料吃，不加主食；一是把

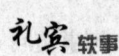

牛肉绞成肉糜，拌上辣椒粉等调料装盘吃；还有用一种谷物做成的薄饼“英吉拉”裹着吃。中国历任驻埃塞俄比亚大使不少都品尝到生牛肉宴。

乌干达的香蕉宴会

乌干达的香蕉宴会，香蕉大如长瓜，每个重一斤以上，国菜为“马托基”的香蕉饭。“马托基”是一种以不甜的香蕉为原料，剥皮捣成泥状，蒸熟后拌上红豆汁、花生酱、红烧鸡块、咖喱牛肉，这是国宴的主菜。烤得香喷喷的香蕉点心，鲜美可口。一品香蕉，多种食法，让人大开眼界。

西班牙“海鲜饭”国宴

西班牙国宴的“海鲜饭”举世闻名。所谓海鲜饭就是把海鲜、肉类和蔬菜同大米一起加工而成。海鲜饭最初于13世纪起源西班牙沿海渔村，后来传入内陆省份。据说哥伦布曾在西班牙国王为他举行的盛大宴会上谈起他一次遭遇飓风袭击、弃船逃生至穆尔佳迪小岛吃渔民的海鲜饭的经历，并称它为“救命饭”，国王当即下令嘉奖小岛渔民。此后宫廷御厨前往该岛取经，学会烹调海鲜饭，并从此用它招待国宾。

阿拉伯国家“烤全羊”国宴

各国领导人互访中，东道国非常注重以特色菜肴招待宾客，其中拿手的烙烤风味，常常不期而遇，大至烤骆驼，小至烤蜗牛，应有尽有，都展示了当地的美食文化。

阿拉伯国家的国宴“烤全羊”，其做法各有特点。2004年2月3日至4日，胡锦涛主席应邀访问阿尔及利亚，次日中午，布特弗利卡总统在其宅邸为胡主席及其主要陪同人员举行小型宴会，主食是烤全羊。布特弗利卡总统一边从羊前腿胛处撕下一块羊肉递给胡主席，一边风趣地说，烤全羊此部位的肉最好，这是我的秘密。

品尝烤全羊后看阿拉伯风情表演，更是锦上添花！1999年10月31日至11月2日，江泽民主席对沙特阿拉伯进行国事访问。江主席抵达的当天晚上，法赫德国王在王宫为江主席举行盛大宴会。沙特方面还安排江主席一行在沙漠行宫过夜。阿卜杜勒亲王精心安排了风味独特的烤全羊，并陪同江主席观看了骑马、骑骆驼和阿拉伯舞蹈表演。

马里烤骆驼的情趣

非洲国家的国宴具有当地的地方特色。马里外交部招待外国使节的国菜有一道烤骆驼，滋味妙不可言。烤骆驼上席时特别有趣：骆驼掏空内脏，一只烤全羊置于骆驼腹中，一只烤鸡含于全羊腹中，烤鸡腹中又藏着一只烤鹌鹑，烤鹌鹑腹中又含着一个鸡蛋。客人解读其中的奥秘时，仿佛在猜一道妙趣横生的连环谜题，主人的热情与幽默尽在其中。

巴西“刀光剑影”的国宴

巴西国宴“刀光剑影”的吃法也十分风趣。1990 年 5 月，杨尚昆主席应邀对巴西、阿根廷、智利等国进行国事访问。在这些国家品尝“巴西烤肉”，当然是少不了的。杨主席一行在巴西的一家饭店品尝到“巴西烤肉”，访问智利时主人举行的国宴席上也少不了“巴西烤肉”。烤牛肉登场时，服务员左手握着一根约 60 厘米细铁钎子，上面叉着一大块牛肉，右手持一把长长的尖快刀，走到客人身边，根据客人的意愿，躬身轻轻地为各人削下一块你喜欢的烤肉。席上“刀光剑影式的服务”，可谓难得一见。

国宴说起来不外是一种刀叉外交，也是一种特色饮食文化与民风民情的展示。不同国家和民族文化背景不同，饮食习俗千差万别，饭桌外的工夫也五彩缤纷。

“应该有中国人民的声音”

外交演讲是国家领导人在国外访问时在公众场合发表的公开讲话。外交演讲是阐述国家关于涉及双边和国际关系问题的观点、立场和政策的重要手段。当今各国国家元首和政府首脑互访发表演讲已是司空见惯的事了，它也是礼宾活动中重要项目之一。

近年来在重大外交活动中，习近平主席都会以演讲的方式，传递中国声音，表达中国态度。2015 年 9 月，国家主席习近平首次访问联合国，出席联合国发展峰会并发表题为《谋共同永续发展　做合作共赢伙伴》的重要讲话，彰显大国风范。

他的演讲，可亲可敬又沉稳大气，善于打比喻、讲故事，内容“接地气”，充满自信，风格独特。有媒体评论：“通读他公开发表的外交演讲、外报文章、会见外国元首的记录，能够很自然地感受到其中浓厚的世界主义情怀。这种情怀，源自人类传统而又超越传统；这种情怀，是他演讲的动人之处，也是他沟通中外的密钥。”

“应该有中国人民的声音”

有一桩外交活动，让人难忘。1995 年 5 月 9 日晚，俄罗斯为庆祝卫国战争胜利 50 周年出席盛典的各国元首和政府首脑在克里姆林宫举行庆祝宴上，俄方礼宾官告诉中方人员，上午在卫国战争纪念馆揭幕仪式上讲过话的领导人就不再致祝酒辞。可是宴会开始不久，主持人便邀请在上午卫国战争纪念馆揭幕仪式上讲过话的美国总统克林顿、法国总统密特朗和德国总理科尔等人上台讲话。

中国国家主席江泽民发现自己是唯一在场的亚洲国家领导人，而欧美国家领导人纷纷上台祝辞，中国国家领导人未被安排上台讲话，江主席对此有些不悦，他拒绝了主人的干杯，马上找人向叶利钦办公厅主任提出江主席上台祝酒的安排。然而，主持人没有答应，并撤走

吴学谦副总理与作者在专机上留影

麦克风，准备表演节目。此时江泽民主席果断地站起来，他走近叶利钦，直接用俄语说："我希望代表中国讲几句话。"叶利钦当即回答："我同意。"他招手让礼宾官过来，做了布置。立式话筒重新拿回舞台，江泽民主席上台，祝辞简要明了，赢得全场的热烈掌声。

事后江泽民主席说："我是中国人民的代表，在这样的场合，决不能没有中国人民的声音。"

中国领导人在国外演讲掠影

回想起中国领导人在国外演讲，确有温故知新之感。新中国成立至今，中国领导人在外国演讲众多，例如，1955年4月18日，在印度尼西亚万隆举行的亚非会议，周恩来的重要发言；1974年4月10日，邓小平在纽约联合国大厦的大会场发表了著名的演说；1992年4月，中共中央总书记江泽民在日本广播协会大厅发表了题为《国际形势和中日关系》的重要演讲；1994年9月3日，江泽民在访俄期间发表演讲；2006年4月，胡锦涛访美时在耶鲁大学做关于和平与发展是时代的主题的演讲；2015年4月21日中国国家主席习近平在巴基斯坦议会发表演讲等等，这些演讲都成为重要外交历史文件载入史册。其中有的演讲，我亲历亲闻，感慨万分。

周恩来发言振聋发聩

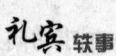

1955年4月18日，在印度尼西亚万隆举行的亚非会议，对新中国外交有着特殊的意义。当时，为了争取有利于建设的国际和平环境，中国成为万隆会议的积极参与者。周恩来总理兼外长率领中国代表团参加会议，提出并坚持求同存异的方针，为会议的成功举行做出了重要贡献。

中国代表团排除万难，如期到会。“求同存异”，周恩来发言振聋发聩。在发言中，周恩来强调“求同”而不是“立异”，主张不同思想意识和社会制度的存在并不妨碍亚非国家求同和团结，并表示中国准备在坚守五项原则的基础上与亚非各国建立正常关系。周恩来充满智慧地进行阐释和解惑，用平等的态度来平息争论，赢得了各方的尊敬和赞同，一举扭转外界对新中国的偏见，会议气氛产生了积极的变化。

“求同存异”原则的补充发言，给人印象是周恩来即席讲话，事实是他利用中午时间亲自动笔，临时写成的。补充发言是这位伟人经过深思熟虑的发言，并成为历史进程的中光辉的一页。

“三个世界”的理论震撼联合国

1974年4月7日，邓小平一行乘专机抵达纽约肯尼迪国际机场，前来欢迎的侨领动情地说：“邓先生这次出来工作，中国可大有希望了。”邓小平到达代表团住处后，立即召集代表团二秘以上外交官开会研究工作。他对大家说：“这次会议将要载入史册。亚非拉国家受人欺负那么多年，今天提出要建立经济平等关系，这可是划时代的事件。我们中国一定要支持，我们要配合他们通过一个好的文件和行动纲领。”

4月10日，邓小平在纽约联合国大厦的大会场发表了著名的演说。这篇精心准备的演说稿，全面阐述了毛泽东“三个世界”的理论和中国的对外政策。邓小平说：“中国是一个社会主义国家，也是一个发展中国家。中国属于第三世界。”“中国现在不是，将来也不做超级大国。”邓小平在发言中，还对建立国际经济新秩序提出了中国政府的主张。邓小平指出：国家之间的政治和经济关系都应该建立在和平共处五项原则的基础上；国际经济事务应该由世界各国共同来管，

而不应该由少数国家垄断；占世界人口绝大多数的发展中国家应该参与决定国际贸易、货币、航运等方面的大事等等。

邓小平的演讲引起了世界各国的高度关注。特别是毛泽东“三个世界”的理论和中国永不称霸的承诺，引起了第三世界国家的强烈反响和热烈欢迎。邓小平演讲后，大会主席和联合国秘书长与邓小平热烈握手祝贺。各国代表纷纷争先恐后地拥向邓小平，握手、拥抱、合影，热烈祝贺他演讲成功。邓小平的联合国之行，进一步向全世界阐明了中国的外交政策，是中国外交史上闪耀的一页。

世界进入了多极化发展

1992 年 4 月，中共中央总书记江泽民应邀访问日本，笔者随行。7 日，江总书记在日本广播协会大厅发表了题为《国际形势和中日关系》的重要演讲。演讲向日本全国做了现场直播。他的演讲受到在场的日本政界、经济界、文艺界以旅日华侨和留学生等 2500 多人的热烈欢迎。

江总书记分析了国际形势发生的重大的变化，两极格局已经结束，世界进入了向多极化发展的转折时期。江总书记说，享有持久和平，谋求经济发展，是各国人民的共同愿望。中国是维护世界和平的坚定力量，将始终坚持独立自主的和平外交政策。中国现在不称霸，将来发达了也永远不称霸。江总书记指出：中日两国人民在两千多年的交往中结下了深厚情谊，但日本军国主义使中国人民遭受了惨重的灾难，也使日本人民深受其害，“前事不忘，后事之师”。

演讲会顺利成功举行，但当时会场后面有 3 个“民运”分子站起来大喊口号，企图捣乱。日方警卫人员立即将其扭送出会场。江总书记的访问和演讲给日本民众留下了良好的印象。日本创价学会名誉会长池田大作盛赞江总书记的访问和演讲是“一点浩然气，千里快哉风”。

重要演讲是这次访问的一个亮点，我作为随行礼宾官，深深体会到礼宾系列中演讲所占的分量。

面向 21 世纪的建设性伙伴关系

莫斯科国际关系学院，被誉为俄罗斯“外交官的摇篮”。中国国家主席江泽民、胡锦涛、习近平先后在此演讲，留下美丽佳话。其中

作者任中国驻古晋总领事期间，在“香港的历史与今天图片展”上致辞

一次是1994年9月3日，秋意正浓，江泽民在访俄期间到此发表演讲。这是他就任国家主席以来首次出访俄罗斯。正是这次访问，把两国关系推进到构筑“面向21世纪的建设性伙伴关系”的新阶段。

能容纳上千人的大礼堂座无虚席，连过道都挤满了人。台下的听众中，有一群由主人邀请来的贵宾，他们是苏联斯大林汽车厂的老职工。1955年，不满30岁的江泽民远赴苏联斯大林汽车厂实习。这些老职工，曾与江泽民一起并肩工作过。

江泽民的演讲激情澎湃，内容丰富多彩，既谈到了中俄人民传承已久的深厚友谊和中俄互为最大邻国的合作前景，也介绍了中国建设情况和外交政策，强调要为中国快速发展创造良好的外部条件，大力提高中国人民的生活水平。

那一次江主席的行程极为紧凑。他在演讲后，还会见了汽车厂的老员工，与他们品茶叙旧，共唱俄文民歌《喀秋莎》。这次演讲活动给大家留下历久弥新的记忆。

外交演讲会的礼仪

中国领导人出访演讲受到东道国的重视。多年来中国外交部长或中国驻外大使也曾在驻在国发表演讲，很受欢迎。近年来访华的外国领导人在华演讲越来越多。他们在中国名校，例如清华大学、北京大学、外交学院等或学术机构发表正式演讲已经成为他们访问的重要活动日程之一。外交演讲越来越多，引人注目。

中国领导人出访通常去三个地方演讲：当地名校、国会或者在欢迎宴会场合上，如发表宴会的祝酒词。中国领导人的演讲确是传递重要信息、表达态度、增进交流、促进友好的方式，也是领导人展现个人形象的舞台。讲演人的身份、讲演的内容、讲演的场合三个因素取决于外交演讲的重要性和分量。

如中国领导人访问日程安排有困难，不能在当地名校、国会上专门举行演讲会，一般也会客随主便。在欢迎宴会上祝酒，也是一个好的选择。虽然宴会上祝酒辞比较短，但“醉翁之意不在酒”，而是有实质内容的。例如，1972 年 2 月，尼克松总统访华，在周恩来为尼克松举行的欢迎宴会上，双方的祝酒辞就是中美两国领导人公开亮相的讲话，他们的祝酒辞有着特殊的政治分量。正如尼克松所说：“我们在这里讲的话，人们不会长久记住。我们在这里所做的事却能改变世界。”祝酒辞在外交场合中有其妙用，有时双方领导人的祝酒辞就是双方重要外交文件的一部分。演讲，不仅是一门科学，更是一种艺术。

贺电里的外交秘密

通常说，只要在“外交”一词之前加上一个限定词，它就成为广义外交的一种表现形态。双边外交、多边外交、经济外交、文化外交、科技外交、军事外交、议会外交、政党外交……不胜枚举。在礼宾司任职时，处理贺电业务多、急、分量重，我常说它是“贺电外交”。如今“电话外交”比过去多很多。

“打官腔不能用”

在国家独立日、国庆日、建军节或其他重要节日，如国家元首和政府首脑就任、国王登基、建交周年纪念日、友好条约签订周年、国际会议开幕日、重大工程竣工日等，各国领导人、有关部门或有关团体负责人，视相互关系情况，均向对方相应部门或人员表示祝贺。这些都是属于“贺电外交”之列。

贺电和贺函是最常用的祝贺方式。国家领导人、外长、驻外使节一般采用外交函件、外交电报或正式照会的方式发送贺函、贺电。领导人的贺电可通过有关驻外使领馆转递，也可通过电报局或经电传直接拍发。

记得我进礼宾司不久，知道高建中副司长专管贺电和贺函业务，同事称他是“贺电专家”。每次我看见他拿着周恩来总理亲自修改、有圈圈点点符号的贺电批件，我深知这项工作重如泰山。以前我觉得办贺电的事情并不困难，查查档案，套用现成的格式，一篇贺电草稿就完成了。事实不然，办事没有使命感，不调查研究，不认真细致，哪能办好关乎外交大事的细小事情呢？

起草礼仪文书，应当准确、适当表达出礼仪上的要求。根据不同时机和对象，力求把电文写得恰如其分，恰到好处。有时候，必须根据具体情况写进一定的实质内容。文中涉及时间、地点和其他有关资料，都必须经过核对，做到翔实可靠。切不可把贺电贺函写成为“应景文电”或“框框贺电”。

上世纪60年代，毛泽东主席曾批评一份致非洲某国总统的贺电草稿，称其“打官腔不能用”，后指定乔冠华另行代笔起草。这事给我留下刻骨铭心的记忆。

“阿尔巴尼亚怎么成了明灯呢？”

1966年11月，以毛泽东名义发出的《致阿尔巴尼亚劳动党第五次代表大会的贺电》公布后，可谓是家喻户晓。文中称“英雄的人民的阿尔巴尼亚，成为欧洲的一盏伟大的社会主义的明灯”。把阿尔巴尼亚劳动党赞扬为“耸入云霄的高山”，把中阿关系比喻成“海内存知己，天涯若比邻”。之后贺电的有关内容和段落还被编成“毛主席语录歌”。

关于这一贺电，当时毛主席的阿语翻译范承祚(后任中国驻阿尔巴尼亚大使)回忆撰文说：当时，他奉命长住钓鱼台，参与筹备中国共产党代表团赴阿尔巴尼亚祝贺事宜。代表团团长是中央政治局常委康生，康生亲自抓贺电的起草。由于他对初稿不甚满意，他把中联部副部长、中央文革小组成员王力叫来，亲自交代，并指示范承祚为后者提供材料。

最后的基本稿就出自王力笔下，随后送康生，他满意有加，把这份贺电呈送毛主席审阅。毛主席未改动一个字，便在落款处用毛笔签上了“毛泽东”三个大字，不仅正本签了，连副本也签了。

毛泽东是否看过这封贺电呢？事实上，这类电报很多，毛泽东未必每一份都亲自过目。在毛泽东身边工作的中央办公厅主任汪东兴在他的回忆录中说：那份贺电的内容，当时毛主席不知道。以后他知道后说：阿尔巴尼亚怎么成了明灯呢？它各方面都不行。工业、农业生产都不好，中央的领导人也不团结，他们是极“左”的。

1973年7月4日，毛泽东召见张春桥、王洪文，谈中共“十大”的政治报告和修改党章问题时，忽地谈起外交部最近的一份简报。那时“毛泽东又说起对外交部的意见：‘明灯’是用我的名义写的，我就没有看。”

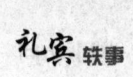

事实上，这类电报很多，毛泽东未必每一封都亲自过目。这篇贺电的语句是毛泽东的习惯用语，而且毛泽东也确实引用过“海内存知己、天涯若比邻”这两句唐诗来描述中外共产党同志之间的关系，不过不是用在阿尔巴尼亚劳动党，而是在谈到捷克斯洛伐克共产党的一位工人党员时所说的。

事隔多年，最近才拜读范承祚大使的文章，欧洲一盏“明灯”是如何点亮的，才一目了然。

贺电里的中苏关系

无论中外，国家元首、政府首脑、政党领导人等在外国领导人换届、重要节庆互致贺电贺函或电话祝贺，已成为惯例，也是一种外交礼节。粗读起来，那些贺电贺函内容看似雷同，大多是礼节性的。但若细细梳理，多年之后，再读那些贺电贺函，颇有温故知新之感，并从字里行间的电文中看到国与国之间的外交关系的冷暖，看到他们的外交历程。

“牢不可破的”中苏关系发生变化就是一例。1949 年 10 月 2 日，中华人民共和国与苏联建立了外交关系，苏联成为第一个承认中华人民共和国的国家。次年,《中苏友好同盟互助条约》签订。50 年代“一边倒”的“蜜月期”开始了。

上世纪 50 年代的中苏贺电中，两国关系被表述得十分亲密。比如，1953 年，在毛泽东和周恩来为祝贺抗日战争胜利八周年给苏联发的电报中，曾如此表示：“中国与苏联牢不可破的友谊已经并正在日益巩固和发展。”同年，在祝贺十月革命 36 周年的电文中，毛泽东又表示：“我国人民比以往任何时候都更感觉到中苏两国人民之间的亲密无间和两国友好的无上珍贵。”

60 年代中苏关系恶化时期。许多人未料到，“牢不可破的”“亲密无间的”中苏关系不过 10 年便开始发生变化。1963 年，中方放弃了“牢不可破的同盟关系”这一说法，在祝贺赫鲁晓夫七十寿诞的电文中更是直接指出：“目前我们同你们之间存在着关系到马克思列宁主义一系列原则问题的分歧，存在着不团结的状态。”

1963 年中华人民共和国国庆时，中国外交部收到了苏联的贺电。

按照以往的惯例，电文中本应是领导人之间以“同志”相称，可那一次，突然被改成了以机关向机关表示祝贺。抬头为：中国共产党中央委员会、中华人民共和国主席、中华人民共和国全国人民代表大会常务委员会、中华人民共和国国务院。落款为：苏联共产党中央委员会、苏联最高苏维埃主席团、苏联部长会议。

不署名的贺电是一种降格的做法。苏方的贺电刻意避开了“同志”的称呼，显然是为了表示对毛泽东等中国领导人的不满。从苏联的来电中能明显感觉到风向的转变。

1964 年 10 月 16 日，苏共中央全体会议和最高苏维埃主席团发表公报，宣布解除赫鲁晓夫的领导职务，由勃列日涅夫和柯西金分别担任苏共中央第一书记和苏联部长会议主席。

之后中方领导人发出联名贺电，“热烈欢迎”勃列日涅夫上任，中方对于苏方“在前进道路上的每一个进展，都是高兴的”。中方在贺电中表示：“中国共产党、中国政府和中国人民对于伟大的苏联、苏联共产党和苏联人民在前进道路上的每一个进展，都是高兴的。”“在前进道路上的每一个进展”，隐含着中方对苏共中央罢黜赫鲁晓夫一事的赞赏。正是在这封贺电里，消失许久的中苏两国“牢不可破的同盟友谊”再度出现。半个月后，毛泽东在审订致苏联十月革命 47 周年的贺电文稿时，特别加上了一句：“让以美国为首的帝国主义在我们的坚强团结面前发抖吧！”该贺电发出后，中苏关系一度有所缓和。

但好景不长，上世纪 60 年代后期，中苏关系因领土争端问题再度紧张，贺电的数量也随之急剧萎缩。尤其是“珍宝岛事件”之前的 2 年，《人民日报》几乎没有刊登过中苏两国间的任何贺电。

中苏关系紧张时期，两国间私下的磋商和会晤比较频繁，但贺电往来暂停了。“因为外交试探的诸多信息不适合在正式渠道的电文中表现，领导人更倾向用直接磋商和谈判的手段来解决问题。”

70 年代中苏关系敌对升级，80 年代政策调整，关系改善，这 20 年几乎看不到贺电。1969 年 9 月 30 日，中国国庆期间，收到了久违的苏联贺电——这是“珍宝岛事件”发生后苏联发来的首封电报。电文中，勃列日涅夫“主张我们两国关系正常化，主张通过和平的途径——谈判和协商解决各项争议问题。”而后，中苏两国如电文所说，通过谈判与协商手段缓和了紧张局势。

贺电里的中俄关系

1991年，苏联解体。此后的中俄贺电中，两国关系“连上台阶”——从1992年的“相互视为友好国家”，到1994年的“建设性伙伴关系”，再到1996年的“战略协作伙伴关系”。

1996年，中俄面向21世纪战略协作伙伴关系确立后，两国于2001年签署了睦邻友好合作条约，于2008年彻底解决了边界问题，中俄关系得以扫清障碍。于是，在双方领导人的共同授意下，贺电中的两国关系自2011年起被表述为“全面战略协作伙伴关系”。

中美关系变化隐藏贺电中

中美关系也是一样。贺电外交、电话外交见证中美关系的发展过程。对于那些成功连任的美国总统，中方发出的贺电中，通常隐含着中国领导人对过去4年里中美关系发展状况的看法。

历任美国总统中，最早收到中方贺电的是里根。“在你当选为美利坚合众国第四十届总统之际，谨向你表示热烈祝贺。我们衷心期望在你就职以后，中美两国之间已有的良好合作关系，将在中美建交公报原则的基础上继续向前发展。”贺电中，中美初期带有彼此试探性质的“建设性的关系”被中方大胆地描述为“合作关系”，这无疑使双边关系迈出了一大步。

2004年小布什获连任时，中国国家主席胡锦涛在贺电中表示：“你任总统以来，中美两国在多领域的合作取得了重要进展，给两国人民带来了实实在在的利益……”小布什第一届任期内，中美关系取得了重要进展。在小布什再度当选美国总统后，中国国家主席胡锦涛不仅致电祝贺，还与其通了电话。那是中国领导人第一次在美国总统当选后与其通话。

奥巴马当选美国总统后，从他致中方的几封贺电来看，坚持与中国建立“新型大国关系”一直都是其中的关键词。

2013年3月14日，奥巴马选择以打电话的方式祝贺习近平当选中国国家主席时，仍强调“将继续推动美中关系沿着正确的方向稳定向前发展，努力构建基于健康竞争而非战略博弈的新型大国关系。”外国媒体评论他“没有浪费任何时间”的做法——谁首先打电话向习近平祝贺当选中国国家主席？非美国总统奥巴马莫属。

贺电就像一个寒暑表，国与国之间的冷暖关系的变化，使人一目了然。

“国葬”上的大国外交

国葬始于古罗马，沿用至今。有些君主制国家，如日本，按其以前颁布的“国葬令”，天皇、皇后、皇太后和皇太子等的葬礼，“理所当然”是国葬。

由于各国制度和习俗不同，国葬做法有所区别，但大体都有以下的程序：发布讣告、宣布致哀期、全国停止各种娱乐活动、下半旗致哀。治丧活动主要有向遗体告别或瞻仰遗容、接受各界人士吊唁、举行追悼大会、举行遗体安放仪式等等。

葬礼是国葬的主要仪式，隆重、庄严、肃穆，倾城倾国。由于各国政治制度和宗教信仰不同，葬礼的习俗迥然相异。

西方国家，国葬仪式通常在教堂举行；非宗教性葬礼通常在公墓的礼堂或墓地举行；伊斯兰国家国葬通常在清真寺或清真寺附近的广场举行；外国国葬送花各有讲究，有的在讣告上写明“敬辞鲜花”(no flower)，有的国家只接受白、黄两色鲜花，有的国家则忌讳送纸花。

许多国家举行国葬当天，如正值重要会议举行，则以默哀或临时休会等方式表示哀悼。火车、轮船、军舰、工厂等鸣笛致哀。治丧期间，当事国驻外使领馆通常设灵堂接受驻在国国家领导人和各界人士的吊唁。对会员国元首或政府首脑的逝世，联合国下半旗致哀，并且不升其他所有会员国国旗。

世界各国国葬之习俗和文化大同小异，但不同国家和民族其葬礼都凝结着本国家民族群众的感情，并把自己的国葬之礼仪视为神圣不可侵犯的文化。

曼德拉的国葬

2013 年 12 月 6 日，曼德拉在约翰内斯堡所去世，享年 95 岁。南非为曼德拉举行国葬，全国降半旗。12 月 10 日上午 11 时南非政府在约翰内斯堡 FNB 体育场举行曼德拉官方追悼会。近 70 位各国的国家元首和政府领导人、王室成员到南非参加 曼德拉官方追悼会。约 8 万参加者载歌载舞，以特殊形式悼念曼德拉。随后，曼德拉的遗体在比勒陀利亚政府大楼展示三天，供人们吊唁。葬礼体现出一种人文情怀，是一种独特的习俗。

曼德拉是世界上最受尊重的政治家之一，他带领南非结束种族隔离制度，走向多种族的民主制度。1993 年曼德拉被授予诺贝尔和平奖。1994 年 5 月 10 日，曼德拉成为南非首位黑人总统。曼德拉曾被囚禁达 27 年之久，但这没有摧垮他，反而使他变得更坚强。他是最受欢迎的政治人物之一。他是南非反种族隔离斗争的著名领袖、新南非的缔造者，也是享誉世界的卓越政治家。他不仅被南非人民称为“国父”，也赢得世界各国人民的崇敬和爱戴。

曼德拉是中国人民的老朋友，为中南关系的建立和发展做出了历史性贡献。中国对曼德拉先生的逝世表示沉痛哀悼。中国国家副主席李源潮出席为他举行的国葬。

葬礼可谓备极哀荣。美国总统奥巴马、前总统小布什、卡特，联合国秘书长潘基文、前秘书长安南、伊朗总统鲁哈尼等到场。奥巴马和古巴领导人劳尔 · 卡斯特罗在葬礼期间握手，成了轰动全球的大新闻。这是 50 年来两国高层的首次握手，意义重大。人们称其为“破冰特质”的“葬礼外交”。

亲历巴基斯坦国葬

1988 年 8 月 17 日，巴基斯坦总统齐亚 · 哈克座机爆炸，哈克总统罹难，新总统、原参议院主席吴拉姆 · 伊沙克 · 汗宣布全国哀悼 10 天，并为哈克总统举行国葬。中华人民共和国特使吴学谦副总理乘专机赴伊斯兰堡参加巴基斯坦举行的国葬，笔者随行。

巴基斯坦为“清真之国”，其葬礼为典型的穆斯林国葬。国葬当天，死者家属及亲人先举行祷告仪式，随后在骑兵队的护送下，炮车载灵柩驶向清真寺，灵柩上覆盖国旗，灵柩被下到清真寺的一个墓穴时，又举行祷告仪式，鸣礼炮 21 响，军号手吹起了最后一次熄灯号。然后按礼宾顺序，参加葬礼者献放花圈，首先是当事国政要和三军首脑，然后是各国来宾以及知名人士、社会团体代表一一献花。数千万群众参加葬礼仪式。葬礼程序严格按照伊斯兰教习俗进行。

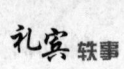

在礼宾司我也经历办理过其他丧事，都是急事，突然而来的事常常打破正常的工作程序。一两天内完成筹办专机任务、办理一切出国手续，加班加点，实在忙得很，有时只好临时在办公室过夜。我的同事和我一样，每次接受任务时，都是加班加点、挑灯夜战。

美国的国葬

在美国，前总统和总统候选人都有权要求享受国葬的待遇。通常由其家属决定国葬是否举行以及其规模大小，并由国会通过决议。国葬通常包括以下主要仪式：瞻仰遗容；葬礼游行；现任总统及邀请出席葬礼的外国高级官员在大教堂向逝世者致敬；现任总统致哀悼词，遗体安葬等。

2004年6月11日，为前总统里根安排盛大的葬礼，葬礼的方案长达138页。美国国务院参照1973年为约翰逊总统举行的国葬规格；同时参照1963年11月25日为美国肯尼迪总统举行国葬的模式而制订方案。

当年，自6月5日起美国本土及美国驻外使领馆下半旗致哀30天。6月9日上午，专机运里根总统遗体至华盛顿，随后举行隆重的葬礼游行，由马匹拖着灵柩从白宫附近的椭圆形草坪，缓缓行至国会山，沿途接受民众的致意，里根总统的灵柩在国会圆形大厅供瞻仰2天。6月11日，里根遗体从国会大厅移到华盛顿城区西部的国家大教堂时，鸣放礼炮21响，抵达时大教堂鸣钟40响。

布什总统及4位仍然健在的前总统、联合国秘书长安南、165名大使、25位现任领导人、14位外长、11位前国家元首等出席葬礼。李肇星外长作为胡锦涛主席的特使出席葬礼。葬礼上布什总统致哀悼词。随后遗体由专机运回加州里根图书馆山岗安葬。安葬时再次鸣放礼炮21响，仪仗队鸣枪，直升机盘旋，里根家人最后告别。

1994年4月，当美国前总统尼克松逝世时，克林顿总统宣布葬礼当天为全国致哀日，联邦政府停止办公，邮局停止投邮一天。4月22日，当运送尼克松灵柩的波音707专机抵达其故里后，9名身穿制服、手戴白手套的士兵将灵柩缓缓抬上轿车时，鸣放礼炮21响；全国各地鸣笛致哀；美国各界2000多人以及88个国家的400多名代表参加了葬礼。遗体送至公墓安葬，灵车经过之处，人们集结道路两旁，表达对他的哀悼和崇敬。

“葬礼外交”的舞台

利用非外交场合，开展各种外交活动，中外关系史上不胜枚举，借参加政要的葬礼进行外交斡旋，在外交史上也不乏可圈可点的例证。

胡志明主席于1969年9月2日逝世后，越方于当年9月9日上午在河内巴亭广场举行国葬。广场中央搭起了临时的讲台，按越方的习俗，讲台旁摆设一个高大的香炉，河内10万群众出席葬礼仪式，直升机在广场上空盘旋。越南党第一书记黎笋致悼词。32个外国代表团出席葬礼，周总理专门赴河内吊唁。随后李先念副总理率中国党政代表团出席葬礼，外国代表团还有柬埔寨西哈努克亲王、苏联部长会议主席柯西金等。柯西金在出席葬礼时，试图与李先念副总理联系见面，未成功。随后柯西金通过第三方与中方联系，希望在北京与周恩来总理见面。11日其专机离开河内回国，当专机将抵达塔什干时柯西金接到指示，专机返回，停降北京机场，与周恩来总理就改善两国关系进行会谈。

1982年11月10日，勃列日涅夫突然去世。邓小平抓住时机，采取出人意料的惊人步骤，指派特使、国务委员兼外长黄华赴苏参加葬礼，开创了“葬礼外交”，改变中苏两国“只对抗、不对话”的状态。其后继任的安德罗波夫和契尔年科逝世后，我国政府又分别派人参加二人的葬礼，则被世人称为第二次、第三次“葬礼外交”。

第一次“葬礼外交”使中苏关系的坚冰得以打破，后两次“葬礼外交”则是其延伸。接二连三的“葬礼外交”使双方接触、交流的级别与水平不断得到提升，到1984年和1985年，中苏两国的第一副总理实现了间隔20多年的互访。

1989年2月24日，日本裕仁天皇的葬礼在东京新宿御苑举行。美国总统布什、法国总统密特朗、联邦德国总统魏茨泽克等53位国家元首、15位副总统和12位总理等140个国家的代表和联合国秘书长等参加葬礼。

天皇裕仁是侵华的元凶，考虑到国家关系，中国派外长钱其琛作为特使出席葬礼。在东京出席葬礼时，钱其琛与尚未同我恢复外交关系的印尼国务部长穆迪约诺会谈，苏哈托总统会见钱其琛外长。随后中国印尼两国发表双方关于实现两国关系正常化的“三点一致意见”。

为平民举行国葬

2001 年“9.11”恐怖袭击事件发生后，一些国家为被恐怖分子袭击的遇难者举行庄严的葬礼，全国哀悼，也称为国葬。

国葬程序和仪式：白宫发出讣告；美国和其海外代表机构下半旗致哀；停止娱乐和宴请活动数天；在纽约世贸中心遗址举行追悼会；全体默哀，交通工具鸣笛致哀；布什总统致追悼词；宣读全部受害者名单；遇害家属在世贸中心遗址绕场一周；献花圈、花篮和花束。

2003 年 3 月 11 日，西班牙首都马德里附近的火车站有四处地方几乎同时发生大爆炸，造成近 400 人死亡，上千人受伤，这又是一起恐怖袭击事件。西班牙政府决定为大爆炸遇害者举行国葬。政府发出讣告；全国和其海外代表机构下半旗志哀；停止娱乐和宴请活动数天；在马德里附近广场举行追悼会；邀请外国元首和政府首脑出席，当时英国王储查尔斯、法国总统希拉克、德国总理施罗德等出席；追悼会开始，全体默哀；交通工具和设施上鸣笛致哀；西班牙总理萨巴特罗致追悼词；遇害家属献花圈、花篮和花束。

2014 年 3 月 5 日，中国十二届全国人大二次会议在北京开幕。会前，全体人大代表和列席会议的全体人员为当年 3 月 1 日在云南昆明恐怖袭击事件中遇难者同胞默哀。3 月 3 日，全国政协十二届二次会议在北京人民大会堂开幕。起立唱国歌后，全体委员为昆明暴力恐怖袭击中的遇难者默哀。

为普通老百姓遇难者举行国葬、哀悼，是近年来世界各国新的实践，他们以这种礼仪形式显示，人类在动荡的社会和自然界中，深切哀悼自己遇难的同胞，这一创举，突破传统的做法，用遇难者的鲜血谱写具有新意的国葬礼仪新篇章。

第三章

国之礼俗

鲜花里的政治和友情

人之交往离不开鲜花，一束鲜花、一个花篮、一个花环……一下子拉近了彼此之间的距离。鲜花之美能触发宾主之间的快乐情绪，并以通常难以想象的程度积极地影响外交行为，使彼此之间的关系更加密切，作用之大，使人难以置信。

花篮里的政治

中国通常把正式来访的外国元首、政府首脑称为国宾，接待国宾少不了鲜花。国宾通常被安排下榻钓鱼台国宾馆 18 号楼，有时也安排他们住 12 号楼。国宾进入钓鱼台国宾馆前，国宾套间里已摆放好以中国国家主席或国务院总理名义赠送的花篮。国宾的活动场所，诸如欢迎、会见、会谈、宴会、签字仪式、演讲会、记者会等都离不开鲜花装饰。那些五颜六色、晶莹高雅、艳丽芬香的鲜花，醒目而隆重，给人喜庆、快乐之感。

中国老故事讲“花为媒”，在外交场合亦然。一束花、一个花篮堪当政治友谊之媒介重任。鲜花里含有鲜为人知的政治元素和信息，决不能等闲视之，例如一个国家的国庆节或领袖生日，花篮里的政治耐人寻味。

1960 年 12 月 26 日，苏联驻华大使契尔沃年科紧急求见毛泽东主席，说要转达赫鲁晓夫对他生日的祝贺。这次赫鲁晓夫指示其驻华大使向毛泽东主席祝寿定有特殊缘由。人们知道，在毛主席这次生日前不久，时任中国国家主席刘少奇正式访问苏联，劝赫鲁晓夫以中苏团结为重，不利于团结的话不说，不利于团结的事不做，赫鲁晓夫对此表示赞同。刘少奇主席的正式访问，苏联给外界留下中苏团结一致的印象。看来它就是祝寿的缘由。

赫鲁晓夫向毛主席祝寿，显示向毛主席进一步示好的意向。毛主席如约在中南海接见契尔沃年科大使，这位大使郑重地转达赫鲁晓夫的生日祝贺，祝毛泽东主席健康长寿，工作卓有成效，并献上了一个大型花篮。花篮里的政治显而易见。

1971年7月9日，基辛格秘密来北京，为尼克松访问中国打前站。基辛格来时，准备安排他住在钓鱼台国宾馆5号楼。周总理对5号楼内房间里的摆设和招待一一给予指示。当时钓鱼台国宾馆各楼楼道和房间里陈设的工艺品，染有很浓的“文化大革命”色彩，如墙上挂的宣传画，以及有红卫兵形象的瓷塑等，都被更有鉴赏价值的文物、国画所取代。楼内摆放的报刊，也作了一番挑选。基辛格住的下榻客厅里放进了一个大花篮。在那“文革”的日子里，周总理亲自安排5号楼内的摆设，向基辛格赠送大花篮的政治用意，一目了然。

鲜花背后的伟人

对于礼仪上的花束、花篮，随着时间的流逝，我亲历亲闻，一层新的感悟油然而生。记得李鹏总理于1994年4月访问哈萨克斯坦、吉尔吉斯斯坦、土库曼斯坦、乌兹别克斯坦四国。这次访问意义深远。

在乌兹别克斯坦塔什干市，除了与乌方外交部官员商谈外，先遣组还肩负察看李鹏总理一行将访问的参观点等。时间所限，先遣组只能有选择地前往。在诸多项目中乌方坚持我们必须察看乌兹别克国家公园的阿·纳沃伊铜像，此事引起我的重视。

原来乌兹别克斯坦人民十分崇敬阿·纳沃伊先生，他是乌兹别克文学语言的奠基人。阿里舍尔·纳沃伊(1441年至1501年)先生也是诗人、学者和思想家。年轻时曾担任大臣职务，积极治理国家，降低赋税，开设宗教学校，修造水渠和桥梁，保持了国家的稳定，改善了人民的生活。他进行了半个世纪的创作，写了许多科学和文艺作品，其中两部巨著《阿佐因努尔·马奥尼》和《哈姆萨》闻名于世。阿·纳沃伊铜像耸立于公园制高点，来访的外国国家总统和总理都必须拜谒他，并献花篮，以表敬意。

经双方商定，向纳沃伊铜像敬献花篮成为李鹏总理访问中的一个重要项目之一。20多年过去了，我注意到，每次中国领导人访问乌兹别克斯坦时都安排了向纳沃伊铜像敬献花篮。

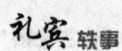

几乎每年3月5日周恩来总理的诞辰日，中国驻朝鲜大使馆、朝鲜咸镜南道人民委员会及当地华侨等都前往位于咸兴的周恩来总理铜像前敬献花篮。周总理是中朝友谊的奠基人之一。他与毛泽东主席和金日成主席一起缔造了伟大的中朝友谊，为中朝友好合作关系的建立、巩固和发展建立了不朽的功勋。周总理的崇高精神和品德，得到了朝鲜人民的高度评价和赞誉。他为中朝友谊做出的卓越贡献，至今仍为朝鲜领导人和人民所缅怀和追忆。金日成主席称赞周总理把朝鲜人民的革命事业视为中国人民自己的事业，表示“朝鲜人民的亲密战友周恩来同志为朝中友谊建树的不灭功绩，永远留在朝鲜人民的心中”。

金日成主席访华，在南京向周恩来铜像献花圈有一段难忘的故事。1991年10月，朝鲜金日成生前最后一次访华，除北京外，还访问了济南、南京和扬州。抵南京当日下午，金主席瞻仰了原中共代表团办事处旧址——梅园。在南京，当晚欢迎宴会后朝鲜同志找外交部礼宾司司长江康，说金主席刚才发了脾气，狠狠批评了他们。金主席下午看到梅园有周恩来总理铜像，他本人应当向周恩来总理铜像敬献花圈，但他事先不知道，先遣组也没有向他报告。金主席让他们立即准备花圈，当晚由朝方主要陪同人员代表他向周恩来总理铜像献花圈，并且要上电视。

礼宾司司长江康带着他们马上找到江苏省外办吴主任，吴主任答允立刻办，协助他们找花店，当时已经晚上9时多，大多数花店已经关门，几经查找，幸好有一家还开店。朝鲜同志喜出望外，与花店联系上了，购买了花圈。近午夜时分，金主席实现了向周恩来总理铜像补献花圈的心愿。此事见证了金主席对周恩来总理的深厚感情。

人们说礼宾无小事，确实如此。鲜花背后是伟人。献花圈、送花篮是表示对伟人的尊重，其中含着深刻的政治意义。

外交送花有讲究

外交活动中怎样送花，送什么样的花合适，什么场合送什么样的花？送花是一门学问，也是一门艺术，用花来表达人的语言，收花人可以领会到其中的深意。送花既是对他人的情感表达也是对他人的尊重，掌握赠花的真谛，要先了解花语花意，才能更好地传递感情，抒发胸臆。

外交人员送花有讲究，研究各国国花很有必要。国花是指以自己国家特别著名的花作为国家表征的花，是一个国家精神的象征。国花反映了人民对祖国的热爱和浓郁的民族感情，增强了民族凝聚力。要熟知驻在国的国花，也要认知驻在国其他珍贵之花。我记得，曾有国宾访华时，随专机带上珍贵的国花或其他特有鲜花献给主人或点缀答谢宴席。

外宾抵达时，第一时间送花是国际通常迎宾方式。献花并非花束越大越好，花朵越贵越好，而是视客人的身份和爱好而定。还应该考虑客人对花的禁忌，如有的国家对菊花、杜鹃花等都禁忌。献花必须用鲜花，忌用纸花。献花的最佳时间：在迎宾主要首长与客人握手后，由礼仪小姐献上花。

每个国家送花的习俗不同，入乡随俗，务必根据当地风俗习惯送花。赠花讲究颜色，例如，很多国家不喜欢用白色鲜花，也忌用菊花。在欧洲，不少国家认为菊花是不祥之花，传统习俗认为菊花是墓地之花。德国人忌用郁金香，英国人忌用黄玫瑰，法国人忌送黄花，埃及人也忌讳把黄色的花送人，印度人忌以荷花作馈赠品，因为印度人多以荷花为祭祀之花。许多拉丁美洲人，也忌用菊花装饰房间，忌以菊花为礼。

在日本，不要送 4 朵花，因为日文中“4”的读音与“死”相同，“6”和“9”的读音与“无赖”“劳苦”相近。探望病人时不送带根的花(包括盆花)。俄罗斯人做客送给女主人的花，讲究送单数。但忌讳“13”，而“7”在他们看来则象征了幸运和成功。

加拿大人在探望病人时，依据病人不同病情，选择不同的鲜花赠送。

送花环或花圈，看当地习俗而定。花环在古希腊起初用来装饰神像，后来祭司也戴起花环来。花环还用来奖给在战场上和运动场上的胜利者。此后人们也喜欢在节日和宴会上戴起花环。用花环装饰建筑物的圆柱非常盛行，迄今还可以在许多古老的建筑物上看到。花环有吉祥如意的含义。花圈，古时花圈作为礼物赠送，以后逐步演变成对去世的亲人和好友敬献花圈，以表示对逝者的怀念和哀悼。据传说，古时人们相信人死以后能进入天堂，在死者的灵车前后抛撒花瓣，以此表示为死者去天堂铺设道路。随着时间的推移，人们不用鲜花铺道，改用花圈与花篮来替代。因此用花圈或者花篮献祭死者，告慰死者的灵魂。

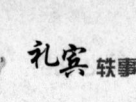

德国诗人歌德说得好："花是自然界赐给我们的，艺术把花编织成花冠。"当然，这艺术来源于人们的信仰和习俗。

“刀叉外交”行礼如仪

1965 年我到礼宾司之后处长找我谈话，说礼宾人员应该率先行礼如仪，每次出席外国驻华使馆举行的招待会注意礼节尤为重要。例如，严格遵守时间，不迟到早退，服装整洁，以示对主人的尊重；不许穿着衬衣短裤或是手提大包小包，在采购物品后直接去使馆参加招待会；进门时应与主人握手，不该在主宾离席前自己偷偷离去；在主宾和主人祝酒时不要进餐等等。一言九鼎，铭刻在心。

“慎酒令”的记忆

年复一年，随着外事活动越来越多，外事宴请也越来越多。外事宴请要注意些什么呢？重要之一是记住外事活动的“慎酒令”。外事宴请有时有祝酒或祝辞。喝酒要自律，不要劝酒、斗酒、灌酒。外交界为何有“慎酒令”？ 1969 年 3 月 21 日，礼宾司在北京国际俱乐部安排外交部领导宴请阿尔巴尼亚新任驻华大使罗博及其馆员，宴会气氛友好热烈。一位副外长与使馆公使衔参赞等频频举杯。宴会结束后，阿尔巴尼亚驻华大使馆公使衔参赞自己开车回使馆，结果途中发生严重交通事故。周总理听到消息后，非常生气，严厉批评了外交部领导，并要求做好善后事宜。

随后周总理在一次小会上批评这位外交官，指出在宴请中这位外交官给一位驻华使馆外交官劝酒，在劝酒下公使衔参赞喝多了，开车回使馆时出了车祸，伤了路人，影响很坏。周总理说，这是严重违反外交纪律的。以后一律不准劝酒，包括外国人和中国人在内。总理还说，我们的同志有一个很不好的习惯，就是劝酒、灌酒，还比谁喝得多，有的同志身体喝坏了。周总理指示，外交部要检讨此次事件，并向我驻外机构通报此事。明确规定：对外宴请饮酒不得超过本人酒

作者任中国驻古晋总领事时，夫妇参加外事活动后留影

量的三分之一，不得酒后驾车。要求国内外各部门切实执行。这就是“慎酒令”的由来。

外事宴请如主人或客人一方信奉伊斯兰教，一律禁酒，菜肴也有忌讳，务必尊重主人或客人的习惯。

岁月流逝，“慎酒令”依然历历在目。

祝酒品酒“醒酒”的艺术

中国人热情好客，讲究“酒逢知己千杯少”，酒喝得越多，表示情谊就越深。中国人的外事宴请，少不了祝酒。主人常常为到访客人祝酒，并发表简短祝酒词，为客人事业有成或身体健康干杯。宴会上安排祝酒，无可非议，祝酒时出席者均暂停进餐，宾主碰杯时，目视对方致意。中国人为客人祝酒，有别于西方国家的“酒道”，适时的祝酒是中国人热情好客之举。

在西方人眼里，酒更多是用来佐餐的，他们不习惯敬酒。从礼仪上说，中国人宴请外宾或与外宾一起用餐，不必频频碰杯祝酒，适当为好。更忌讳频频敬酒、斗酒，喝得头晕甚至呕吐。在大庭广众之下大声叫喊什么“感情浅，舔一舔，感情深，一口闷，感情铁，喝出血”，或者胡话连篇，大煞风景，让外宾望而生畏。

中国代表国在国外访问，不能以敬酒强加主人多喝，在国外了解主人的品酒和“醒酒”的习俗，倒是很有益的，也是中国人素有教养的体现。在国外，品酒是外国人的一种礼貌，也是主人的一种“专利”。他们认为主人理应为客人献上最好最纯正的好酒，主人品酒口感好，才让客人喝。因此主人品尝第一口酒，理所当然，当主人点头表示同意，服务员才给客人倒酒。这种品酒是对客人表示尊重之意。

在国外宴请，主人多以白葡萄酒和红葡萄酒招待客人。配餐的原则是“白肉配白酒，红肉配红酒”。白葡萄酒大多用于饭前来搭配海鲜用以开胃的。红葡萄酒则在吃肉时用来佐餐。红葡萄酒适合在室内约 25 摄氏度中“醒酒”。“醒酒”即在宴会前 1 至 2 小时开启软木塞，让酒接触到外部空气，让酒充分“呼吸”一番，这个过程叫“醒酒”。而不是在宴会开始时才开启软木塞，其目的在于用高品质、美味的红葡萄酒招待客人。

祝酒是中国人的习惯，醒酒、品酒是西方人的做法，习俗不同，反映东西饮酒文化之差异。

餐桌上的种种礼节

出席主人的国庆或其它庆典宴会，在与主人见面时，要致节日祝贺。应邀参加家宴时，可带一束鲜花，或一件小礼品送给女主人。宴会结束后要和同桌的人一一告别，向主人告别时应表示谢意。

宴会进餐时要注意细节礼节：和同桌人打招呼，不认识的人要互相自我介绍。主人招呼示意用餐后，即开始进餐。按照桌上礼宾顺序排列的席位入席。注意餐桌上的礼节有：1、吃中餐时，一定要用公筷、公勺。2、吃西餐时注意刀叉的正确使用：每道菜都有一副刀叉，由外侧顺序往里拿。用餐时把刀叉习惯性地交叉放在盘中，在盘中形成“V”字，表示没有吃完。刀叉合拢并排，表示吃完。读懂餐具语言，“一切尽在不言中”。3、吃面包时，不用刀切，也不能拿面包咬，应该拿手掰着吃。4、宴会桌上有时会出现金色的或铜色的小盆，上面飘着点玫瑰花瓣或柠檬片，是供洗手指的。吃一些带骨的，例如鸡、虾等，可以用手撕着吃。吃水果不能整块地咬着吃，应该把它切成块、拿叉子叉着吃。5、餐巾的巧妙使用。为了不弄脏衣服，一般是铺在膝盖上。用餐巾时要注意雅观。6、坐要挺直，不能趴在桌子上，两个胳膊肘不要支在桌子上。7、注意吃相。吃饭的时候不要狼吞虎咽，嘴里塞得满满的，十分难看，要闭上嘴吃，嘴里有食物，千万不要开口说话。8、剔牙的时候要用餐巾或手捂住嘴巴，不能用手去抠。9、如果遇到意外，比如餐具掉在地上，或者刀叉相碰发出很大的声响，这时可说声对不起，然后让服务员再送一份餐具来。10、冷餐招待会都自取食物，不要将凉菜、热菜、水果统统都装到盘子里。盘子有大小之分，吃热食时用大盘子，吃水果时拿小盘子。一般是先取一些凉菜，吃完后把盘子放到桌子上，然后再去取一个干净的盘子装一些热菜，吃完以后再去取点心和水果，每次要适量。11、有的主人为每位客人备有小纪念品，出席者可带走，表示谢意。

“刀叉外交”是外交形式之一，它给宾主提供相识和建立友好感情的机会。外交人员和外事工作者必须珍惜这个机会。宴会后必须向主人致谢或回请，以此巩固和发展友谊。

外交场合的“握手艺术”

人与人之间交往，见面和辞行时习惯相互握手。握手是人们交往中最常见的一种礼节。而外交握手既是一种礼节也是一门艺术，有着政治涵义。中国实行握手礼才有一百多年，辛亥革命后，由于孙中山先生的大力提倡，握手礼很快流行起来。

新中国成立后，握手成为人们见面打招呼最普遍的礼节。握手本身代表着平等、平视，是特定时代的一种产物。鞠躬，在现代也是通用礼节，多用在晚辈对长辈、下级对上级，亦可用于平辈间，男女皆行。在握手流行的同时，躬身作揖或抱拳拱手有时可见。

历史性的握手

国家元首或政府首脑之间或者国际高峰际会上，领袖们之间的握手称“外交握手”。两国关系可因拒绝握手而恶化，也可因恢复握手由敌对转为友好。国家形势和两国关系的好恶常出自“一握”之中。

1954 年第一次日内瓦会议时，周恩来是我国出席会议的首席代表。当时美国采取了敌视中国、阻止会议达成协议的立场。美国代表团团长杜勒斯亲自下令禁止美国代表团人员同中国代表团的人员握手。周恩来团长则教育中国代表团：我们不应该拒绝同美国接触，不应该放弃任何可以做工作的机会，为的是促使美国改变其立场。

历史出现戏剧性的转折是在 1972 年 2 月 21 日至 28 日，美国总统尼克松对华作了“破冰之旅”，标志这一转折的第一个动作就是中美两国领导人的历史性的握手。尼克松和周总理在首都机场同时伸出有力和坚定的右手，热烈有劲地紧握在一起，并亲切互致问候。周总理说：“您的手伸过世界上最辽阔的海洋来与我握手。”尼克松说：“一个时代过去了，另一个新的时代开始了。”基辛格在其所著的《白宫岁月》一书中写道：“这历史性的一刻，到达北京，事先也经过周详策划。尼克松决定，当电视拍摄他首次和周恩来总理相会时，镜头中除他之外，应该没有别的美国人员。尼克松已看过我在7月间访华后所呈交的报告，知道在1954年国务卿杜勒斯曾拒绝和周恩来握手，周对这件无礼之事颇为耿耿于怀。总统决定，当他来纠正这件怠慢举动的错误时，不能让其他美国人员在电视镜头中出现而分散观众的注意力。罗杰斯和我要留在飞机上，直至握手告成。海德曼做事万无一失。”

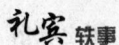

尼克松也在他的回忆录中写道：“当我走完梯级时，决心伸出我的手，一边向他走去。当我们的手相握时，一个时代结束了，另一个时代开始了。”尼克松在他的回忆录中还这样写道，他为美国总统于1972年2月访华时，毛泽东主席于他抵京后的当天下午接见了他。接见时，“他（指毛主席）伸出手来，我也伸出手去，他握住我的手约一分钟之久。”

这次外交握手显得非同寻常，重至“一握千钧”。

握手和拥抱

1989年5月，苏联领导人戈尔巴乔夫访华。之前，邓小平办公室通过外交部领导，向礼宾司传达小平的指示：全世界都注视中苏高级会晤，在接待戈尔巴乔夫访华的礼仪等安排上不要太热，要讲究适度，见面时“只握手，不拥抱”，礼宾司将邓小平的指示恰当、适时地转告了苏方。

5月16日，当戈尔巴乔夫到达人民大会堂会见厅时，邓小平已在那里等候。两位领导人热烈握手，握手时间相当长，有位朋友按表计算，整整35秒钟。

“只握手，不拥抱”的含义十分深刻。当年，在以苏联为首的社会主义阵营中，各国领导人见面时常常施拥抱礼，表明彼此亲密无间。在中苏结盟的蜜月期里，与中国领导人接触时也是如此。“只握手，不拥抱”的指示，不仅是一个礼节问题，而且是对两国将来关系的定位。对于两国将来的发展前途留下极大的空间。

1989年5月苏联领导人戈尔巴乔夫访华后，1991年12月26日苏联“停止存在”，由俄罗斯联邦所继承。多年过去了，中俄两国关系发生了很大的变化。1992 年叶利钦总统首次访华、1996 年中俄两国元首在北京举行会谈后，签署并发表联合声明，确认两国决定建立中俄平等信任的、面向 21 世纪的战略协作伙伴关系。叶利钦已成为中国人民熟悉的老朋友，且双方共同倡导建立的中俄战略协作伙伴关系日益巩固，1997 年叶利钦总统再次访华前夕，江泽民主席根据当时的形势，指示外交部在礼宾安排上要隆重、热情，见面时按俄罗斯习俗与叶利钦拥抱，结果收到了很好的成效。

在俄罗斯许多的迎宾场合上，宾主往往以握手、拥抱、左右吻脸、贴面颊的连续动作，表示最真诚的热情和敬意。同时拥抱礼也多用于官方、民间的迎送宾客或祝贺致谢等社交场合上。见面时按俄罗斯习俗与叶利钦总统拥抱，也是一种适时顺势的礼仪。具体的礼仪不是一成不变的，其变化背后体现出中俄关系情况的变化和战略考虑。礼宾官虽非战略制定者，但心中要时时装有全局和大局。

外交握手是一门艺术

外交握手要注意很多细节，首先是认真、热情。有一次，某代表团来华访问，为期一周的访问相当顺利。在他们即将离华的前一天晚上，接待单位特地为代表团饯行，谁知在席间，该代表团团长被问及此行感受，对我们的接待是否满意时，对方回答说：“你们的工作做得非常好，在中国的这几天我们都感觉很充实，但是，有一位先生似乎对我有意见，这让我很不开心。”话毕，对方用眼神示意坐在邻桌的一个小伙子。

事出有因，那位小伙子是一个刚毕业不久的年轻人，原来他从代表团下飞机开始，每次小伙子与对方握手时，只是“象征性”地轻轻握一下，并且在握手时眼睛还看着其他地方。这个细节让代表团团长很不高兴，很有意见。其实，那个小伙子并不是真的对人家有意见，只因刚参加工作不久，不知道在行握手礼时还有这么多学问，再加上其他人也没有注意到他的疏忽，因此一错再错，“得罪”了代表团。

外交握手有诸多细节。初次见面握手，用力要适度，过于用力或软绵无力都不合适。有的外交官的握手轻描淡写，懒得使劲，这一举止容易引起误会。握手时目光一定要直视对方，面带微笑，神情亲切、友好。

握手有先后顺序。长辈、身份较高者、女士、主人等通常先伸手。不过随着时代的变化，无论男女长幼先伸手者众多。通常在相互介绍和会面时握手。男子与女子握手时，轻握一下即可。男子握手前应先脱下手套、摘下帽子。军人戴军帽与对方握手时，应先行举手礼，然后再握手。有的国家，穆斯林女士通常不向男士握手，而是点头，脸上带笑容向男士表示致意。只有她主动向你伸手时，才握手。该出手才出手，该出手时，不与对方握手，也是不礼貌之举。外交官之间的握手要认真，恰到好处。外交握手在于传达一种亲切、友好的情谊。给人家第一个美好的印象很重要！

外交场合“礼多人不怪”

在我多年的礼宾实践中，看到诸多外交见面礼节。当然握手是最为常见的一种了，不足为奇，但每个国家都有自己的见面礼节。点头、握手、吻手、亲脸、脱帽、戴帽、鞠躬等，由于各国传统、文化习俗不同，礼节也有异，不同的宗教也有各自习惯的见面礼。在中国的外交史上毛泽东主席行吻手礼、邓小平戴牛仔帽、江泽民行碰鼻礼三件事在我的脑海中烙印尤深。

入乡随俗行礼节

1974 年 9 月，菲律宾总统马科斯的夫人伊梅尔达来华为总统马科斯访华打前站，访问期间她要求见毛泽东主席。当她被告知毛泽东主席这次将难以接见她之后，她表示非常失望和难过，希望中方能够重新安排。当李先念副总理告诉她毛泽东主席确实不在北京，请她谅解后，伊梅尔达沉默了几秒钟，从包中取出手帕来，开始擦眼睛，接着就听见她细微的抽泣声。伊梅尔达的这一哭使得中方人员不知如何是好，然后就是一阵沉默。在这种尴尬的局面下，面对伊梅尔达的眼泪攻势，李先念副总理答应她再考虑毛主席会见的可能性。伊梅尔达立即破涕为笑，与李先念热烈握手后告辞。果然，中国政府安排专机将伊梅尔达一行送到武汉会见毛主席，伊梅尔达如愿以偿地见到了毛泽东，会见时宾主相谈甚欢。彼此也成了朋友。

第二年，马科斯夫人再次访华，又一次见到毛泽东主席。见面时，伊梅尔达微笑着把手背伸到毛泽东面前，毛泽东脸上浮现出笑容，并从容地托起她的手，放在唇边轻轻地吻了一下，潇洒得像一个西方的绅士。马科斯夫人笑着对毛泽东说：“我很荣幸！”

在场的摄影记者杜修贤当时被毛泽东这个意外之举搞蒙了，脑子一片空白，竟没有反应过来，没有把这么动情的镜头拍上。就这样毛泽东主席第一次行吻手礼成为了历史记载，却没有永恒的镜头！此次采访让杜修贤留下了终身的遗憾！

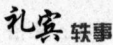

1979年1月28日邓小平副总理正式访美，2月1日结束访问华盛顿后前往美国南方的休斯敦访问，邓副总理受到得克萨斯州州长和休斯敦市长等各界人士的欢迎。他们邀请邓副总理一行观看马术竞技表演，赠邓副总理一行每人一顶牛仔帽。邓副总理马上把牛仔帽戴在头上，应邀乘上一辆19世纪的美国马车，绕场一周，向在场的美国人挥动帽子致意，立刻引起了在场的美国人的欢呼。这种“入乡随俗”之举获得阵阵掌声。

如果有客人来访，新西兰毛利人必定要为来宾组织专门的欢迎仪式，男女老幼，倾巢出动，一边引吭高歌，一边兴致勃勃地拉着客人手舞足蹈。随后举行毛利人传统的最高敬礼——碰鼻礼。碰鼻礼就是见面时相互碰额头和鼻子，表示久别重逢的快乐。按毛利人习俗，鼻子碰的次数越多，时间越长，表示彼此关系越亲近，受到的礼遇越高。

1999年9月13日至14日，江泽民主席对新西兰进行国事访问。14日上午，新西兰总督博伊斯在总督府前草坪，为江泽民主席举行具有浓厚民族特色的毛利欢迎仪式。碰鼻礼是毛利欢迎仪式的重点。江泽民主席在毛利人的夹道簇拥下，同毛利人长者举行碰鼻礼。随后在毛利勇士的不断“挑衅”下，江泽民主席从容不迫，笑着向毛利勇士致意。经过反复“挑衅”，勇士们最终确定江主席是“为和平而来的善者”，并热烈欢迎江泽民主席的光临。

独特的毛利人举行碰鼻礼传统上是部落之间表达和平、友好的方式，也是两个敌对部落捐弃前嫌、重归于好的标志。据说碰鼻时双方能感受对方的呼吸，表示宾主同呼吸共命运。

“名”正言顺

外交见面重要礼节之一是互相称呼。记住对方的姓名、正确称呼对方，是交际礼节中一项最基本的要求。知己知彼，“名”正言顺。这样就能拉近双方的距离，使人感到亲切，增强了解和友谊。称呼错了是一种失礼行为，既尴尬又容易引起误会。一方水土一方人，地域、历史、文化的差异，彼此见面时称呼的习俗和禁忌大相径庭。正确地称呼对方，除了称呼其姓名外，也可以职务相称。

如何正确了解朋友的姓名，是根据国家和地区的差别而定的。英美人姓名只有两部分，名在前，姓在后，与中国人截然不同。英美人通常还有教名、有的沿袭父辈名字，在名后缀以“小”字、有的把母姓作为自己的第二个名字。法国人也是名在前，姓在后。

在英美彼此相熟之后，通常不再冠以“先生、太太、小姐”等称呼，直呼其名字，并非失礼，反而感到亲切。在国际交往中正确了解朋友的姓名，然后以姓来称呼对方是常见的。俄罗斯人全名较长，例如俄罗斯总统全名为弗拉基米尔·弗拉基米洛维奇·普京，“弗拉基米尔”是名，也是父亲名。“弗拉基米洛维奇”是“弗拉基米尔之子”之意思，普京则是姓。传统的阿拉伯人的姓名很长，有的译出的汉字有20多个。其他国家和地区姓名的称呼错综复杂，如缅甸人有名无姓、称呼有别。

外交上习惯的尊称很多：国王、王后称陛下，王子、亲王称殿下；总统、政府总理、部长、大使称阁下；军界通常称军衔，如上将、中将、少将、准将，校官和尉官等；教育科技界称教授、博士、高级工程师、工程师、律师、法官、警官、医生等，称其职称时，加上先生或女士，也不少见。

对于在各种宗教中担任职事的人员，以符合宗教礼规的方式称呼他们。如法师、禅师、大师；主教、牧师、神父、修士、修女；阿訇、伊玛目；住持、道长等。佛教、基督教、伊斯兰教、道教等因宗教不同，称其相应的职称也不同。

社会主义国家之间，人们以行政职务相称，但通常还是称呼其“同志”。在外交礼貌用语中通常使用全称，如泰王国国王陛下、丹麦王国驻华大使阁下等，以示对其尊重。

滥称、错称、不规范的称呼，使人感到困惑。例如把商界人士或一般人员称“阁下”等，有的称某某国驻华大使馆大使（应为某某国驻华大使），某某国驻华参赞（应为某某国驻华大使馆参赞），书写错误也时常可见。

各国社会制度不同，风俗习惯差别很大，语言各异，因而人们在交往中的称呼差别很大。必须善于正确把握，恰当表述，文明称呼。

尊称敬称

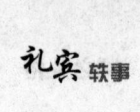

有人说，在人际交往中见面时称呼对了才是好客人。善于用尊称敬语，才是有修养的人，才是受欢迎的“世界人”，言之有理。

记得初到马来西亚时，我称一位朋友为先生，他虽然高兴地与我交谈，但他对其称呼似乎有微词，说他已被沙捞越州元首封为拿督衔(Dato)了，说明他很重视荣获拿督衔。日后我均以勋衔称呼马来西亚朋友，他们都十分高兴，说我“入乡随俗”。我对马来西亚朋友被州元首授予拿督衔(Dato)者，都以拿督相称，当然他的夫人就理所当然尊称为拿汀了。

在马来西亚，一个人被封勋衔是一件特别光荣的事情，称其勋衔表示对其尊敬，更符合当地习惯。入乡随俗，当然比称其先生和太太，亲切得多，分量重得多。

马来西亚的封勋衔制度始于1958年。联邦封勋衔制度类似欧洲的爵位制度，但要比欧洲的爵位制度复杂得多。马来西亚各州也有相对独立的封勋衔制度。

联邦勋衔制大约分为28个等级。其中最常见，最为人们所熟悉的有“敦”“丹斯里”“潘斯里”“太平局绅”“拿督”“拿汀”等。“敦”是最高一级勋衔，其次有“丹斯里”“潘斯里”“太平局绅”“拿督”等。如丈夫为“敦”(Tun)，夫人应为“托篷”(Topuan)；丈夫为“丹斯里”，其夫人应为“潘斯里”。

在日常交往中初次见面时，马来西亚人习惯交换名片，在其名片上大多注明其勋衔。当你接过名片，看其勋衔，如何正确称呼对方，就一目了然了。

在英国有爵位者称其勋爵，包括侯爵、伯爵、子爵、男爵等也是尊称。在美国、德国等国家，男士称先生，女士称夫人、太太或小姐，这是通常的习惯，也是尊称。

在日本，称呼用敬语很多。礼多人不怪，多用尊称敬语，是文明之举。

文艺演出的讲究

国宾首次访华或中国国家领导人出国访问，东道主常常为来访者举行专场文艺晚会，晚会节目视来访国宾的风俗习惯和宗教禁忌以及国宾兴趣、爱好而定。晚会通常在人民大会堂3楼礼堂或剧场举行。观看文艺演出，这既弘扬东道国的传统文化艺术，又能增进双方的文化了解和交流。对客人而言，是一种放松自己、享受文化艺术和娱乐活动的愉悦的方式，很受欢迎。

我想起《红色娘子军》芭蕾舞

1972年2月21日美国总统访华，第二天观看《红色娘子军》芭蕾舞。1973年9月11日法国总统蓬皮杜应邀对我国进行正式访问，当晚周恩来总理举行国宴，宴会之后，观看了现代芭蕾舞《红色娘子军》，还有其他访华国宾欣赏了这场芭蕾舞。

外事经典《红色娘子军》芭蕾舞，得到毛泽东主席充分肯定。尼克松在他的回忆录上这样写："……它那令人眼花缭乱的精湛表演给了我深刻的印象。""那练兵舞中的射击、投弹、刺杀的舞蹈动作完全是中国特色的独创，将中国民间舞素材与西方的芭蕾舞技巧有机地结合，达到了优美如画的意境。"尼克松评价《红色娘子军》，是"一个兼有歌剧、小歌剧、音乐、喜剧、古典芭蕾舞、现代芭蕾舞和体操等因素的大杂烩。"

1979年至上世纪80年代初，大型民族舞剧《丝路花雨》也曾作为文艺晚会专场为来访国宾或外交团演出。《丝路花雨》是以举世闻名的丝绸之路和敦煌壁画为素材创作的。它塑造了画工神笔张和歌伎英娘的光辉艺术形象，描述了他们的悲欢离合以及与波斯商人伊努斯之间的纯洁友谊。这场大型民族舞剧以中国大唐盛世为历史背景，以蔚为壮观的敦煌艺术为文化底蕴，编织了一曲古丝绸之路上的友谊之歌。《丝路花雨》曾先后访问30多个国家和地区，曾在举世闻名的意大利斯卡拉大剧院演出并引起轰动，赢得了广泛的国际声誉，被誉为“中国民族舞剧的典范”。

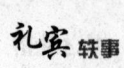

除了芭蕾舞、舞剧外，招待国宾的专场演出，或者安排国宴后助兴节目表演，节目丰富多彩，还有京剧、杂技、歌舞等。事实上为国宾举行国宴之后，不一定安排文艺节目专场演出，有时也请管弦乐团演奏中外名曲席间助兴。1978年1月19日法国总理访华，邓小平副总理举行国宴，当中法两国领导人步入人民大会堂宴会厅时，铜管乐队奏起法国歌剧《卡门》序曲，全场宾主十分兴奋，热烈鼓掌。大家为什么如此激动？一来欢迎法国贵宾的序曲悦耳动听；二来为了庆祝打破四人帮的“文革”期间的禁令，首次在正式场合演奏欧洲古典音乐！

中国国家领导人出国访问，东道国常常为来访者安排专场文艺晚会，如俄国在莫斯科大剧院演出芭蕾舞名剧《天鹅湖》、捷克在布拉格演出具有民族风格的歌剧《被出卖的新嫁娘》等。1979年1月28日至2月5日，邓小平副总理及夫人对美国进行正式访问，1月30日晚美方精心安排了一场创新的晚会。晚会在能容纳2300多观众的华盛顿最高级剧院肯尼迪艺术中心举行。晚会由卡特总统及夫人等陪同观看。他们事先知悉邓小平喜爱篮球，专门把美国职业篮球的表演也搬上舞台。演出结束后卡特总统及夫人陪同邓小平夫妇上台致谢。据说，那次晚会是卡特总统任期内最讲究、最精彩的晚会。

有的国家因国宾日程紧，东道主也常常在为来访者举行正式欢迎宴会之后，安排一小时的文艺节目助兴。

循规蹈矩礼仪为尚

各国的戏剧、音乐、舞蹈等艺术，鲜明地表现了不同民族的思维观念和生活方式，也反映了一个国家的文化发展水平。许多国家的首都和一些大城市里，都有漂亮的剧院。有的国家的大剧院，内有宽敞的休息厅，有的还有总统包厢。整个剧院富丽堂皇，是城市的主要建筑之一，音乐厅的建筑也很讲究。人们把进剧院看戏，到音乐厅听音乐，视为一种高雅的艺术享受。如有外宾来访，看戏、听音乐或参加其他形式的文娱晚会，便成为一项重要的日程安排了。

剧场、音乐厅是文化礼仪滋养之地。国家不同，文明各异，但寻求和谐美好接待、办好晚会是共同目标。如何办好一场文艺晚会，是礼宾官孜孜不倦所追求的。

剧目选择要一丝不苟。东道主在国宾来访时，安排专场晚会，专场演出的主题是什么，礼宾官必须事先了解清楚，否则可能产生尴尬局面。例如，1949 年 12 月毛泽东主席访问苏联期间，苏联政府准备邀请毛主席等人去看芭蕾舞剧《红罂粟花》，苏方称它是一部反映中国革命为题材的舞剧。时任驻苏大使王稼祥让夫人朱仲丽和戈宝权参赞提前去看演出，回来后说了剧情：舞剧叙述的是上世纪 20 年代初，一艘苏联出国货轮停泊在中国的某个港口时，有个苏联海员结识了一名中国妓女，他向妓女宣传了马列主义，使那位妓女立即觉悟并参加了革命。中国共产党也由此诞生并取得了胜利。这个剧情荒谬绝伦，向毛主席汇报后，中方谢绝了苏方的邀请，并以大使的名义对这部戏提出了批评。

出席专场演出，主人发出邀请后，出席者应尽早回复。如不能出席，已送去的入场券应请主人处理。安排好主宾和陪同人员座次很重要。在大剧院，一般包厢为最好。如没有包厢，则可将主宾安排在前边第七、八排座位入席。当主宾由主人陪同进场时，观众应起立鼓掌欢迎。节目未结束，观众不能中途退场，演出结束后，也应待谢幕完毕，主宾离开后才散场。除某些特定的开幕式外，一般专场演出均不讲话，演出的节目单和剧情简介，最好能事先印好，分送给主客双方。

剧院和音乐厅的规矩相当严格，通常要穿礼服入场。必须按时到达，准时入场，对号入座。如果迟到，看戏必须等待一幕演完、音乐会奏完一曲后，后来者方可入场，有时甚至要等到中间休息后，才能入场就座。

场内保持安静尤为重要。不要交头接耳，不能大声咳嗽或打哈欠，禁止吸烟和吃零食，更不能酣睡，特别是音乐会，过去英国高级剧院的前排称为“盛装席（dress circle）”，要求观众穿礼服出席。进剧场，必须在入场前脱下大衣。

为演员的精彩表演鼓掌很有讲究。看戏是每一幕完结时鼓掌；看芭蕾舞则可以在演出中间，当一段独舞或双人舞表演之后鼓掌；

听音乐则只能在曲子终了之后才能鼓掌，不可在中间稍有停顿时鼓掌。中国人上剧场听京戏的习惯是，每逢精彩唱段就击掌叫好，演员也因此受到激励。但是欣赏交响乐则另有讲究，乐章之间有短暂的间隙，不可以在此时鼓掌。若干年前，英国前首相希思在北京人民大会堂指挥演出交响乐，第一乐章演奏完后，场内掌声大作。希思心里直犯嘀咕："莫非我刚才的表演出了什么纰漏？"会后，主人向他解释："这是由于中国观众的热情，喜欢才鼓掌。"希思心头的一块石头这才落地。

循规蹈矩，礼仪为尚，这是观众出席文艺晚会的守则，遵守者才能亮出最好的自己。

登台献花主随客便

为欢迎国宾而举行的专场演出，由谁出面做主人，各国做法不尽相同。在中国，一般由文化部出面组织招待。有的国家，有一定的保留节目，可以根据客人的愿望和要求，选定某些节目，不必一定举行大型晚会专场。

为了对精彩的演出表示赞赏和感谢，在演出结束谢幕时，主宾可在主人陪同下登台向演员赠送花篮或送花。如国宾送花篮，通常由来访国驻华使馆准备。主宾和主人上台时与演员握手表示谢意，如演员较多，主宾和主人与第一排演员握手即可，握手后与全体演员合影。

在国外很多场合，主宾没有登台与演员握手致谢的习惯。在此情况下，主随客便。主人不要暗示主宾上台和献花，客人只献花不登台也是可以的。日后主宾写信致谢也是可行的。

主随客便是接待好客人的重要原则之一。

大使递交国书轶事（上）

我亲历、亲见、亲闻诸多大使递交国书趣闻、礼仪之妙，可供大家茶话之余一阅。

我国第一号国书是用毛笔写的

国书是国际交往中的一种全权证书。正式说，国书是国家元首为了派遣或召回使节向接受国元首发出的正式文书，分为派遣国书和召回国书两种，国书通常由派遣国元首署名，并由外交部长副署。在外交实践中，很多国家将召回国书合并于派遣国书之中，我国国书为其中之一。

驻外大使赴任后，第一件大事是由大使亲自向驻在国国家元首递交国书，随后才能正式履行大使职务。递交国书是一项庄重严肃的外交礼仪，它标志着驻在国元首正式接受特命全权大使。当事人都认真对待，把它当作对驻在国的一种礼貌和尊重。

中华人民共和国国字第一号国书为首任驻苏维埃社会主义共和国联盟王稼祥大使的国书。国书是由传统毛笔书写的，由毛泽东签署，外交部部长周恩来副署，签署日期为 1949 年 10 月 20 日。国书于同年 11 月 3 日由王稼祥大使向苏维埃社会主义共和国联盟最高苏维埃主席团什维尔尼克主席递交。

1965 年我调入礼宾司时，国书制作已经规范化。可以说，礼宾司人人已成为国书制作的能手。上级书面通知下达后，按一定格式填写国书内容，并登记编号，送司长审批后，即送外交部办公厅文印处印制。印制毕即上呈国家主席签署，外交部部长副署。

我国驻朝鲜民主主义人民共和国特命全权大使焦若愚的国书是我经办的第一份国书。此后我经办的国书多少，今天已记不清了。不过有一点记忆长久刻在我心里。大使赴任前来礼宾司取国书，看着那镶嵌国徽的国书时，都不约而同地问我要注意什么。我说，国书是分量最重、最宝贵之书。

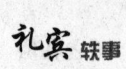

毛主席接受的第一份国书

新中国成立之初，国家元首毛泽东主席接受苏联驻华大使罗申递交的国书，这是新中国元首接受的第一份国书。1949年10月16日，中南海勤政殿，身着藏青色崭新外交礼服的首任苏联驻华大使罗申毕恭毕敬地把国书递交给毛泽东主席。一周前，罗申携带这份国书，日夜兼程抵达北京。10月16日下午，罗申由外交部办公厅兼交际处处长阎宝航陪同乘礼车从使馆接至中南海勤政殿。典礼大厅开阔敞亮、灯火辉煌，一面五星红旗在参礼人员身后悬挂，大厅立柱上的每处壁灯上还插有五面小国旗。

参加仪式有总理兼外长周恩来、中央政府秘书长林伯渠、代总参谋长聂荣臻、外交部办公厅主任王炳南等。由阎宝航引见下，毛主席接过罗申大使国书。随后，罗申致颂辞，毛主席致答辞。罗申与毛主席握手后，向毛主席介绍参礼的苏联使馆人员。之后，双方参礼人员合影。毛主席在办公室礼节性会见罗申，周总理陪见。会见后周总理邀请罗申及其他苏方人员到勤政殿参加酒会。酒会后由阎宝航陪同罗申乘礼车返回使馆。

罗申大使到任受到热情周到高规格的接待，既表明新中国在建国之初把发展中苏关系作为外交重点，又为新中国递交国书等礼仪建设打下基础。此后经过几年的实践，递交国书的礼仪也进行了改革。1954年，毛主席和周总理曾批准新任驻华大使递交国书的颂辞和主席的答辞改在递交国书前交换，不再当场念。1966年起我国正式取消外国驻华大使递交国书的颂辞和主席的答辞。

现行递交国书仪式的流程是这样的：递交国书时外国驻华大使身着礼服或民族服装，由外交部礼宾司官员乘礼车前往使馆迎接大使，并陪同大使乘礼车至人民大会堂。礼兵在大会堂入口处红地毯两侧列队行持枪礼向大使致敬。进入大厅后大使向国家主席递交国书。之后主席和大使简短交谈。礼毕，外交部礼宾官员陪送大使乘礼车返回使馆。

乘轿车还是马车?

各国都很重视外国使节递交国书的礼仪。礼仪有简有繁，但备高级轿车迎送、铺红地毯、礼兵敬礼、递交国书和颂词、介绍参礼人员等礼仪却是大同小异。向美国总统递交国书仪式也是如此。1985 年韩叙大使向美国里根总统呈递国书，美国国务院派高级礼车接送。礼车前挂中美两国国旗。韩大使及夫人乘礼车前往白宫，车队由美方一辆警车开道。车队在仪仗队的乐声中开入白宫院内。

韩大使夫妇被引进休息室等候，随后他们被带到总统办公室的外间，他们在总统客人签名簿上签名，然后礼宾官将一支刻有里根总统名字的钢笔送给韩大使作纪念。

韩大使及夫人步入总统办公室，里根总统向他们握手。韩大使向里根总统递交国书和颂词，随后双方进行亲切交谈，交谈之后，里根总统把自己的答词交给韩大使，并一起来到记者中间，让他们拍照合影。最后韩大使夫妇离开白宫。

英国是一个保留着古老传统的国家。外国使节向女王递交国书的仪式至今保留着古老的风格。其特点是递交国书时安排外国大使乘马车。1985年，中国驻英国大使胡定一向女王伊丽莎白呈递国书那天，

江泽民主席接受巴基斯坦驻华大使递交国书后，与大使一行留影，第一排右 1 为作者

英国皇家典礼官和一位将军，身穿军礼服，腰系金色缎带，乘坐由2匹骏马拉着装饰得五彩缤纷的皇家马车接送胡大使，进出白金汉宫。

有些君主制国家的国王接受外国使节的国书，接送大使时不用马车，而用现代高级轿车，但礼仪多沿袭古老的传统。1982年，丁雪松大使向丹麦女王递交国书的当天，丹麦女王的侍从男爵乘坐1辆皇家轿车来到了中国大使官邸。侍从身着红白绣金的宫廷礼服，腰部佩有一把镶嵌着金色花纹的宝剑，华美的装束洋溢着皇家气派。

大使乘礼车开至女王的夏季行宫——和平宫，抵达后在和平宫前侍从长陪同丁大使检阅了仪仗队，随后丁大使被引至接见大厅，向女王玛格丽特二世陛下递交了国书。仪式结束后女王请丁大使与女王的丈夫亨里克亲王见面。

1985年章曙大使向日本天皇递交国书时，我在驻日本使馆担任一等秘书，并有幸亲历全过程。事前，宫内厅式部官特地到中国驻日大使馆介绍进皇宫递交国书的两种方式：现代式，乘高级轿车由仪典官带领入宫；第二种是传统式，即乘古典皇家马车由仪典官引导入宫。章大使选择后者，并由使馆政务参赞、武官、秘书等6名外交官陪同前往。当天宫内厅一位式部官抵使馆接引章大使及随行外交官去皇宫，在皇宫前登上古典皇家马车，前后共3辆，由9匹高大骏马牵拉，马车通过古松苍劲挺立的皇宫前大广场，再穿过著名的二重桥，进入皇宫正门。下车后章大使由宫内厅式部官长迎进正殿“松间”听取有关仪式的说明和等候，片刻后章大使被引进正殿。天皇陛下立在正殿中间，章大使迈步上前向天皇表示：“我荣幸地向天皇陛下递交我被任命为中华人民共和国驻日本国特命全权大使的派遣国书”，然后递交国书。天皇陛下接过国书后交给陪见的大臣，接着同大使握手和交谈。

印度是一个文明古国，外国使节向印度总统递交国书时，要举行隆重的阅兵仪式。1984年李连庆大使向印度总统递交国书时，当天礼宾司长乘专车接大使去总统府。礼车抵总统府大门时，接受20余名骑着高头大马的总统府卫士列队欢迎。每位卫士神情庄严，身着红色上衣、穿着黑长裤，脚穿高统皮靴，头戴蓝色飘带的高帽，手着白色手套，高举中印两国国旗。威武的马队护送李大使至总统府南端的广场。在那里总统首席军事秘书和其他4名军事秘书上前迎接。大使与他们握手问好后，步向仪仗队向军官们致意。然后走向铺着红地毯的检阅台，检阅百余名军人的分列式。随后李大使在总统首席军事秘书等官员的陪同下迈向总统府大厦向总统递交国书和颂词，呈递国书后，总统与李大使单独会谈。会谈毕总统与大使一起在接见厅会见使馆随行外交官。

向两大公和两位执政官递交国书

安道尔国的国家元首由西班牙和法国两位大公担任。根据安道尔宪法，两大公属荣誉职位，其权力之一是代表安道尔接受外国大使呈递的国书。1994 年我国驻西班牙兼安道尔大使宋国清穿梭三国递国书。他除了向西班牙国王递交国书外，还于同年 11 月驱车前往位于安道尔与西班牙边境线上西班牙一侧的乌赫尔市，向安道尔两大公之一胡安 · 马蒂 · 阿兰尼斯主教递交国书。12 月他又飞往巴黎进入爱丽舍宫，向法国总统递交国书。当年法国总统委任办公厅主任夏西聂代表总统兼安道尔大公接受国书。

圣马力诺是世界上最小、最古老的共和国之一。圣马力诺执政官就是国家元首、政府和大议会首脑，由两人共同担任，权力相等。接受外国使节国书时，两位执政官都必须在场。1994 年，驻意大利兼驻圣马力诺吴明廉大使向圣马力诺两位执政官递交国书，十分有趣。事前吴大使请教该国礼宾官，国书该递交给哪位执政官，回答是：递交给谁都行。吴大使从礼节上考虑，不厚此薄彼，为表示对两位执政官的同样尊重，现场他站在两位执政官面前的中间点行鞠躬礼，然后递上国书。结果，左侧一位执政官先伸手接过国书，右侧的执政官笑容可掬。真是一举两得！

独一无二的递交国书仪式

1987 年，中国驻斐济兼驻基里巴斯和瓦努阿图徐明远大使，身兼数职，三递国书。徐大使于当年 10 月，抵达瓦努阿图首都维拉港，向总统索科马努递交国书。落座谈话间，瓦方依照礼仪，安排了向徐大使献“卡瓦酒”。

“卡瓦”是当地人手工制作的一种传统饮料，又称“卡瓦酒”。呈黄色，味微苦，多饮会使人迷醉。按当地习俗：客人要一口气把碗中的“卡瓦”喝光，而且必须连干三碗，否则就是对主人的不恭。徐大使镇静以待。

献“卡瓦”者慢步走到徐大使面前，双膝跪地，双手献上第一碗“卡瓦”。徐大使接过那碗黄色的“浑汤”，毫不犹豫地一饮而尽。索科马努总统和瓦方参礼官员，立即发出一阵有节奏的掌声。献上第二碗时，徐大使接过“卡瓦”又是一饮而尽，当然又博得瓦方的一阵掌声。当徐大使准备迎接第三碗“卡瓦”时，礼宾司长担心大使承受不了“卡瓦”的强力，便示意献“卡瓦”人即转向总统献“卡瓦”了。

宾主先后饮“卡瓦”之后，便合影留念。总统府秘书长卡洛蒂蒂请徐大使夫妇在贵宾签名簿上签名后，即向总统夫妇告辞。室内仪式结束，由总统府秘书长卡洛蒂蒂陪同来到国家宫前面的广场上，徐大使在那里检阅了瓦国家仪仗队。

中国大使有的还在农村递交国书。1986 年，中国驻布基纳法索大使江翔向该国桑卡拉总统递交国书。递交国书安排在离首都 30 多公里的一个县城的露天群众大会上。

总统向记者解释为什么在农村接受外国大使国书时说：“在新大使递交国书时，我们不是安排在总统府，而是将新大使领到农村，让他到农民中间去，亲身体验一下在尘土飞扬坑坑洼洼的土路上行车的滋味，体验一下在烈日下的干渴。然后我们接见他，并对他说，‘大使先生阁下，这就是布基纳法索的现实，今后您打交道的不止是我们这些坐在铺着地毯的办公室里的人，而是您所看到的布基纳法索的现实和农民’”。这种递交国书仪式可谓是世界上独一无二的。

各国递交国书礼仪丰富多彩，从一个侧面反映了一个国家文明、传统文化、社会风尚。但各自的仪式经过了扬弃、改革，逐步简化，变得更加灵活，更加注重实效。

大使递交国书轶事（下）

说到递交国书轶事，每位驻外大使都有亲历亲闻的篇章，毫无疑问趣闻轶事更为难忘了。众多的驻外大使就从递交国书难忘的一刻拉开帷幕，演出他们丰富多彩的外交人生。

观摩递交国书仪式

新中国成立后，中央选调一批部队高级将军到外交界任职，这些“将军大使”有姬鹏飞、袁仲贤、耿飚、黄镇、王幼平、韩念龙等。在他们赴任前外交部为他们办了学习班，外交部请了各方面的学者、教授、专家到学习班分别讲述外交知识：国际法、外交史、国际礼仪、领事条约、外交文书、联合国宪章、外交特权与豁免等。

学习班还邀请几位外国驻华大使如苏联、匈牙利、波兰、罗马尼亚等大使讲述他们的国家社会、政治、经济情况。他们还参观了外交文书展览，展品有国书样本、照会、备忘录、会谈纪要、各种电报。

1950 年 3 月 10 日下午 5 时，罗马尼亚驻华大使提奥多拉·鲁登科在勤政殿向毛泽东主席递交国书。周总理特地请学习班里十多位大使在勤政殿隐蔽处进行观摩。观摩仪式结束后，毛主席听说“将军大使”们来观摩学礼，很高兴，和他们见了面。

接见后，周总理对毛主席说，外交队伍与其他部门相比，要纯正些，都是无产阶级先锋战士。毛主席高兴地说，将军大使好，我们的大使不会跑（指不会投敌叛国），我们能够学会我们原来不懂的东西。

骑马驰往递交国书

1950 年 1 月 18 日，中国与越南民主共和国正式建立外交关系。当时越南尚处于抗法战争时期，越南中央领导机关还在越北根据地。

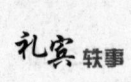

1954年罗贵波被任命为中国首任驻越南大使，当年越南抗法战争结束，但越南中央领导机关尚未回到首都河内。

罗贵波请示周恩来总理，现在越南领导人还在越北根据地山沟里，尚未回到首都河内，是现在就去建馆，还是等他们进河内后再建馆？周总理说，就在山沟里建馆，这样更能表明中国对越南的支持。罗贵波问现在越方没有房子，住在草棚里，怎么递交国书、举行国庆招待会？周总理说，在草棚里递交国书、举行国庆招待会有什么不好？这样更能表示支持嘛。

就这样，罗贵波率领大使馆班子迅速赶到越北，罗大使于1954年9月11日骑马驰往越南中央驻地的一个草棚小礼堂，向胡志明主席递交国书。同年10月1日，罗贵波大使在中国大使馆的竹棚里举行了国庆招待会，胡志明主席出席。

乘专机到任并递交国书

1973年初，陈楚被任命为驻日大使。赴任前，周恩来总理接见了他和驻日使馆主要官员，周总理指出，日本是我们隔海相望的邻居，具有重要战略地位，是我们外交工作的重点国家。发展同日本的友好合作关系，对中国政治、经济、文化、军事都极其重要。

当时考虑到中日尚未通航，来往人员需绕道香港，周总理决定派专机送大使等使馆人员赴东京，这是史无前例的做法。

1973年3月27日，陈楚及夫人洪兰等乘坐的专机在东京羽田国际机场降落的时候，在机场受到日本朋友数千人的热烈迎接。陈楚在日本警车护卫下来到临时住地新大谷饭店时，也受到新大谷饭店老板和职工的热烈欢迎。

3月28日，陈楚到日本外务省拜会了大平正芳外相，递交了国书副本。4月5日，陈楚大使向天皇裕仁递交由董必武代主席签署的国书。

原国书作废新国书诞生

1991年苏联解体，共产党在俄罗斯失去执政地位，俄罗斯首任总统为叶利钦。同年11月底，我国新任驻苏联大使王荩卿到达莫斯科，还未来得及递交国书，戈尔巴乔夫就下台了，这时王荩卿大使对内是

馆长，对外他既不是驻苏联大使，也不是驻俄罗斯大使。原来以国家主席杨尚昆的名义写给戈尔巴乔夫的国书不能用了，国内另为王荩卿大使准备新国书。原来国书上主席杨尚昆称戈尔巴乔夫为同志，苏联解体后，中俄双方官员自然就抛弃了"同志"相称，因此杨尚昆主席在为王大使准备的新国书只能称俄罗斯首任总统叶利钦为"先生阁下"了。一个月时间内，原国书作废，制作新国书，这也是历史上少有的。

俄罗斯首任总统叶利钦上台不久，他就接受中国首任驻俄罗斯大使王荩卿的国书。递交国书仪式进行得顺利，意味着中俄关系出现了好兆头。

向纪念碑敬献花圈

有的国家如拉美国家阿根廷、古巴等，外国驻该国大使向国家元首递交国书之后，驻在国礼宾司会安排他们向纪念碑敬献花圈，此做法已成惯例。沈允熬大使于 1986 年 7 月 3 日向阿根廷总统阿方辛递交国书后，在阿外交部礼宾司长的陪同下，前往圣 · 马丁广场，向圣 · 马丁纪念碑敬献花圈。圣 · 马丁是一位民族英雄，他领导了阿根廷独立战争并为南美洲国家的独立做出了杰出贡献。外国国宾和外国使节递交国书后敬献花圈已成为当地的传统。

1990 年 9 月 6 日，陈久长大使向古巴国务委员会副主席罗德里格斯递交国书之后，在古方安排下，陈久长大使前往哈瓦那革命广场向古巴独立战争领袖和民族英雄何塞 · 马蒂塑像敬献花圈。入乡随俗，大使根据当地的习俗，向纪念碑敬献花圈成为递交国书不可缺少的礼仪安排之一。

在军营里递交国书

1972 年 11 月 6 日，中国同马达加斯加建立了外交关系。1973 年 1 月中旬，中国驻坦桑尼亚大使兼驻马达加斯加大使李耀文专程赴塔那那利佛递交国书，为此国内特地派杨桂荣高级翻译及金伯雄等 6 人随行。

马方专门安排李大使一行乘马达加斯加航空公司的航班从达累斯萨拉姆到塔那那利佛，在那里前后停留三天。抵达后的当天，李大使会见了外交部长拉齐拉卡，并递交国书副本。

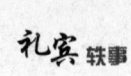

马达加斯加国家元首拉马南佐阿原是武装部队的总参谋长，当时这位原总参谋长办公地点是一个部队的驻地。马方得知李耀文大使曾是中国人民解放军的一名将军，可能是为了显示他们的军威，就把递交国书的仪式有意识地安排在元首驻地军营中举行，而不在当时的总统府内举行。那次递交国书的仪式更像是迎宾式的军事检阅。在场围观的军人、官员、记者一大批，李大使在外长拉齐拉卡陪同下随着军乐昂首阔步前进，双方随行人员跟随。一起进元首办公室，人多拥挤不堪。当奏两国国歌时，人们难于整齐站立，记者们只好从办公室窗外照相。递交国书的场面很热烈，但有点乱。

递交国书时翻译的奇遇

递交国书程序通常包括新任大使检阅仪仗队、奏两国国歌、国家元首接受国书、介绍参礼外交官、国家元首与新任大使交谈等。谈话是一项重要内容，要排除语言障碍，随行翻译显得很重要。翻译是语言沟通的桥梁，但有时翻译也不知所措，沉着应对十分重要。

1973 年 3 月，佛朗哥（1892—1975) 主政的西班牙与中华人民共和国建立外交关系。一个“共产主义国家”中国与一个曾野蛮镇压共产主义的“法西斯国家”西班牙“握手言和”，这无异于释放一颗政治原子弹，震惊世界。当年 9 月 25 日中国首任驻西班牙大使陈肇源到任，10 月 18 日陈肇源大使向国家元首佛朗哥递交国书，西班牙语翻译王珍随行。当时佛朗哥谈话很困难，已经几乎没有声音，翻译只见他嘴动，不闻其声。此时翻译不知所措，幸好在场的西班牙外长洛佩斯·罗多为翻译解了围，他按照佛朗哥的口型，大概加上揣测，把佛朗哥的话重复给翻译，翻译才完成任务。

“恭敬不如从命”

1999 年 12 月 16 日，吴建民大使向法国希拉克总统递交国书。递交国书的仪式既庄严又简约。摄影记者为他们照相时，希拉克总统让吴大使站在中间，在吴大使两旁是法国希拉克总统和外长。吴大使觉得不好意思，推让说，总统应该站在中间，希拉克说：“不，不，大使在中间。”吴大使推让了两次，希拉克还坚持要吴大使站中间。“恭敬不如从命”，吴大使只好在希拉克总统和外长中间站。

1964年6月，中国驻法国大使黄镇向戴高乐将军递交国书时，也由法国外长陪同。照相时，戴高乐将军站在中间，右侧为黄镇大使，左侧为法国外长。34年过去了，吴大使居然站在希拉克总统和外长中间，真是“恭敬不如从命”的一个特例。

罕见的两次检阅仪式

1991年吴德成任中国驻苏丹大使，苏丹外交部为他安排了向苏丹国家元首——革命指挥委员会巴希尔主席递交国书。吴大使在苏外交部礼宾司长陪同下，抵总统府院内时检阅仪仗队。他们身穿黑色呢制服，额缠白布，头上插着鸵鸟毛，手持老式步枪。检阅仪仗队时奏两国国歌，随后进入中央接见大厅递交国书。仪式顺利结束后吴大使来到底层走廊在贵宾簿上签名。

此时苏丹外交部礼宾司长悄悄地告诉吴大使，刚才检阅仪仗队时，苏丹电视台记者迟到，没拍着吴大使检阅仪式场面，但当晚必须播放这条新闻，希望吴大使再检阅一次。

于是，吴大使回到原来的台阶，再次检阅仪仗队，乐队再次奏起两国国歌。吴大使有了第一次的“彩排”，这回就轻松多了。

仪式一切从简

外国大使向驻在国国家元首递交国书通常都十分隆重，但有的国家仪式一切从简。1973年王若杰大使向越南南方临时革命政府阮友寿主席递交国书是在丛林中进行的，地点是在靠近老挝的长山山脉脚下的越南南方的广治省的一幢大木房里。王大使向阮主席递交国书，宣读颂词，阮主席接受国书后与王大使及随行外交官亲切交谈片刻，仪式便结束了。

递交国书时仪式简朴，不奏迎宾曲和不检阅仪仗队，也不挂国旗，没有高级礼车迎送。那时候越南南方临时革命政府还在与美军、西贡伪军打仗，递交国书的地方距敌人的前沿阵地仅20多公里。在战争的环境里，递交国书仪式一切从简是顺理成章的。

先递交上一个空信封，国书容后补上

递交国书的尴尬场面时有发生。有一位新大使因任务紧急，急于与驻在国领导人磋商两国关系大事，匆忙赴任。抵达后驻在国安排他尽快递交国书，但这位大使却忘带最重要的国书，幸亏驻在国是一个很友好的国家，采取了一种变通办法，让大使在仪式中先递交上一个空信封，国书容后补上。在场新闻记者不知其中虚实，这位大使也算走了过场。

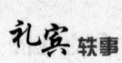

有一位新大使，首次经历这种隆重严肃的外交礼仪，心情紧张，在呈递国书时，双手哆嗦，结果手中的国书掉落下地，使主客双方都感到尴尬。

递交国书的趣闻轶事说不尽，这从一个侧面反映了一个国家文明、传统文化、社会风尚，这些趣闻轶事也深深地刻下时代的烙印。

“将军大使”的外交轶事

新中国成立后，中央决定组成以军队干部为骨干的外交队伍。经过筛选，中央选调了一批兵团级干部出任第一批大使。他们是黄镇、耿飚、袁仲贤、韩念龙、王幼平、姬鹏飞、彭明治、谭希林、倪志亮、曹祥仁、冯铉。由于他们都是身经百战的将军，人们都亲昵地称他们为“将军大使”。

“礼”行天下，以学礼为先

中国被誉为礼仪之邦，历史源远流长形成了传统灿烂的文化，形成了高尚的道德准则和完整的礼仪规范。中国古代长期实行六部制，礼部居其一。“礼”是内涵十分丰富的概念，“仪”则是“礼”的具体表现形式。做人做事是否合乎礼仪，能够表现出一个人，乃至一个民族的教养和品位。“将军大使”赴任前，外交部为他们办了学习班，参加学习的除十多位大使和他们的夫人外，还有部分参赞、武官，共40余人。他们树立了以有“礼”行天下的理念，学礼成为他们学习班的重要课题之一。

毛主席和周总理对新中国第一批“将军大使”十分重视。学习班开始时，周总理亲临讲话。他说：“你们这一批同志，中央选了又选。现在你们脱了军装搞外交，外交是政治斗争，武仗不打了，文仗还要打。你们大多是到社会主义国家当大使，要多做友好工作。外交工作授权有限，要注意多请示汇报，一定要加强组织纪律性。要组织学习驻在国语言，注意学习驻在国的长处。”

外交部先后请来了各方面的学者、专家到学习班讲课。学者、专家们分别讲述国际法、外交史、外交礼仪、领事条约、外交文书、国际法庭、联合国宪章、外交特权与豁免。还请了苏联驻华大使罗申、匈牙利驻华大使法朗柯、波兰驻华大使布尔金、罗马尼亚驻华大使鲁登科等介绍他们国家的社会、政治、经济情况，风俗习惯。“将军大使”还观摩了外国驻华大使在中南海勤政殿向中央人民政府主席毛泽东递交国书的全过程。观摩后毛泽东主席在周总理陪同下会见“将军大使”们，与他们亲切交谈。

周恩来说，外交同军事一样，不过是从“武打”变成“文打”而已。他鼓励将军们把多年战场上积累起来的“武打”经验灵活地运用到外交战线的“文打”之中去。

学习班以学礼为先。他们还到北京饭店演习如何主持宴会、如何吃西餐、如何热情接待客人、如何回答客人提出的问题……袁仲贤将军大使以学礼为先做出榜样，还在演习宴会上讲述他的学礼心得，得到学习班成员的赞扬。

不愿与递交国书无关的人士合影

袁仲贤将军是由毛泽东亲自介绍入党的，是这次抽调的“将军大使”中级别最高的一个。1950 年 4 月，袁仲贤被任命为中国驻印度首任大使。

1950 年 8 月，袁仲贤大使一行 40 余人离开北京，前往印度赴任。9 月 9 日，抵达加尔各答，受到印度当地政府官员、许多团体的代表和工人、学生以及当地华侨 1000 余人的热烈欢迎。9 月 13 日，袁仲贤一行抵达印度首都新德里。第二天，便受到了印度总理兼外长尼赫鲁的接见。袁仲贤向尼赫鲁转达了毛泽东主席、周恩来总理的致意。

9 月 18 日，袁仲贤向印度总统普拉沙德递交了国书。递交国书仪式结束后，由印度总统设午宴款待。在步入宴会厅的过道中，突然出现一件意外的事，当时有两名美国人站在一旁等候，普拉沙德总统向袁大使一一介绍，其中一名是美国最高法院法官威廉 · 道格拉斯，他们也被邀请参加午宴。考虑到中、美两国正处于敌对状态，袁仲贤面露不悦之色，只是略略点头。席间，袁仲贤始终未置一词，以这种特殊方式表示了对东道主这一安排的不满。

宴会结束后，印方安排合影，袁仲贤示意申健参赞出面向印方提出不愿与递交国书无关的人士合影。这使两位美国人颇为尴尬，只好起身告辞。袁仲贤在这种场合表现出的不卑不亢的态度，给对方留下了深刻的印象。

袁仲贤到任后，便集中全力筹办中国国庆招待会。他为此特地召开了动员会，号召使馆全体人员发挥主动和团结一致的精神，举办一个既能体现新中国精神面貌又隆重的大型国庆招待会。

10 月 1 日晚上，印度政府官员、知名人士、各界代表以及各地华侨、与我有外交关系或友好国家使领馆的外交官，约 1000 余人，出席由袁仲贤大使主持的第一次国庆招待会。尼赫鲁总理破例前来参加，使会场气氛达到高潮。

王幼平向挪威国王递交国书

在将军大使出使的国家中，10 多位将军大使中最多的当属王幼平。将军在长期的外交生涯中创下了两个第一：先后 7 次受命登程，足迹遍及亚欧拉美，历任驻罗马尼亚、挪威、柬埔寨、古巴、越南、马来西亚、苏联等 7 国大使，其中先后担任了驻罗马尼亚、挪威、柬埔寨、马来西亚等 4 国首任大使。这在数百位驻外大使和百余位首任大使中均堪称第一。

在新中国的外交格局中，王幼平就像一匹携着橄榄枝的白马，肩负着新中国外交的使命，从这个国家又来到那个国家。1954 年夏，他还是中国驻罗马尼亚大使，第二年他被任命为中华人民共和国首任驻挪威王国特命全权大使。1955 年 6 月 6 日，王幼平正式向挪威国王哈康七世递交国书。

这天上午 9 点，王宫的两辆高座大马车在御林军马队的护卫下，浩浩荡荡穿街过市到中国大使馆租住的旅馆，来接中国大使。挪威礼宾官破例允许王大使偕一位外交官一同前往。

当天，王大使乘坐的马车为宝石镶嵌，披红挂绿，赶车的人身穿黑色燕尾服，戴着高高的礼帽，卫士们头戴红缨钢盔，身穿金线绣边戎装，腰扎宽腰带，手持红缨长矛。如此一个仪仗队在现代街市上十分耀眼；马车上挂满铜铃，跑起来“叮当”作响，特别引人注目。

国王的接见大厅在王宫二楼。从大门口到二楼，沿路都有卫士手持长矛侍立。王大使进入大厅，国王已等候在那里。二人相对站立，王大使行鞠躬礼，双手呈递国书。国王接过国书，与王大使握手，表示欢迎。记者照相，仪式即告结束，马队又浩浩荡荡把大使送回下榻旅馆。

若干年后，王幼平回忆起这段坐皇家马车递交国书的情景时，颇有感触地说："当年扛枪当兵、长征、抗战、打解放战争，从步行到骑马，从骑马到坐吉普车、奔驰车，每更换一回，虽有感触但不是很强烈，惟独坐马车递国书感受特别强烈。这种感受只有马车里的人才能体会。"同时，王大使认为东西方历史背景、文化背景虽有较大差异，然而在外交方面却有许多相似之处。

美国大使与中国大使夫人"手挽手"进入宴会厅

1955年8月，英国女王伊丽莎白二世访问挪威，国王哈康在王宫举行盛大国宴，王幼平大使偕夫人史洪潮应邀出席。在这种国宴场合，挪威礼仪要求很严，别具一格，主人在来宾的请帖上都编上号码，当场使节及夫人按请帖编号，临时"结对"入场。

晚上8点，宴会开始，大厅里灯火辉煌，宾朋满座，王宫乐队奏起挪威古典迎宾曲，使节和夫人手持请帖，均照请帖编号结对进入宴会厅。王幼平大使与西班牙大使夫人按请帖编号"结对"，而王大使的夫人史洪潮正好碰上美国大使。美国大使只好挎上中国大使的夫人的胳膊进入宴会厅。那时英国女王和挪威国王站在大厅中央与来宾一一握手。宾主兴致勃勃，热烈交谈。英国女王伊丽莎白二世身着白色绣花镶嵌宝石的绸缎衣服，在水晶灯的映照下，更显得雍容华贵，珠光宝气。她是宴会大厅理所当然的中心，然而当美国大使和中国大使夫人一露面，中心就从女王这里转移了。

身着黑色晚礼服的美国大使和身穿白缎绣花旗袍、高跟鞋、年轻漂亮的29岁的中华人民共和国大使夫人，胳膊挎胳膊进入宴会大厅。宾主先是一愣，接着就是一阵轻微的骚动。苏联大使感到十分有趣，他怕笑出声来，特意用手把嘴捂上。镁光灯不停地闪烁，记者不停地拍照。

大家惊讶，中美是两个没有外交关系的国家，而且把各自视为头号敌人。尤其是朝鲜战争结束后，美国更加仇视新中国，对中国实行包围和禁运政策。美国国务卿杜勒斯在日内瓦会议期间，曾给美国代表团下了一道不近情理的命令，"美国人不准和中国人握手"。可是现在，美国大使却在奥斯陆与中国大使的夫人"握手"了，而且美国人还挎着中国人的胳膊进场。杜勒斯那种蛮横无理的态度受到历史的嘲弄。

美国大使和中国大使夫人在大庭广众之中不期而遇了，这位美国大使并未按照他的国务卿的荒唐“命令”去做，而是按照东道国的礼仪惯例行事了。而且他们做得很认真，很好地扮演了自己的角色。女王和国王望着他们点点头，脸上露出满意的笑容。

史洪潮后来回忆说：“我知道他是美国大使，但我处之泰然。我们两个人正好坐在女王和国王的对面，位置十分显要。美国大使注意礼貌，他帮我把椅子拉开，我站过去后，他又把椅子帮我推回原位。从头到尾，美国大使都为我倒酒夹菜。”

挪威王宫礼宾官的这次技术性安排，为国宴平添了戏剧性效果，为外交使团增加了一个戏剧性的话题。一时间，美国大使手挽中国大使夫人步入宴会大厅，成为外交界的一大新闻。

将军大使带过多少兵

新中国成立前，耿飚长期在军队担任领导职务。1950 年 1 月调入外交部，历任新中国驻瑞典大使兼驻丹麦、芬兰公使，驻巴基斯坦大使，驻缅甸大使，驻阿尔巴尼亚大使等职。

1950年10月1日，中国驻瑞典大使耿飚在斯德哥尔摩最大的饭店里举办第一次国庆招待会，500 多位来自瑞典社会各界的贵宾出席，欢聚一堂，庆祝新中国的周岁华诞。耿飚大使穿梭于觥筹交错、衣香鬓影之间，身旁的赵兰香身着一袭传统丝绸旗袍，令众多宾客眼前一亮。

席间，瑞典王国有一位司令听说耿飚也是将军，便问：“听说你也是将军？”耿飚说：“是。”那位司令看看耿飚，瘦瘦的，高个子，又问：“你带过多少部队？”耿飚大概粗略地算了算，笑笑地说：“兵团至少总得有几十万吧！”瑞典皇家海军最高司令听后肃然起敬，向耿飚大使行礼，说道：“真了不起，您所率领的军队比我们瑞典王国全国的军队还要多。”耿飚也赶紧站起来给他还了一个军礼。耿飚大使还说：“我的那些兵，也就 10 多万人。”这时，旁边的几位贵宾也主动凑过来与耿飚碰杯，称赞他是“伟大国家派来的伟大的大使”。溢美之词不绝于耳，耿飚就这样凭借着将军的风度和大使的谋略巧妙地回应说：“比起我们伟大的国家，我只不过是一个兵、一个战士。我愿意做中瑞两国之间发展友谊的桥梁……”招待会后，当地报纸纷纷撰文：“社会主义大使首次亮相，驳壳枪换成了香槟酒。”

耿飚大使回国后曾任外交部副部长、国务院副总理、全国人大常委会副委员长等职。他担任副总理期间，我在礼宾司任职，曾有幸随他因公出国，领略这位将军大使的丰采。

并不简单的国庆招待会

我在中国驻外使领馆度过14个中国国庆日，深感举行国庆招待会是每年最重要的交际活动之一，要求做到精心安排井然有序，还要根据不同国家的背景和特点做出安排。

国庆招待会大有讲究

通常使领馆国庆招待会多是酒会或是冷餐会（自助餐）。这种形式较为灵活，备有食品、酒水饮料，通常都不排席位，可以自由活动。菜肴以冷食为主，也可用热菜，餐具陈设在菜桌上，供客人自取，客人可以多次取食。酒水可陈放在桌上，也可由招待员端送。冷餐会在室内或在院子里、花园里举行，可设小桌、椅子，自由入座，也可以站立进餐。如何举行招待会呢？首先要确定招待会的目的、名义、对象。

确定邀请范围，详细列出邀请名单。列名单要考虑多方因素，如招待会的性质、主宾的身份、国际惯例、政治气候等各方面因素都要想到，不能只顾一面，驻外机构举行较大规模的国庆活动，应与驻在国主管部门商定时间，发出邀请和请柬格式。发请柬，这既是礼貌，亦可当做对客人的提醒、备忘之用。有些国家，邀请最高领导人作为主宾参加活动，需单独发出大使签名的请柬。请柬通常提前一周至二周发出，有的国家要求提前一个月发出，以便被邀请人及早安排。已经口头约妥的活动，仍应补送请柬，在请柬右上方或下方注上“To remind”（备忘）字样。需安排座位者，为确切掌握出席情况，往往要求被邀者答复能否出席，遇此，请柬上一般用外文缩写注上R.S.V.P.（请答复）字样，如只需不出席者答复，则可注上Regrets only（因故不能出席请答复）。

作者夫妇为庆祝中国国庆举行招待会，沙捞越州元首（中）夫妇等出席，图为主席台上切蛋糕场面

请柬内容包括活动形式、时间及地点、主人的姓名。请柬信封上被邀请人姓名、职务的书写要准确。请柬发出后，应及时落实出席情况，准确记录，报告馆长。

订菜：酒菜在规定的预算标准以内安排。选菜不以主人的爱好为准，主要考虑主宾的喜好与禁忌，例如，伊斯兰教徒用清真席，不用酒；印度教徒不能用牛肉；佛教僧侣和一些教徒吃素；有的客人因身体原因不能吃某种食品的，需特殊照顾，单独为其备菜。大型招待会，也应照顾到各个方面。

现场安排：是否挂国旗、奏国歌都必须考虑周全。主人一般在门口迎接客人。除男女主人外，还有少数其他主要官员陪同主人排列迎宾。有些国家高级官员到达时，有专责人员唱名。

是否安排正式讲话，各国习俗不尽一致，礼宾官根据实际情况举办国庆招待会最为重要。

洋溢着情谊的国庆招待会

1969 年 4 月，我随聂功成领事被派驻卡拉奇总领馆工作。那时，我国已与 40 多个国家建交，中国领导人出访、外交信使出国大多路经卡拉奇。卡拉奇是巴基斯坦第一大城市，信德省首府。中巴两国那时已建立起全天候友谊，我第一次出国能到友好的国家巴基斯坦工作，深感荣幸。到馆后我除了担任翻译外，还负责礼宾工作。我起早摸黑奔波于机场接客人，既是礼宾官，又是签证官。

1971 年 3 月印巴战争期间，我驻卡拉奇总领馆与巴基斯坦海军总部相邻，处于印度战机轰炸目标附近，弹片时常落到馆内。在顶着硝烟弥漫、轰炸声不绝的日子里，我与司机频繁往来于卡拉奇港口办理公务。

苗九锐总领事上任后我更忙碌，每年馆长举行国庆招待会成为一场重头戏。总领事馆朋友多，那时使馆的商务参赞处还在卡拉奇，商界的朋友也很多，每年总领事馆于 9 月 30 日晚举行的国庆招待会，信德省首席部长每次必到。好朋友、好邻居、好伙伴、好兄弟都来了，满满一堂，十分拥挤。我记得有一年国庆招待会，专门请海滨饭店为总领馆服务，我还请他们多派几位招待员。尽管如此，几百人的招待会，10 多位服务员还显得太少。总领事馆不得不增派馆里服务员参加接待。

有一次草地满满地站着客人，我馆一位服务员端着满满一托盘的橘子水，小心翼翼地行进，不料还是出事了。有人不小心碰倒玻璃杯，橘子水溅到客人的衣服上，该服务员表示歉意。那位客人虽表示不介意，却立刻退场。回家换了新装，这位客人又回到招待会上。

总领事馆的草地、阳台、会客室等场合都开放了，还不够。招待会计划当晚 9 时结束，但很少有客人退场，招待会延续 1 个多小时。叫车者也难以收场，他通过高音喇叭不断广播客人的姓名和车号，声音响彻卡拉奇夜空。招待会洋溢着真挚的情谊让我终生难忘。

中国驻日大使举行国庆招待会

1983 年 9 月我被调至中国驻日本使馆任一等秘书。日本是近邻，与中国一衣带水。中日邦交正常化以来，两国友好，关系密切，因而官民各个领域交往频繁，使馆工作十分繁忙。我在驻日本使馆当了 4 年多礼宾官，日子过得飞快。

那时，中国领导人纷纷访日，使馆积极筹备、组织严密、礼宾联络组、新闻组、安全组等，各有分工，各司其职，同心协力。我当礼宾官，责无旁贷，事事带头干。驻日使馆礼宾业务繁多，我每天除了安排大使活动和处理文书、案件外，几乎每天晚上都要忙于使馆对外宴请活动。大使的活动，每天从早到晚，排得满满的。大使一天参加四五项活动是司空见惯的。那时两国高级领导人的交往相当频繁，两国政府和民间的交流合作与日俱增。我记得1986年，章曙大使曾陪同中国重要代表团会见日本首相达20次之多。有时一天陪见两次，中国访日的部长级以上人员或其他重要代表团接连不断，他们到东京之后，都要求会见章曙大使，一点不能怠慢。

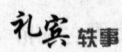

每年中国国庆，驻日大使在使馆内举行两场大型招待会，每场客人约千余人，从拟邀请名单到落实招待会的菜单都由我去办理。大使朋友多，平时除和政界朋友经常接触外，他的经济、新闻、科技和文化体育等各界朋友也很多。甚至那些被我关押过的日本战俘，受过中国方面教育感化，回日本后成为使馆的好朋友，也来参加招待会。招待会气氛友好热情，日本朋友赠送的花篮很多，成为大家照相的最佳背景，草地上饮料桌旁客人十分拥挤，排队自取茅台酒。"为日中世世代代友好下去干杯"，声浪此起彼伏。

平日使馆的安全很重要，两场大型国庆招待会的安全更重要。我记得，那时东京的右翼团体车辆常开到中国大使馆面前，通过高音喇叭谩骂中国，干扰使馆的正常生活。对此我们通知警方，要他们尽快赶走捣乱的右翼分子，但警方也显得无能为力。我记得有一次使馆传达室老马告诉我，说收到一个可疑邮件，日文为爆炸物，这引起我的警惕，立刻通知警视厅派人来检查核实，结果是一场虚惊，那是右翼分子搞的恶作剧。

不寻常的国庆招待会

1994年新中国成立45周年，我任总领事后在马来西亚沙捞越州举行了第一个国庆招待会。当时总领事馆只有我们夫妇两人，朋友说，中国总领馆成为一个名副其实的夫妻店，夫妻店举行国庆招待会，真不寻常。

当年8月3日驻古晋总领事开馆后不久，曲六章领事回国休假。总领事馆刚开张，事多人少。国庆临近时广州市海洋渔业公司"穗渔106号"渔船及17名渔民在南中国海我传统渔场作业时被捕扣，陈副领事不得不飞往米里处理此案。

我对操办国庆招待会虽然有一定经验，但作为主人身份举行招待会，还是第一次，况且当时身边没有助手，对此我专门了解并借鉴英国、印度尼西亚领事馆在当地举行国庆招待会的习惯做法，筹办国庆招待会。

笨鸟先飞，国庆准备工作提前进行。首先做好宣传工作。总领事馆图片橱窗提早开设国庆专栏，宣传我国 45 年来特别是实行改革开放以来各方面取得的重大成就。然后我着手拟定国庆招待会的计划，其中包括制定邀请名单，向州首席部长发出邀请信。考虑到节省开支，我决定不在大饭店举行招待会。我主动写信向古晋南市市政厅申请，借古晋民众会堂举行庆祝，市政厅很快答复，同意免费让我馆使用。民众会堂位于市中心，且有足够的停车场。巍巍壮观的民众会堂确是举办招待会理想之地，还可节省一笔可观的场地费。

我马不停蹄地工作，给自己下死命令，不管多累，必须完成每天的计划。写请柬，看场地……并及早与古晋金福临饭店签约，请他们提供招待会的食品。天天忙得团团转，工作千头万绪。实在忙不过来了，我只好请我在当地雇用的司机和朋友帮忙。国庆招待会前两天，我临时请当地的中资公司人员来馆帮助。我开了动员会，要求他们以主人翁的态度，协助我们夫妇办好招待会。要求他们做到招待热情，礼节周到，决不能出纰漏。他们都愉快地接受任务。

招待会前我把当地朋友赠送的数十个花篮装饰在会场上，在会场正中贴上“庆祝中华人民共和国国庆 45 周年”红字，当晚还设了主宾席，铺了红地毯，迎宾的气氛更隆重。招待会在愉快的气氛中开始。我请华人朋友刘先生代为司仪。招待会开始，主宾入席，播放中马两国国歌。客人用餐时，播放席间乐。“相见欢”“步步高”“汉宫秋月”……悠扬悦耳的音乐，使客人感到宾至如归。招待会上还特地准备了马来人和其他土著人喜欢的饭菜，如咖喱鸡、椰子点心等。丰富美味可口的饭菜得到客人的一致好评。招待会进入高潮时，朋友们频频举杯庆祝中国国庆。

当晚客人出席招待会之多，规格之高以及招待会影响之广，令我终身难忘。出席的贵宾包括沙捞越州首席部长拿督巴丁宜泰益玛目及州其他高级官员、知名人士和工商界巨子等近 400 人。招待会上客人表示：邓小平倡导的改革开放政策使中国发展强大。赞扬中国是维护世界和平的重要力量。一位朋友拿着带国徽的请柬要我签名，说他将永久保存镶嵌着中国国徽的请柬作纪念品。一位华人朋友听到播放中华人民共和国国歌时热泪盈眶，说中国国歌也是他心中永远的旋律。很多华人朋友说，祖国强盛了，他们在国外的地位提高了，日子更好过了。招待会的成功举行给他们脸上增了光彩。

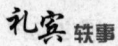

虽然辛苦，但我的精神振奋，就好像战士打了胜仗一样高兴万分。客人走后我们夫妇逐一向参加招待会工作的中资公司和华人朋友表示感谢。由于他们的辛勤劳动和全力的支持，使招待会获得成功举办。

外交官的神圣天职就是为祖国的最高利益服务。国庆招待会的成功举行使我感到莫大的荣幸。举行国庆招待会是驻外使领馆一年一度的重要任务，克服困难，完成祖国和人民交给的任务，就是外交人员最大的幸福。国庆招待会也显示了州政府和朋友们对中马友好合作关系的重视和对总领事馆工作的支持，对此我感到欢欣鼓舞。

礼宾次序之妙用

礼宾次序是指国际交往中对出席活动的国家、团体、各国人士的位次，按某些规则和惯例进行排列的先后次序。礼宾次序既体现东道主对各国宾客所给予的礼遇，又表明各国主权平等的关系。礼宾次序安排不当或不符合国际惯例，会引起不必要的争执与交涉，甚至影响国家关系。

国事大典中席次安排是最为复杂和细致的一项工作。国宴也是如此，席次安排根据宾主的礼宾顺序，结合职业，考虑工作需要来进行。席次以右为上，左为下。在人民大会堂宴会厅举行大型招待会，通常把宴席分为中方区、重要外宾区、使节区、港澳台胞区、外国专家区等。除中方区外，其他区均安排中方有关负责人和译员陪同外宾。

周总理曾说，要办好大型招待会，一来要抓主宾席，二来要抓讲话稿。他的身教言传，我终生难忘。要抓主宾席，首先要考虑礼宾顺序，礼宾次序排列通常方法有：

1、按身份与职务高低排列。针对身份、地位不同者安排。这种排列方法最古老、最常见、较少引起争议。国家官员由高至低的顺序是：国家元首、副元首、政府首脑、副首脑、部长、副部长，外交官则用外交官职衔定顺序。2、按字母顺序排列。国际多边外交活动中，按照参加国国名字母顺序排列。那么按照哪种文字的字母顺序呢？不同场合，可能会使用不同的文字字母。联合国一般以英文字母排列，但为避免一些国家总是在前排就座，所以每年抽签一次，决定本年度大会席位以哪个字母打头，以便各国都有机会排在前列，其他国际活动场合，也有按其他文种的字母顺序排列的。国际体育比赛开幕式中，各国代表团的出场顺序，一般也是按其国名字母顺序排列，但东道国的代表团出于礼让，往往是最后一个出场。3、按就职时间先后排列。关于外交代表位次的排列,《维也纳外交关系公约》规定，“使馆馆长”之优先地位是按其“开始执行之日期及时间先后定之”。各国驻某国外交使团中，大使名次顺序，是按其递交国书的时间先后，也就是按照就职时间先后决定的。外交团严格按其递交国书日期先后，确定外交团团长。在一些多边活动中，出席者身份相同，按照他们就职时间先后排列。

从整体而言，突破礼宾次序的条条框框是不容易的，因为在国际交往中，有关国家、团体、人士的位次、先后次序，均按一定规则进行排列，这是长期以来形成的国际惯例，有的已被国际法所肯定。

双边和多边外交礼仪活动，诸如宴请、签字仪式安排等，首先要确定礼宾次序。礼宾次序的安排要考虑很多因素：国家之间的关系，活动的性质、内容，对于活动的贡献大小，以及参加者的威望、资历等等。还得考虑业务性质、相互关系、语言交流等等。

礼宾次序是礼宾工作的基础。礼宾次序排列，最终还是由活动组织方本身的政治需要决定的，然而无论采取哪种方式排列，对外都得有可以站得住脚的理由。例如，1991 年苏联解体后，中国同俄罗斯、哈萨克斯坦、吉尔吉斯斯坦、塔吉克斯坦四国组成的联合代表团，继续就中苏之间的边界和边境地区裁军与加强军事领域信任问题进行谈判。谈判结束后上述五国元首在上海签署了《关于在边境地区加强军事领域信任协议》。中国为东道主，考虑到在联合代表团里俄方官员出任团长，发挥了主要作用。为体现中国东道主的特色，并结合俄国在谈判中的主要作用，外交部礼宾司首次提出以汉语拼音字母安排礼宾次序。在五国元首签署协定、签署后各国元首向媒体发表讲话以及合影的站位排列上是这样：中（z）俄 (e) 、哈（h）吉（j）、塔（t）顺序安排的。东道主江泽民主席居中，右侧是俄总统，左侧为哈总统，再右边为吉总统、再左侧为塔总统。巧妙地避免用英语或俄语字母排列引起的不便。又例如，1989 年 2 月，日本昭和天皇逝世，163 个国家代表参加葬礼，其中包括美国新任总统乔治 · 布什。按国际惯例，同为国家元首，其礼宾次序应按国家英文的字母次序来安排，美国英文名 United States of America 以“U”开始，这样布什将排在后席，这同日本将日美关系放在首位的政策不合。根据日美关系，日方决定突出美国总统，其理由是：凡天皇出访过的国家代表优先。日本昭和天皇出访不多，但到过美国。用这个“理由”，布什被排到最前面去了，解决了日本礼宾的大难题，真是“用心良苦”。

亚信峰会席位安排创新意

2014年5月21日，亚信第四次峰会在上海举行。受邀的亚信大家庭中，近40个国家和国际组织派团与会，其中14位国家元首和政府首脑、8位国际组织负责人与会。

习近平主席发表了“积极树立亚洲安全观，共创安全合作新局面”的重要讲话。

习主席在讲话中，提出积极倡导共同、综合、合作、可持续的亚洲安全观，创新安全理念，搭建地区安全和合作新架构，努力走出一条共建、共享、共赢的亚洲安全之路。

峰会的礼宾座次安排是一个敏感问题，与会各方都很在意。按照亚信峰会的惯例，按国家英文名称的字母顺序排列，先成员国后观察员国代表。当然也有灵活性，也考虑“政治分量与实力”的因素。此次巨型圆桌席位，安排有新意。在确保“各就各位”的同时，还体现周到温馨的礼数。采用了按照钟点排席位的方式，即习主席位于12点席位，而在3点、6点、9点席位分别安排代表性级别较高的代表团团长。同时以四点为基础安排其他国家代表团团长。安排事先通报各团，个别团有异议，则作了调整。有的代表对安排在6点位置上反应强烈，认为离主人席位太远了。中方礼宾官解释说6点位置为副主人席位，非常重要，但对方不领情，只好与另一个代表团协商，做了调整，结果是皆大欢喜。

奥运国宴席位巧安排

2008年奥运会的盛况在很多人的心里依然记忆犹新。2008年8月8日中午12点30分，中国国家主席胡锦涛在人民大会堂宴会厅为出席北京奥运会的贵宾举行欢迎宴会。这次国宴的规格被所有媒体用“空前”“盛举”“中华第一宴”等词汇形容，一些外国媒体更是以“中国搭起最大的外交舞台”来盛赞此次国宴的成功。

80多个国家的元首齐聚国宴，无论是级别还是规模不仅在中国是空前的，同时在世界范围也甚为罕见。如何让每一位外宾都感到宾至如归，实是一项难题，为此，礼宾司在此前做了精心而细致的准备。无论是菜品的选择，还是贵宾的座次，抑或是国宴上播放的音乐都是深奥的学问。

国宴共设九大桌主宾席区，每张桌子并没有采用原有编号的方式，而是别出心裁地以鲜花为名，分别为牡丹、茉莉、兰花、月季、杜鹃、荷花、茶花、桂花、芙蓉。这九种鲜花都是我国为世人所熟知的最美丽的花卉，其中尤以牡丹为最，它是富贵、繁荣、幸福和吉祥的象征。国宴用鲜花命名餐桌，寓意是充分体现奥运大家庭的和谐氛围，向世界人民展示百花争艳的繁荣景象，更是体现东道主对外宾恰如其分的礼仪，让他们既不会有因为座次编号产生的尴尬，又有置身于芬芳花海中的感觉。国宴上，还特别选择了曾在上个世纪80年代由李谷一唱红的《迎宾曲》作为宴会音乐，“花城百花开，花开朋友来，鲜花伴美酒，欢聚一堂抒情怀……”

80多个国家的贵宾座次的安排更是一门大学问，需仔细认真推敲，力求完美。要既突出重点国家又兼顾地区的代表性，同时综合考虑国家关系及宗教信仰等因素，比如说，要避免出现政治对手甚至敌人比肩而坐的尴尬场面等。而菜品的选择也是要注意到每个国家在饮食上的禁忌，不要有引起争议的菜式。

此次国宴上，胡锦涛、吴邦国、温家宝等9位政治局常委分别就座于九大桌。首席桌“牡丹桌”上，国际奥委会主席罗格落座于胡锦涛主席的右侧，美国总统布什坐在罗格旁边，法国总统萨科齐、俄罗斯总理普京、日本首相福田康夫夫妇、巴西总统卢拉等人也分别落座于首席桌。

奥运国宴的餐单一度是社会各界热议的重点。在这场被誉为“中华第一宴”的国宴上，中国为各方贵宾准备的热菜为三菜一汤，三菜为荷香牛排、鸟巢鲜蔬、酱汁鳕鱼，汤为瓜盅松茸汤，北京烤鸭则作为附加的小吃提供给各方贵宾。社会各界对餐单的选择给予了高度评价，“务实、清廉、朴素实则体现了中国领导人的政风和作风。”

奥运国宴再次将中国的友好与礼仪展现给全世界，成功地弘扬了中国的形象。国宴随着时代的进程越来越简约并与国际接轨，却始终保持着细致与精致并存、礼仪与文化并重的良好风范。

在实际工作中，情况往往是复杂的，礼宾顺序的排列常常不能按一种方法排列，而是通过几种方法的交叉。如在国际会议上安排参与者合影，一种新颖的方法是大体上按照与会者身材高矮排列合影。巧妙地按照礼宾顺序，加之灵活运用，大胆创新，关键在于，你的安排能够让大家满意。

“攻心”的“文化外交”

文化是民族的血液和灵魂。文化是滋养一个民族的养分，渗透在人民血液中。文化与人的行为、国家的行为关系重大，因为文化决定观念，观念决定行为，决定一个民族的思维意识。

全球迈人“文化外交”时代。所谓“文化外交”，即观点、信息、艺术形式以及其他文化领域内国家及其人民之间的交流与交往，是一种软实力外交。事实上很多场合下，这种“心灵之间的交流”可以在传统外交中不期而遇。文学艺术交流、体育交流、学术交流、展会交流以及其他文化事宜等是文化外交的主要体现。

过去的“乒乓外交”和“熊猫外交”等都属文化外交之列。在国际交往中，各国政要互赠礼品是一种国际惯例，是传统的礼仪，实际上它也是文化交流。多年来中国传统上向外国政要或来访国宾赠送的国礼，包括向他们赠送中国字画等，实际上是一种“文化外交”。

中国画当国礼赠送

国画是中国人的传统绘画形式。中国画在内容和艺术创作上，体现了中国人对自然、社会及与之相关联的政治、哲学、宗教、道德、文艺等方面的认识。

在我记忆里，我国领导人把国画作为国礼对外赠送，难于数计。例如，1957 年刘力上与其他 10 名画家合作的《岱山旭日》巨幅山水画，作为国家礼品由毛泽东主席率领的中共代表团带往苏联，赠给苏共中央。

1978 年 10 月 22 日至 29 日邓小平副总理访问日本，并出席《中日和平友好条约》互换批准书仪式，我有幸随行。23 日中午，邓副总理前往皇宫会见裕仁天皇。这是一次历史性的会见。会见结束时天皇和皇后赠送邓副总理夫妇一张署名照片和一对银花瓶，邓副总理夫妇回赠了黄胄先生的一幅水墨画卷和彩色艳丽的刺绣屏风。将中国书画作品当作国礼对外赠送显示了新中国文化外交的魅力。

1992 年江泽民总书记访日时，根据日本是一个与我国文化交流历史悠久的国家之特点，向明仁天皇赠送仿汉代张衡地动仪。天皇很欣赏这件礼品，说它 " 体现中国古代的科学进步。向日本朋友赠送中国画，为江总书记访问日本锦上添花。我记得，当时向日本前首相田中角荣赠送何海霞创作的《黄山莲花峰图》国画。而赠送日本首相宫泽喜一是一幅少数民族人物画，专门请著名画家黄胄创作的。

当年 4 月 8 日早 8 时，江总书记在东京迎宾馆和风别馆，邀请福田赳夫、铃木善幸、中曾根康弘、竹下登、宇野宗佑、海部俊树等六位前首相共进早餐。他们都是中日关系发展历程的重要见证人，也是中日关系发展的有功之臣。在短短的 40 分钟的早餐会上宾主交谈甚欢。对过去 20 年两国关系发展的成果以及进一步增进两国人民的传统友谊取得共识。早餐会上江总书记向各位前首相赠送中国画及印章。当他们逐一接过名作打开欣赏时，都赞扬那些作品。礼宾司代司长鲁培新和我在场，见证了这次历史性的会见。

同年明仁天皇访华，带来的一份国礼，意义深邃。天皇说，那是他特地请日本著名画家平山郁夫画的法隆寺，法隆寺是古代日本吸收中国文化修建的建筑，是日本现存的古老的木结构建筑，这幅画与这次访问十分相宜。法隆寺是日本圣德太子主持修建的，他热衷中国文化，当时派遣许多使者到中国访问。鉴真大师接受日本天皇的邀请到日本传法布教，唐招提寺是由鉴真大师在 759 年主持建造的，法隆寺也在同一时期建造。法隆寺体现中国佛教建筑与日本文化的融合，说明日中文化交流历史悠长。天皇访华期间，我国向陛下赠送了山东产的“琅琊砚”以及我国书法家书写的《茶经》。

“肖像国礼外交”之忆

擅长人物肖像画的画家袁熙坤教授是礼宾司的老朋友。他是全国政协委员，也是画坛奇人。袁熙坤先生曾邀请鲁培新和我到他家做客。他长期从事中国水墨人物画、动物画创作，作品栩栩如生，以神写形，以意取情，妙趣天成，浑朴自然。做客时，他自告奋勇，说他

江泽民主席在人民大会堂会见日本首相海部俊树一行，第二排右 1 为作者

可以为来访的外国元首、政府首脑写生创作水墨肖像画。他的许诺，让我们欣喜万分，这样我们对外赠送礼品又有了新的门路！可以把他写生创作的作品当作国礼赠送国宾，就这样“肖像外交”开始了。

1991 年 8 月，日本国总理大臣海部俊树正式访华，他是袁熙坤先生画的水墨肖像的第一位外国领导人。当年 7 月 26 日袁熙坤先生专程飞往东京在首相官邸为海部首相作画。这是海部首相有生以来第一次请画家为他作水墨肖像画，此前海部首相曾通过日本文部省全面了解袁熙坤先生。

肖像完成之后，海部首相十分满意。海部温和、真诚的神态，洋溢在肖像画上。袁画家认为海部首相当时配合十分默契，他在沙发上静坐半个多小时，神态自然，加上当时会客室光线、角度都不错，写生十分有利，一气呵成。8 月 11 日在中日友好协会举行盛大招待会上，国家副主席、中日友协名誉会长王震正式把袁熙坤先生所画的海部俊树肖像画赠送给他。海部首相十分高兴。

1992 年是水墨肖像画丰收之年，那年联合国秘书长加利、南非非国大主席曼德拉、日本明仁天皇陛下、俄罗斯总统叶利钦等重要国宾相继访华，礼宾司都及时请袁熙坤先生到钓鱼台国宾馆为国宾写生作画。袁熙坤先生记忆最深是为曼德拉画像，当时在场有一大群官员和记者包围，但他十分沉着，仔细观察，静静地画了 25 分钟。他认为曼德拉的经历比其他领袖人物坎坷，20 多年的牢狱生活，没有摧毁他的意志，使他老而弥坚。曼德拉主席接到肖像画时说 : " 能请您这样著名的画家为我画像，使我对中国的访问更加难以忘怀。

当礼宾司将肖像画赠送给其他国宾时，他们都很满意。对肖像画评价很高，赞扬画家的创作艺术，说肖像画十分逼真感人。联合国秘书长加利说 :“我将把此幅画像挂在显著的位置上。”1993 年，袁熙坤先生又在钓鱼台国宾馆为马来西亚总理马哈蒂尔等国宾写生创作画像，得到国宾的赞扬。

在礼宾司的积极支持和密切的配合下，他还为国际奥委会主席萨马兰奇、美国总统克林顿、德国总理施罗德以及以色列总统魏茨曼等数十位国宾写生创作肖像画。有些肖像画被美国亚洲艺术博物馆、赛克勒博物馆、德国柏林博物馆等外国博物馆作为珍贵艺术品收藏展示。

袁熙坤先生的肖像画，得到外交部领导的好评和赞扬。外交部很多人被他高超的艺术技巧和无私奉献的精神所感动。后来时任外交部长李肇星在题袁熙坤先生画集上这样写着 :“肖像传神韵，和平多使者”。

多年来袁熙坤先生被誉为 " 肖像外交大使 "，他以国画艺术为纽带，为我国外交事业，为发展和加强我国与世界各国的文化交流和民间友好工作，做出了积极的贡献。

文化交流年方兴未艾

新中国成立后，中国政府在对外关系中非常重视文化交流的作用。上世纪 50 年代中国成立了对外文化联络局，后来又扩大为对外文化联络委员会，专门负责对外的文化交流工作。“文革”期间“对外文化联络委员会”被撤销。后来文化部内设立对外文化联络局，并加强中国驻外使领馆的文化官员工作，加强文化交流，并常常与驻在国签订文化交流或文化合作协定，并将此项重要工作“常态化”。

我很高兴地看到，多年来文化外交已成为中国总体外交的重要组成和新的外交增长点，成为中国营造有利的外部环境、展示良好的国家形象、增强软实力及综合国力的重要手段。

外交电话里的国际风云

繁忙的“黑机”

1965年我调入外交部礼宾司之后，几乎整天与电话机打交道。礼宾司的电话多且重要，每天上班电话响个不停。那时值夜班看守电话，处理急件。繁忙的“黑机”子让我整天忙忙碌碌，岁月在不经意间溜走了。“红机”子让我感到神秘和权威性，不论“黑机”或“红机”，都是我的良师益友，获益匪浅。

上世纪60年代，电话机少，单位或家里有电话机，是一个人社会地位的象征。我刚从宁静的课堂到有电话的热闹的办公室，看到那几台电话机，既高兴又畏惧。我注意到老一辈同事接打电话时，很老练，不慌乱，风度翩翩，有着良好的素养。

我接打电话却常常花九牛二虎之力，有时紧张得满头大汗，张处长还是不满意。尤其他听到我的广东腔普通话时，常常摇着头说:“小吴，你要好好学习普通话！”面对压力，我把它变为动力，天天洗耳恭听老同志如何打电话，向他们学习，日积月累，渐渐地掌握打电话的技巧，我在“黑机”旁心情也变得轻松愉快了。

要处理好每天的电话也不容易。我记得有一次某国驻华使馆来电话，告其大使将于某日回国述职。我答说会报告领导，却画蛇添足地询问大使什么时候去机场。张处长听后很生气地问：“是谁授权给你问这些？”我无话可答，后来知道错了。询问大使什么时候去机场，意味着礼宾司有官员送行。外交电话很敏感，不能随意增加或减少说话的内容。

打电话要讲艺术，不能随心所欲，尤其要注意细节。按照事先拟好的电话稿打电话，既省时又明了。接电话要勤快，记要点，然后整理电话记录单报告领导。坚持填写电话记录单，习惯成自然。填写电话记录单很重要，一来备份，日后处理方便；二来积累的记录单可成为调研的好材料。

外交电话里的政治元素

“外交无小事，遇事要请示。”这是我工作的座右铭。接打外交电话也要遵循这一原则。这里有个故事，1955年初，柯华刚上任后的一天上午，印度驻华大使打来电话，询问周总理的电话号码，要直接同总理通话。如何处理？礼宾司没有这方面的经验，经几位司领导反复商议后，由一位专员出面婉言拒绝。此事后来受到总理的批评，因为总理在不久前陪同毛主席接见印度总理尼赫鲁时，曾和印度驻华大使说过，有事可直接给他打电话。

周总理同柯华单独谈话，询问柯华到外交部工作前担任什么职务，接着耐心地向他谈了中印关系的重要性和毛主席对中印关系的重视。周总理对柯华说：“做外交工作，可不像你当市委书记，那是一方诸侯，权力大得很，许多事情可以自己做主，而外交工作的每一件小事都疏忽不得，搞不好，都关乎国家大事，对国与国之间的关系产生影响。”

最近我读周晓沛的《大使札记——外交官是怎样炼成的》一书，这本书勾起我对外交电话的很多回忆。外交电话，好像小事一桩，事实不然。几乎每个电话，都包含着政治元素。外交无小事，遇事要请示。回首前行路，这是经验之谈。对外交人员来说是这样，对其他人也不例外。

有一件事情是这样的：1969年中苏两国关系紧张，当年3月21日克里姆林宫的柯西金通过译员顾达寿打电话，想直接与毛泽东主席通电话，却遭到拒绝。顾达寿在其回忆录《我在中国的生涯》中这样写道：苏联部长会议主席柯西金让他接通北京的电话，说要直接与毛泽东通话。莫斯科与北京的专线电话接通后，中方接线员小姐生硬地说了一句“我不能给你接通这样的电话”，就将电话挂断了。应柯西金的要求，他接连拨了四次电话，都被挂断，而且对方很不礼貌地说：“我们的毛主席坚决不与苏修坏蛋柯西金通话。”

毛主席获悉后批评说：电话是打给我的，怎么不报告就拒绝了？所以说，外交电话好像小事一桩，事实不然，几乎每个外交电话都包含着政治元素。

神秘的“红机”

中国党政军部门的红色电话机称“红机”，属党政专网电话，在中国专指副省军级以上的党政军领导专用的保密电话，整个系统独立于电信系统之外，由中共中央办公厅建设和管理维护，红色电话都采取了最为先进、严格的保密措施，通信联络的可靠性和畅通性很高。

礼宾司“黑机”子多，有时打电话互相影响。唯独电话间的“红机”子不受干扰。“红机”少，但使用的频率比较高。我最喜欢接打“红机”子的电话。

周总理是用“红机”子与礼宾司联系最多的中央领导同志。周总理是开创和发展了具有中国特色的礼宾工作的奠基人，他身体力行，事必躬亲，经常打来电话，找具体办案的同志询问礼宾安排，指导礼宾工作。

我记得 1978 年 8 月 16 日至 9 月 1 日，华国锋以中共中央主席兼国务院总理身份访问了罗马尼亚、南斯拉夫和伊朗。访问的第三站是伊朗。那时伊朗的巴列维国王的政权处于风雨飘摇之中，首都德黑兰已相当混乱。华国锋一行离开南斯拉夫前一天，随行的纪登奎召开全团会议，讨论是否按计划访问伊朗，会议通过继续访问伊朗的决定。

我当时在北京负责华国锋代表团出访的后台工作。我接到“红机”子的电话，是叶剑英办公室打来电话，传达叶帅的指示：“乱邦不入，危邦不居。”，我立刻报告领导。不料，华国锋主席一行的专机已飞抵德黑兰。据说，华国锋主席抵达后由伊方直升机从机场直接送至下榻处。在德黑兰纪登奎代表华国锋参观访问，却吃到闭门羹。在礼宾司我接过很多“红机”子电话，唯独此次难忘。

“红机”子在关键时刻发挥了独特作用。我记得 1989 年 5 月北京发生了政治风波，很多事情的通知都靠“红机”子。1989 年 5 月戈尔巴乔夫访华时，为确保安全，欢迎仪式从人民大会堂东门外广场临时改到机场。这个突然改变打乱了原来礼宾司上呈的部署，那时既要保密又要及时通知到所有的相关部门，按接待办公室规定，有关戈尔巴乔夫访问日程的电话，一律使用“红机”子。个别没有“红机”子的单位，就派人上门或把人请到宾馆来口头通知。礼宾人员就打普通电话把有关负责人员请到钓鱼台宾馆来，当面口头交代任务。“红机”子保证接待工作顺利进行。

“领导人热线”如何打

新中国成立后，中国领导人还不习惯“热线通话”。今天则不同，“领导人热线”越来越多，通话越来越频繁，这表明中国国际影响力增大。我国和哪些国家间建立了“领导人热线”？两国领导人之间如何通电话？

在瞬息万变的国际形势中，大国元首之间的热线电话，对紧急问题的磋商有着无可替代的作用。目前，中国和美国、俄罗斯、法国等国家之间都建立了“元首热线”，中国和日本、印度则开通了“总理热线”。早在 1998 年 5 月，中俄就宣布开通“直接的总统热线”，同年 6 月，中美两国元首的直通电话通信线路也正式建立；1999 年 10 月，时任国家主席江泽民访问法国，双方决定开通两国元首的热线电话，次年 10 月，法国总统希拉克再次访华，两国签署了关于建立元首间热线的协议；2008 年 6 月 1 日，中越两国宣布建立领导人热线电话。

国家元首之间的通话要经过事先通报、提前约定。领导人表达通话意愿后，经过两国的外交部门认真协调、商定时间，双方达成一致后，两国领导人才能进行通话。元首间通电话是免提形式，现场通常有主席（或总理），还有翻译、记录人员等。

那么什么情况下，两国领导人会选择用电话的形式进行交流呢？通常，两国领导人遇到一些事务需要直接商谈，或需要了解对方对某些问题的看法，但又不能马上会面时就会采用打电话的方式进行沟通。这体现出打电话的两国的关系比较重要、需要对面临的双边事务或国际问题或有关事务交换意见。

美国前总统克林顿曾在他的回忆录《我的人生》中提到，1999 年中国驻南斯拉夫大使馆遭到美军轰炸，他一听说这一消息，就立刻打电话给当时的中国国家主席江泽民，但江泽民不接他的电话。不得已，他只好不断在公开场合道歉。一个星期以后，克林顿才跟江泽民说上话。据报道，克林顿当时曾 3 次建议使用中美“元首热线”，媒体说，中方出于国家尊严和利益的考虑，没有理睬他。

据报道，自2013年3月14日习近平当选国家主席至2014年7月17日，习近平先后与国际组织领导人、外国元首及政府首脑应约通电话22次，其中，与俄罗斯总统普京通话4次，是应约通电话“次数之最”，这充分体现了普京对中俄关系的高度重视和俄罗斯人民对中国人民的友好感情；与美国总统奥巴马通话3次，提到“建立新型大国关系”，双方特别提到要加强反恐领域的合作；此外，双方就朝鲜半岛局势问题交换了看法；而在应约与越南领导人通话中，双方谈及最多的是“社会主义”“好伙伴”。

我国领导人的电话外交频繁，这一方面表明我国在国际事务中的影响力越来越大，各国越来越重视中国对国际问题的看法，更需要及时与中国沟通；另一方面也反映出我国领导人越来越主动地参与国际事务，通过电话与其他国家领导人保持交流，显示出我国积极沟通、积极解决问题的“积极外交”的姿态。

美国驻华联络处“陆战队事件”

1972年，尼克松总统访华，这标志着自新中国成立后中美相互隔绝的局面终于打破了。20世纪70年代末，邓小平同志高瞻远瞩，抓住机遇，促成中美于1979年1月1日建立正式外交关系，从而结束了长达30年之久的不正常状态，随后两国驻各自首都的联络处改为大使馆。中美互设联络处，在成立过程前后，发生了美国6名海军陆战队员事件。

美国驻华联络处成立

根据中美双方达成的协议，中美在1973年7月各自在对方的首都正式设立大使级的联络处。这是中美关系史上最需要的一种过渡性的外交机构，也是国与国之间设立高级别的联络处的外交机构，在历史上是首例，在世界上也是少有的。

毛主席曾说，联络处比大使馆还大使馆，黄镇大使比大使还大使。周恩来总理表示，这一机构虽无大使馆之名，但却有比大使馆更多的外交特权。

中美之间有关美国驻华联络处的协议达成后，美方拟订了建立联络处的详细计划。美国驻北京联络处刚开始设立时计划安排的人数并不多，计有外交官9人、工作人员11人以及作为警卫的海军陆战队员6人。1973年3月2日，美方向中方提出希望使用海军陆战队员来担负美国驻中国联络处的保卫工作，并清楚地提及将6名海军陆战队员作为人员安排的一部分。3月9日，中方答复对于美国联络处的人员安排可以接受，但最棘手的问题就是美国海军陆战队该以怎样的方式来北京。中美之间因为巨大的政治文化差异而潜藏着一场外交冲突，这场冲突又因为当时中国的特殊政治氛围而变得更为复杂。

1973 年 7 月 1 日，位于北京市朝阳区建国门外办公楼院子里的美国驻华联络处正式成立。升旗仪式时，所有海军陆战队成员都穿着整洁笔挺的正规蓝色军装参加了升旗仪式，有的还佩戴着在越南战争中获得的勋章、绶带。海军陆战队成员在仪式后在美国驻华联络处大门站岗执勤。这就引起了中方的反感，由此播下了不良的后果。

美国海军修建营还在海军陆战队成员居住地——建国门外外交人员公寓修建了一个可容纳百余人的机构，名曰“海军之家”和“海军陆战队娱乐部”，公开对外招揽客人，一时变成北京的夜总会，打闹吵架、乌烟瘴气，高音喇叭声，闹得左邻右舍不得安宁。逢海军陆战队周年纪念日之时，他们拟计划举行庆祝活动。

7 月 4 日，在美国驻华联络处举办国庆招待会之前，中国外交部美大司司长林平紧急约见了美国驻华联络处副主任詹金斯，就美国海军陆战队员穿着制服问题进行了交涉。指出，穿着军队服装和公开佩带随身武器（如佩剑、刺刀、手枪等）违反了在北京的外交使团通常的做法，表示希望这种行为立刻停止。美方陆战队队员的行为严重影响了我国主权，强烈要求美方阻止这种行为。林平司长还指出，基辛格在访问北京期间曾与中国方面达成一个协议，即美国驻华联络处的军事人员必须穿着便装并不准携带武器。詹金斯则表示，美国方面对制服问题也深为关注，但做出不许海军陆战队员穿着他们制服的决定，将会影响军人的士气，会造成不守纪律的后果，并指出美国派驻其他社会主义国家的保卫人员都穿着制服。但林平司长坚持认为，出于各种因素的考虑，中方不希望美国驻北京联络处成为一个例外，并将制服问题与中方人员出席美方组织的 7 月 4 日独立日招待会联系起来，指出如果美国海军陆战队员不换去军服的话，中方人员将不会参加 7 月 4 日的招待会。

周总理对外交部未能及时上报上述情况，提出严厉批评。根据周总理的指示，再次向美方提出抗议。并强烈要求美方立即停止海军陆战队的行为。在此情况下，美方不得不取消这些行动，平息事端。

事隔七八个月，1974 年 4 月，中方发现海军陆战队中有人以强击手和虎鲸的署名发函通知各国驻华使馆，倡议成立一个垒球联合会。为此中方再次向美方提出抗议，要求美方立刻撤走其海军陆战队。美方改为派美国外事安全官来接替海军陆战队来京执行任务。

美国海军陆战队事端的启迪

海军陆战队的行为引起中国人民群众的强烈不满。中国由于历史原因对美国海军陆战队并无好感，民族情绪强烈，中国人对外国驻华机构驻扎外国正规部队更怀有强烈反感。

据说是否允许海军陆战队成员穿着正规蓝色军装参加联络处升旗仪式，联络处主任布鲁斯曾请示美国国务院，建议海军陆战队员不要穿上军装，以免引起不良反响，但美国国务院在征求海军陆战队司令意见后，否定了布鲁斯的意见。这样做普通群众不满，中国人民解放军的一些高级军官对美国海军陆战队在北京的存在根本接受不了，更何况这些海军陆战队员还身着军服。

美国驻华联络处的安全保卫工作应由中国公安部门派出警卫人员负责，这是牵涉到中国主权问题。在美国驻华联络处外，穿着美国海军陆战队军服巡视、站岗执勤，明显违背中国的习惯做法。美国海军修建营在海军陆战队成员居住地——建国门外外交人员公寓修建了一个酒吧，并挂牌活动，也无视中国的主权。

从中美关系大局出发，又考虑到为中国驻美国联络处副主任韩叙创造有利条件，同时照顾美国驻华联络处的顺利工作，中方注意有理、有利、有节的做法，结束了海军陆战队的事端。

第四章

国之风采

国宾踏访长城的瞬间

长城修筑的历史悠久，工程雄伟浩大，是中国古代劳动人民创造的奇迹。自秦始皇开始，修筑长城一直是一项大工程。长城东西南北交错，绵延在中国辽阔的土地上。它好像一条巨龙，翻越巍巍群山，穿过茫茫草原，跨过浩瀚沙漠，奔向苍茫的大海。

我知道首次访华的国宾都必定会提出“登长城、游故宫、吃烤鸭”的要求，“不到长城非好汉，不吃烤鸭真遗憾”，如今他们也熟知这句口头禅了！

长城是中华民族的灵魂。登长城，读长城，读这部世界著名的气势宏伟的史诗，令国宾兴致勃勃，百感交集。我亲闻国宾登长城的心声，珍藏在心里。今天回忆起来，深感骄傲、自豪。

见证中国的悠久历史

2009 年 11 月 18 日下午 3 点 35 分左右，美国总统奥巴马登上长城。登高远眺，奥巴马说：“我从这里带走的是对中国文明的钦佩，带来的是美国人民的问候。”奥巴马一共登上了八达岭的三个烽火台，最远到达北三烽火台。他在登上长城后感慨说：“长城太雄伟了，让我想起了悠久的中国历史。”最后，奥巴马独自一人从北一烽火台走下，他对记者说，他对中国之行感到非常满意，他很高兴能够来到长城，只是今天游览的时间有些短。据计算，奥巴马游览长城全程花了 25 分钟左右，然后就进行其他的日程安排。

长城是继故宫之后，奥巴马体验的中国古老文明的又一标志性景点。

在我的记忆里，几乎每位美国总统访华都踏访长城。礼宾司为国宾游览长城尽力的事例不胜枚举。1998 年 6 月 28 日，时任美国总统的克林顿在访华期间，偕同家人游览长城。登上长城的克林顿赞叹："真美，太壮观了，简直令人惊叹。""如今长城是中国展示自己、不把自己隔离在世界之外的象征。长城把中国人凝聚起来了。"

2002年，小布什访华时携夫人劳拉来到八达岭长城。在长城上，布什说："长城依旧，中国已今非昔比。"

不到长城非好汉

1992年12月，俄罗斯总统叶利钦首次访华，会见杨尚昆主席时，他引用了毛主席"不到长城非好汉"的话，说我们代表团的成员也都想去当一回"好汉"。当他登上长城时，十分高兴，赞叹长城的壮观伟大。

在晴朗的日子里，国宾登长城都争着登至最高烽火台。1978年6月，西班牙国王胡安·卡洛斯登八达岭长城。他登上最高的一个烽火台之后，又登上另一侧长城的最高烽火台，登上两个制高点后，极目远眺长城内外，兴致甚浓。

1982年12月，约旦国王侯赛因·本·塔拉勒访华，国王和努尔王后登上长城，在一片欢笑中合影留念。国王站在烽火台上，凝视远方连绵不断的崇山峻岭和蜿蜒崎岖的古老长城，陷入深思之中，久久不愿离开。令人难忘的努尔王后怀抱她刚满周岁的小公主攀登长城。她还腾出手来，向游客挥手致意，一直登到最后的一个烽火台，才把小公主交给同行的保姆。

众多的国宾游览长城，赞扬长城是中国古代了不起的伟大工程。他们顺着旷野的群山望去，长城拔地倚天，千回百折，跨越崇山峻岭，蜿蜒起伏，多么巍峨，多么壮丽。说它像一条静卧的龙，拥抱中国锦绣的大地。

1986年10月，英国女王伊丽莎白二世偕其夫爱丁堡公爵菲利普亲王访华登长城那天，阳光明媚，蔚蓝的天空，飘着片片白云。女王兴致勃勃地登上长城。她在一处烽火台逗留片刻，环顾周围山峦的美好景色，从手拎的小皮包内，取出一架微型照相机，让菲利普亲王为她摄影。英国广播公司还将女王登长城的全过程现场转播至英国，长达数小时。

1992年10月24日，日本天皇明仁和皇后怀着极大的兴趣前往八达岭游览长城。天皇一直登上第3个烽火台，赞叹说，万里长城十分壮观，确实是项了不起的工程，人们亲眼看到才会有深切体会。天皇登到通常国宾登的高度时，陪同人员劝他不要再登了，但天皇说，他们再攀登一段。天皇及皇后又兴致勃勃地攀登了一段，然后两人情不自禁地手拉手转身微笑面对群众和记者，记者赶忙拍下这难得的镜头。据介绍，明仁天皇是登八达岭长城的第 178 位国宾。

1998 年 6 月 10 日，年逾八旬的意大利总统斯卡尔法罗来到了长城。这位来自西方国度的总统，听取了长城的介绍后，好像沉醉在悠久的历史之中。突然，意想不到的事情发生了。这位满头白发的老人在长城上大步地奔跑起来，警卫们不知发生了什么“情况”，只好拼命地跟着狂奔。总统跑了有二三十米，才意犹未尽地站住。中方陪同人员问：“总统先生一定有很多感触吧？”斯卡尔法罗总统沉思片刻，然后很严肃地说：“在这么伟大的建筑物面前，最好什么也不要说，沉默代表了一切，中国人的确伟大。”

和平友谊的万里纽带

新中国成立以来，世界政治格局发生了重大变化，但是，万里长城作为世界人民友好往来的纽带，联接着各国人民和领袖。1954 年 10 月，周恩来总理陪同印度总理尼赫鲁游览了八达岭长城。也正是从那时起，八达岭长城古老的雄关，开启了它新的历史使命。迄今为

作者（左 1）与礼宾司同事在长城留影

止，这里已先后接待了400多位各国元首、政府首脑以及众多的世界风云人物，他们在这里留下了历史的足迹，留下了对伟大长城的无限感慨，也留下了和平和友谊。新中国外交事业的发展，也同样在八达岭长城这块“龙虎风云地”上鲜明地体现出来。它充分见证和展示了中国改革开放和社会主义现代化建设的丰硕成果。

国宾登长城后几乎都留下了他们的豪言壮语。中国长城博物馆陈列着各国元首、政府首脑登长城的照片、题词、互赠的礼品等。这又成为了八达岭长城一个特殊的景观。

阿根廷总统费尔南多·德拉鲁阿认为：游览人类最伟大的奇迹——长城，心情是不能用语言来表达的，长城是人类友谊和平的纽带。

委内瑞拉共和国总统查韦斯几乎是用诗一般的语言写道：我们来到了长城，我们感受到了千年神圣的力量，热情友好的人民生存在它的保护之下。我们会把这所有的一切，像花儿一样放在心里带回国去。我们要把委中团结的友谊发扬光大。

阿尔及利亚总统布特弗利卡动情地写道：如果我不曾站在这历经风雨、令人景仰和惊叹的雄伟景观面前，那么我就不能说我到了中国。长城饱经岁月沧桑，仍傲然屹立，令所有的来访者肃然起敬。长城伟大！中国的古老文明伟大！中国人民世世代代表现出的创造精神伟大！

比利时首相吕克·德阿纳题词：长城不是边界，而是世界人民友谊的象征。

卡塔尔总统埃米尔·哈马德说：长城是中国古代文明成就的见证，现在又为中国的进步发挥着巨大的推动作用，将来整个人类必将受益于它。

摩洛哥首相阿卜杜勒·拉赫曼·尤素福在题词中非常欣慰地说：我很荣幸成为第332位游览八达岭长城的外国政府首脑。雄伟的长城体现了中国人民坚强的自卫能力。此次访问恰逢中摩建交40周年，我相信这次访问会为中摩的进一步友好合作创造有利的机遇。

乌拉圭总统桑吉内蒂在1988年游览过八达岭，1997年4月22日，他再次登上了八达岭长城。他站在城墙上静静地望着远方连绵起伏的长城。这时景区陪同官员友好地对他说：“我知道总统先生是一位很有成就的画家。在这里，您是不是在想画一幅画呢？”总统笑了，掏出速写本，很潇洒的几笔就勾画出了长城的雄姿，并在画上写道：古老的中国文化都体现在长城上了。他把这幅作品连同速写本，愉快地送给了当时的景区陪同官员吴进存，吴进存也回赠了一幅他自己的书法作品“愿八达岭长城永远在您的心中”，交换纪念品后两人紧紧地握手表示祝贺。

斐济总理乔杜里抒写登长城的难忘的一天：今天，来自斐济群岛共和国的代表团登上了中国八达岭长城。代表团以总理乔杜里为团长，包括财政部长、参议员、国会议员和商业团体的代表。我们对长城的雄伟壮丽感到惊叹，长城不愧为世界上最伟大的奇迹之一。

为适应我国外交事业发展的需要和展示长城文化的精彩，八达岭长城利用复建关城古建筑时修建了一座专门用于外事接待的“元首接待厅”。在这里向登长城的各国元首、首脑颁发登长城纪念证书、赠送纪念品。

2004年9月7日，圣卢西亚总督皮尔莱特·路易茜游览八达岭长城。她在留言簿上写：这是多么震撼人心啊！我将永远珍藏这次游览长城的记忆。长城是和平、和睦和世界美好愿望的象征。她自己深感荣幸，她成为第400位登上八达岭长城的在任国家元首、政府首脑！登长城后她荣幸地获得北京市人民政府颁发的“第400位登八达岭长城纪念证书”及中方赠送的“八达岭长城纪念砖”。

1997年5月5日，科特迪瓦共和国总统和夫人到八达岭长城参观，回到接待厅接受了“登城证书”之后，景区陪同官员笑着说：“今天是总统阁下的65岁生日。按照中国人的习惯，我们向您表示衷心的祝贺！”随后捧出了一座老寿星工艺品，寿星旁边刻着一副对联“福如东海长流水，寿比南山不老松”。所有在场的随行人员一时都愣住了，过了一会儿，他们才猛然醒悟过来，激动地大叫起来：“哇，中国人知道我们总统的生日！”“中国人在长城上为我们总统过生日。”这条新闻给科特迪瓦人民留下了深刻的印象。

1975年10月31日，联邦德国施密特总理在中方一位部长陪同下游览了长城。那天天气很好，晴空万里。施密特总理爬上长城的烽火台后问道：“施特劳斯先生爬到了什么高度？”有人说，他爬到了最高处，成为中国人所说的好汉。尽管施密特身体不太好，但仍奋力爬到了长城的最高点，并笑着说：“我只会比他高，绝不会比他低。”原来，1975年1月16日，联邦德国反对党基社盟主席施特劳斯应邀访华时也登长城，他很高兴地游览他“小学课本上就有的向往的长城”。联邦德国的大选定于1976年9月举行，德国记者说：“联邦德国大选的竞选活动已在中国长城开始了。”

2002年2月22日，几乎是距离尼克松总统登临八达岭长城之后整整30年的时间，美国时任总统乔治·沃尔克·布什，特意安排游览了八达岭长城。在长城上，他问身边的导游：30年前，尼克松总统攀登到哪里？导游指着城墙告诉他就到达这里时，布什总统说：“OK，我要再向前走几步，我要超过尼克松总统当年的纪录。”临行前，布什总统在签名簿上写下了祝愿中国人民永享和平与好运的留言。

古老长城承载新的使命，它架起连接世界的彩虹，为世界和平传播友谊。五洲四海的宾客，一次又一次欢聚在这里。众多的世界风云人物，相继光临这古老的胜地，读长城，谈笑风生，共叙友谊。长城已成为新中国外交史上的一座丰碑。

国宾爱“读”故宫

2014年3月21日上午，在国家主席习近平夫人彭丽媛女士的陪同下，美国总统奥巴马及夫人米歇尔女士一家4口，参观游览了故宫博物院。参观故宫是“夫人外交”行程的重要一站。

屈指可数，每年访华国宾参观故宫约有十多起。如2013年以来，冰岛、法国、希腊、塞尔维亚、澳大利亚、印度、白俄罗斯、巴基斯坦等10余国领导人及亲属游故宫。

北京故宫旧称紫禁城，占地72万平方米，于明代永乐十八年（1420年）建成，至今已有590多年的历史，是明、清两代的皇宫，是24位皇帝在此处理政务和生活起居的地方。紫禁城内有大小宫殿70多座，房屋8700余间。它是汉族宫殿建筑之精华，无与伦比的古代建筑杰作，是现存中国最大最完整的木质结构的古建筑群。宫殿沿着一条南北向的中轴线排列，并向两旁展开，南北取直、东西对称，四周有城墙围绕，四面有筒子河环抱。城四角有角楼，四面各有一门，正南是午门，为故宫的正门。

故宫也是一个文物宝库。它收藏的文物共150多万件，诸如绘画、书法、雕塑、铜器、陶瓷、织绣、珠宝、钟表、金银器皿等。书画馆、陶瓷馆、珍宝馆、钟表馆、戏曲馆、石鼓馆、玉器馆、青铜器馆、金银器馆等，座座是宝库。

世界各国游客喜欢游览故宫，他们的国家领导人也很喜欢游故宫。故宫凝聚着中华传统文化之精髓、文明成果之精品，有着独一无二的地标意义和文化象征。他们向往这座文化殿堂，争着探访这座东方文明宝库，感受这座历史悠久、文化多元、内涵深厚、展示手段丰富多样的文化殿堂所具有的独特魅力。

精心安排，参观有序

当礼宾官多年，我已记不清安排多少批国宾或国宾访华先遣组参观故宫。多年来外交部与故宫合作，精心安排，确保国宾参观有序。博物院在得到外交部礼宾司正式通知后开始为国宾参观做准备。首先，礼宾官将了解到的国宾计划参观的时间、他们的兴趣或拟参观的内容等信息通告博物院。礼宾官根据这些内容与故宫博物院商议，给出国宾参观计划，特别注意国宾的特点如国别、年龄、宗教信仰、身体健康情况等具体内容，以便有针对性地安排。其次，安排先遣组或来访国驻华使馆官员打前站。参加人员有来访国宾的礼宾及安全的官员，与中方外交部和公安系统负责人员共商参观路线，重点讲解内容。打前站后，经各方商议确定参观计划，商谈接待的有关细节，以保障当天参观的有序进行。有时方案经过几轮更改，有的参观时根据实际情况再调整。

在游览路线的选择上通常是走中轴线。路线选择上，根据计划参观的时间或国宾的一些要求而变更。参观故宫一般在一个小时左右。

1972 年 2 月 25 日，叶剑英陪同美国总统尼克松参观故宫珍宝馆。1986 年 10 月 12 日，英国女王伊丽莎白二世对中国进行国事访问，访问期间来到故宫参观。她和菲利普亲王一行，在故宫博物院副院长的陪同下，参观了太和殿，随后又到养心殿皇帝寝宫。当她看到案几上陈设的英国钟表时，便停下脚步，仔细端详。这座 18 世纪来自女王国土的钟表，引起女王极大的兴趣。这座英国钟是乾隆皇帝万寿节时英国赠送的。

2009 年 11 月 17 日下午，奥巴马参观了故宫。他沿着中轴线上的御道，先后参观了旧时王朝政治生活中枢的太和殿、中和殿、保和殿，和以处理日常政务和居住的乾清宫、交泰殿、坤宁宫。故宫博物院院长陪同讲解。

基辛格秘密访华期间唯一的外出活动就是参观故宫。1971 年 7 月 10 日早晨，基辛格一行到故宫参观。按照美方的要求，采取了严格的保密措施，故宫对外关闭了部分景点，在参观沿线上只安排了几名便衣保卫人员。陪同参观的中方只有黄华等少数人员。

金碧辉煌的宫殿，玲珑雅致的花园，苍劲古老的树木，美丽的大理石雕刻，逼真的青铜狮子……使基辛格一行惊叹不已。当天基辛格在参观时说，故宫显得格外幽静和宽敞。礼宾官还特意安排了一名摄影记者，给大家拍照留念。照了几张以后，基辛格幽默地说，还是少照一些为宜，否则白宫知道后，以为我在这里只顾游山玩水，不务正业。他的话引起了大家的一片笑声，随即记者停止拍照。

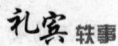

基辛格博士秘密访华，是中美关系中一件重要的事情，为尼克松总统访华和中美正式建交打下了基础，从而揭开了两国关系史册上的重要一章。

2006 年，中非合作论坛北京峰会暨第三届部长级会议于 11 月 3 日至 5 日在北京召开，与中国建交的非洲 48 个国家全部派代表出席。在短短 5 天的时间中，故宫共接待 10 批总计 200 余位来宾，其中包括多位国家元首和政府首脑。如此多的国宾在这么短的时间里集中来访故宫，真是盛况空前！参观之后利比里亚总统等国宾难掩兴奋之情，纷纷留言。

留言意深，物轻谊长

2006 年中非合作论坛北京峰会，几位国宾参观故宫后高兴留言，他们对中华文明的震撼与赞叹不断地留驻笔端，如科摩罗总统艾哈迈德 · 阿卜杜拉 · 穆罕默德 · 桑比说：“紫禁城这座帝王的皇宫有着宏伟庄严的院址、丰富独特的宫廷史迹和闻名遐迩的珍贵馆藏，为世界瞩目和敬仰……值得我们子孙后代共同维护。”利比里亚总统埃伦 · 约翰逊 · 瑟利夫说：“我十分荣幸地与利比里亚代表团共同参观紫禁城，对紫禁城宏伟的建筑与中国古代劳动人民的高度智慧，我深感钦佩。”安哥拉总理费尔南多说：“我很荣幸地与安哥拉代表团一同参观紫禁城。紫禁城是中国古代权力的象征，它保留了中国传统文化中的精华……”摩洛哥首相德里斯 · 杰图说：“紫禁城反映了中国一段难忘的历史，我对所有参与修建紫禁城的人民深表敬意。”布隆迪总统皮埃尔 · 恩库伦齐扎说：“我十分感谢中非论坛期间中国人民对我们的热情款待，来到紫禁城更让我们深刻地体会到工作人员为我们的行程做的精心安排。紫禁城这座庄严而又不乏生机的建筑群是世界著名的文化遗产，是中国人民的骄傲，也是全人类的骄傲。我衷心地祝愿中国人民幸福美满。”

美国总统克林顿于 1998 年 6 月 28 日在北京游览长城和故宫，

作者（左 1）陪外宾参观故宫

他赞长城："太壮观了！"叹故宫："精彩绝伦！"故宫博物院副院长陪同克林顿参观，他一边走一边向克林顿一行介绍所到殿堂的历史掌故和建筑特色。克林顿和夫人仔细地听着，并不时地提出问题。克林顿一家人还在太和殿和保和殿前合影留念。克林顿对三大殿台阶两旁的石雕表现出浓厚的兴趣，停下来认真观看。一位记者请克林顿谈一谈游故宫观感，他说："精彩绝伦！"参观结束时，在神武门前，故宫博物院方面向克林顿总统和夫人赠送了介绍故宫藏品的精美画册，以及一个悬挂在乾清宫的"正大光明"牌匾的小模型。克林顿说："我将把它放到白宫里。"

2000 年 7 月 19 日上午 10 时 35 分，普京总统一行来到故宫。进太和门，面前就是"太和殿"。普京欣然脚踏"御道"，以这个故宫最大的宫殿为背景留影。一路行去，从太和、中和、保和"三大殿"到乾清宫、交泰殿、坤宁宫等，普京一直仔细倾听讲解。从宫廷政治到建筑艺术，从 300 吨巨石的运法到金砖的造价，普京或表示惊讶，或点头表示赞许。

近一个小时的参观结束，故宫博物院方面向普京总统赠送了"九龙至尊至贵千年之禧"龙盘作为纪念，并请普京给故宫留言。普京在留言本上写道："民族之伟大植根于历史。一个如此热爱并珍视自己历史的民族是应当受到尊敬的。这样的民族一定会有伟大的未来。向你们致以来自俄罗斯的敬意！弗拉基米尔·普京。”

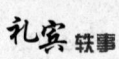

其实读故宫只用一两个小时很难细读详看，它是一座难以看完的宝库，也是一部难以读尽的文化史。

据我所知，每次在接待国宾参观结束时，故宫博物院均向他们赠送故宫博物院图录书籍或富有故宫文化元素的纪念品。这些都是故宫博物院近些年研发的特色文创产品。据说他们研发的故宫特色文化产品已有 5000 余种，包括玉器、木器、青铜器、瓷器、雕漆、珐琅、首饰、丝织、文具、茶具、图书等多种类别。纪念品既注重文化内涵，也注重艺术品质。人们说，赠送他们的纪念品，物轻意重，也有人说，物重意深。尽管说法不同，但它能够帮助国宾回忆游故宫的日子。

国宾爱读故宫，历史、文化、艺术审美之享受，不是收获之唯一，在故宫他们也能读到故宫与中国外交的新篇章。

“烤鸭”外交情趣盎然

欧洲外交界有一句谚语“世间万事定于餐桌，而支配人类的就是宴会。”美食不只是普通人的爱好，外交官们也不例外。“不到长城非好汉，不吃烤鸭真遗憾。”不知何时起，访华的国宾也知道这句口头禅了。北京烤鸭甲天下，北京饮食中最有名的莫过于烤鸭了。烤鸭情外交缘，有关烤鸭的故事情真意切，绵延流传。

美食名片

北京烤鸭，以色泽红艳、肉质细嫩、味道醇厚、肥而不腻的特色，被誉为“天下美味”，驰名中外，它是一道健康菜肴。

烤鸭之美，系源于名贵品种的北京鸭，它是当今世界最优质的一种肉食鸭。据记载，辽金元之历代帝王游猎，偶获此纯白野鸭种，后为游猎而养，并培育成今天之名贵的肉食鸭种。

烤鸭成为元宫御膳奇珍之一，继而，烤鸭也成为明、清宫廷的美味。明代时，烤鸭还是宫中元宵节必备的佳肴。据说清代乾隆皇帝以及慈禧太后，都特别爱吃烤鸭。从此，它便正式被命名为“北京烤鸭”。

北京烤鸭店众多，“天下第一楼”百年老店的前门全聚德、和平门烤鸭店、烤鸭始祖的“便宜坊”以及闹市王府井烤鸭店等，都是国宾喜欢光顾之地。人民大会堂、钓鱼台国宾馆等要地招待国宾的盛宴上也少不了北京烤鸭这道名菜。他们的烤鸭，各有千秋，色、香、味俱全，让客人赞不绝口。

国宾喜爱出席全鸭席。记得我在礼宾司任职期间，每当国宾访华呈报接待方案时，除安排一次正式国宴外，还常常安排一次品尝烤鸭的便餐，邀请中方一位高级官员，或由随团的中方陪同团长当主人出面招待。有一次随国宾在北京全聚德烤鸭店吃烤鸭全席，至今我还保存着当时的菜单，除烤鸭外，还有什锦全鸭、糟蒸鸭肝、火燎鸭心等，光就拌鸭掌、酱鸭膀等就有 8 个冷盘，加上拔丝苹果及三鲜烧麦等，全席大小共 32 个盘和碟。外宾说，他们吃到了真正的中国“国菜”！

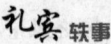

烤鸭之美味，在于烤鸭的细工夫。北京烤鸭的烤制，分明炉（即挂炉）和焖炉两种方法。全聚德烤鸭店的特色，就是使用透明的挂炉烤制，炉火上烤鸭，烤出的鸭子通体金黄明亮，油光闪动，外酥香而里肉嫩。它是从清宫廷御膳房烤制乳猪特制的挂炉方法移植过来的。而便宜坊则用另一招，将鸭子挂进炉膛后密封炉门，完全靠锅炉铁壁的温度烘焖。做法略异，但烤出的鸭子都皮焦肉熟、酥脆香美、独具风味。

烤鸭之美味，还得益于吃法的讲究。讲究片法、讲究佐料、讲究佐食。外宾极为欣赏吃鸭前厨师片烤鸭的表演。厨师将刚出炉的烤鸭，用小车推到宴席前，用薄薄的刀刃飞快地削刀，肉片如下雪般堆积在洁白无瑕的瓷盘里，宾主叹为奇观。宴席上，主人热心细心地介绍烤鸭吃的方法。客人小心翼翼地左手端一张小荷叶般的面饼，右手持筷挟入沾面酱的鸭片、小葱、黄瓜条，继而包裹进食。吃烤鸭的过程，宾主欢声笑语，气氛和谐。

烤鸭之美味还在于季节性，讲究的是春、秋、冬三季。冬、春二季，鸭肉比较肥嫩；而秋季天高气爽，无论温度、湿度都最适宜制作烤鸭。秋天的鸭子也比较肥壮，有“秋高鸭肥”之说。

新中国成立后，北京烤鸭的声誉与日俱增，更加闻名世界。国宾品尝了北京烤鸭，感受到京味饮食文化，十分高兴。有了北京烤鸭，似乎才能达到完美和谐、浑然天成的待客境界。

缓和谈判紧张的“秘密武器”

在礼宾司的日子里，亲闻不少国宾喜爱北京烤鸭的故事。我记得在全聚德集团保留的史料记载中，共有 200 多位国家元首与政府首脑以及政要品尝烤鸭。它既有国宾到全聚德各店品尝烤鸭的文字和照片资料，也有一些国宾品尝美味后的题词和留影。北京全聚德烤鸭是新中国成立后美食外交的一部分，也彰显出中国饮食文化的典范。

1949 年 10 月 16 日，毛泽东主席在中南海勤政殿举行仪式，接受苏联首任驻华大使罗申递交国书。苏联有关人士表示：中方欢迎罗申大使的礼节过于隆重，等于迎接外国元首。仪式之后举行宴会，由于当时中南海里还没有烤鸭名师，于是就从全聚德订购了十只烤鸭，送至宴会桌上供客人享用。

周恩来总理的“烤鸭外交”故事流传不少。周总理生前十分欣赏和关注这一名菜，据记载，他曾 27 次到北京“全聚德”烤鸭店视察工作，邀请外宾品尝烤鸭。有一次周恩来总理在全聚德烤鸭店宴请外宾时，见到外宾用圆圆的荷叶饼卷丁香叶形的烤鸭片，感到不便，随后，他建议将荷花饼烙成椭圆形，烤鸭片片成长条形，店里把周总理的建议推出后，很受外宾欢迎。

据记载，周总理于 1957 年 3 月 27 日晚 8 时，首次到全聚德出席以威廉·西罗基总理为首的捷克斯洛伐克政府代表团的便宴。以后每次宴请，周总理几乎都要向外宾介绍全聚德烤鸭和制作烤鸭的厨师。观看厨师用娴熟的刀法快速地削下一片片鸭肉，转瞬间整只鸭子只剩下一个骨架时，外宾们无不发出阵阵赞叹声。客人还应邀参观烤鸭的加工现场。当客人问起“全聚德”字号是什么意思，周总理便告诉他们：“全即全而无缺，聚为聚而不散，德指仁德至上。”可以说这是对“全聚德”三字最为经典的解释。

1960 年 1 月 27 日中午 12 点半，周总理在帅府园全聚德烤鸭店宴请缅甸总理吴奈温一行。中方参加人员有陈毅副总理、张爱萍副总参谋长、外交部副部长章汉夫等，缅方参加的还有缅甸驻华大使，共 34 人。

这次宴请背景非同寻常。当时的新中国与缅甸存在未划定边界的问题，双方就此开展过多次会谈。本着同缅甸睦邻友好地解决边界问题的真诚愿望，中国领导人提出了以和平共处五项基本原则解决中缅边界问题。1 月 28 日，周恩来总理与吴奈温总理分别代表本国政府在《中华人民共和国政府和缅甸联邦政府关于两国边界问题的协定》和《中华人民共和国和缅甸联邦之间友好和互不侵犯条约》上签了字。至此，中缅边界问题得到友好解决。

当天宴会气氛友好，显然是一次水到渠成的“烤鸭外交”活动。烤鸭宴菜谱有四冷盘：卤翅膀、糟鸭片、鸭肝片、拌鸭掌；热菜：鸭四宝、炸胗肝、爆鸭心、烤鸭、鸭架白菜汤、蒸蛋糕、蜜汁梨、鲜果。

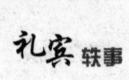

中国愿意同邻国睦邻友好交往的真诚愿望以及周恩来总理超凡的人格魅力给吴奈温留下了深刻印象，自此，他与周总理结下了深厚的友谊。

中缅边界问题签订协定后不久，尼泊尔首相柯伊拉腊于1960年3月访华，两国首脑开始就中尼边界问题进行会谈。1960年3月21日，双方签订了边界问题协定。当天中午由陈毅副总理在帅府园全聚德宴请柯伊拉腊首相，周总理出席。

那天便宴的冷菜：拌鸭掌、糟鸭片、酱鸭膀、卤什件；热菜：扒鲜蘑龙须、炸胗肝、烩鸭四宝、油爆鸭心、烤鸭、鸭架白菜汤、冰糖菠萝橘子。

此后双方的交往不断，1960年4月周恩来总理同陈毅副总理访问尼泊尔。双方签订了和平友好条约、边界条约、边界议定书、贸易协定、文化合作议定书等一系列友好条约。

基辛格吃烤鸭

1971年7月，美国总统尼克松的特使基辛格秘密访华，住在钓鱼台国宾馆5号楼。周总理很关心基辛格的饮食。周总理提出，应该让他有机会品尝到北京烤鸭。但去烤鸭店不方便，于是便请全聚德烤鸭店一位厨师来宾馆搭一个烤炉，做烤鸭。

7月10日上午，基辛格参观故宫后来到人民大会堂福建厅，与周总理会谈。会谈之初，由于双方互不摸底，谈话都非常谨慎、紧张。到了中午，午饭上“唱主角”的是北京烤鸭。周恩来向基辛格介绍烤鸭的吃法，并亲自为他夹上片好的鸭肉，放在荷叶饼上。临近午饭结束时，周恩来提议大家举杯，喝茅台酒，预祝双方下午的会谈取得成功。

这天下午和第二天的会谈，取得了积极的进展：起草基辛格这次访问的联合公报、我国政府决定发表邀请美国总统尼克松访华的公告……尼克松愉快地接受这一邀请，并于1972年2月按计划如期访华。从此，中美关系揭开了新的一页。

烤鸭给基辛格留下了美好回忆。基辛格卸任后再度访华时又专门到全聚德品尝北京烤鸭。

周总理给胡志明送烤鸭

前驻越南大使李家忠写的《周总理给胡志明送烤鸭》的故事广为流传。据他回忆，20世纪60年代中期，越南共产党主席胡志明的病情逐渐加重，中共中央派出医疗组前往河内精心地为胡志明治病。1969年6月初，胡志明主席的健康状况相对稳定，医疗组回国休假三个星期，回国前询问胡志明主席需要让他们从北京带回什么东西，胡主席笑着说，什么也不需要，只要一只北京烤鸭就行了。

医疗组回北京后，周恩来总理听取了医疗组关于治疗情况的详细汇报，当得知胡志明主席想吃北京烤鸭时，周总理十分重视，当即指示：一只烤鸭不够，要送两只。而且要把甜面酱、大葱和薄饼一起配齐。

烤制烤鸭这件事在北京办起来很简单，但在炎热的夏季把烤好的鸭子送到河内，并确保新鲜不变质，则有相当的难度。为此，周总理亲自把外贸部副部长李强找来，研究解决方法。在有关专家的努力下，成功地解决了冷冻保鲜问题，将烤鸭运到了河内。胡志明主席收到烤鸭后，将一只送给医疗组，胡志明主席与中国驻越南王大使一起享用另一只。

烤鸭佳话多

关于北京烤鸭，还有不少故事。土耳其总统埃夫伦于1982年12月对中国进行国事访问。访华期间，在北京品尝到烤鸭名菜，赞不绝口。1984年3月，李先念主席回访土耳其，埃夫伦总统向客人谈起当年在北京品尝烤鸭的情景，难以忘怀。李主席当即表示愿赠送一些北京种鸭给土耳其朋友。不久10只北京种鸭搭乘中国民航班机在土耳其安塔利亚水产研究所安家落户。北京种鸭茁壮成长，很快在土耳其各地繁衍生息。后来，埃夫伦总统在百忙中还关心和推介北京鸭。有一次，他特邀中国驻土耳其大使馆厨师到总统府当场表演烤鸭烹调手艺，以烤鸭全席招待各界政要。北京烤鸭一时传为佳话。

美国前总统老布什夫妇在北京时就喜欢北京烤鸭。1987年12月23日，中国驻美大使韩叙邀请老布什全家到官邸共庆圣诞节时，就以他们喜欢的中国菜招待。当然菜单中离不开北京烤鸭。小布什像他的父亲，喜欢用小饼卷烤鸭和大葱，一口气吃了5卷烤鸭。他们很高兴，在韩叙官邸也能吃到道地的北京烤鸭。据说，美国老布什还邀请全聚德烤鸭师傅到美国为其办贺寿之宴。

透过“北京烤鸭”这扇窗口，回望“烤鸭外交”，情趣盎然，很有启示。

秦兵马俑“醒来”之后

印度总理莫迪于 2015 年 5 月 14 日晨抵达西安，当天莫迪首站来到秦始皇兵马俑博物馆，参观了一号坑、三号坑和修复中心，还参观了珍贵出土文物铜车马、与中国国家主席习近平会见、在大雁塔移交菩提树树苗、接受传统的唐朝欢迎仪式……一幕幕的新闻镜头，唤起我随国宾访问西安参观秦始皇兵马俑博物馆的记忆。

秦兵马俑名扬四海

1976 年 5 月 14 日，新加坡总理李光耀参观秦始皇兵马俑。我作为礼宾司工作人员随行。当时兵马俑刚被发现两年，是第一位外国领导人来此参观，当地官员十分重视。李光耀观看了 40 分钟后才离开。离开时李光耀发出了他的肺腑之言：秦兵马俑是“世界的奇迹，民族的骄傲”。随后多年里国宾纷至沓来，他们访问西安时把参观秦始皇兵马俑当作重要日程。我多次随他们而来，每次故地重游，都十分高兴。

兵马俑坑在秦始皇陵东侧约 1.5 千米，一号坑是当地农民打井时发现的，后经钻探又发现二、三号坑。一号坑最大，东西长 230 米，宽 612 米，总面积达 14260 平方米。据说，在这个坑内埋的约有 6000 个真人大小的陶俑，目前已清理出的有 1000 多个。在地下发现形体那么大，数量这么多，造型如此逼真的陶俑，是一件令人难以置信的事。它把 2200 多年前秦始皇强大的军队场面活生生地展现在人们面前。1979 年，秦兵马俑博物馆对外开放了。

每次我跟国宾来访都有温故知新之感。秦兵马俑无愧是我国古代的艺术宝库，是秦代写实艺术的完美体现，我仔细阅读那形体高大，比例匀称，形象生动，神态逼真的兵马俑，感慨万千。那千人千面，栩栩如生，威武雄壮的军阵，再现了秦始皇当年为完成统一中国的大业而展现出的军功和军威。一个由8000多个陶兵马俑组成的气势磅礴的神秘的地下军阵令全球瞩目，举世震惊。兵马俑是雕塑艺术的宝库，具有鲜明的强烈的时代特征，为中华民族灿烂的古老文明增了光，也给世界艺术史补充了光辉的一页。

兵马俑坑内出土的青铜兵器，有剑、矛、戟、弯刀以及大量的弩机、箭头等。这些铜锡合金兵器虽然埋在土里两千多年，出土后依然刀锋锐利，闪闪发光，表明当时已经有了很高的冶金技术，是世界冶金史上的奇迹。1987年12月，联合国教科文组织已将秦始皇陵（包括秦俑坑）列入世界文化遗产名录。秦兵马俑被誉为“世界第八大奇迹”。

“世界第八大奇迹”原委

在众多的国宾参观秦俑博物馆中，给人印象最深是法国前总统希拉克。1978年9月希拉克以巴黎市长的身份第一次参观秦俑博物馆，参观之后他感慨万千，由衷地赞叹说，这才是真正的奇迹，兵马俑可以说是世界第八大奇迹，不看金字塔不算到过埃及，不看秦俑不算到过中国。应当到这里看一看！兵马俑作为世界第八大奇迹在世界被叫响。

世界七大奇迹是指古代西亚、北非和爱琴海地区七处著名的雄伟建筑和艺术雕像。有古代埃及的金字塔、巴比伦空中花园、阿苔密斯神殿、奥林匹亚的宙斯神像、摩索拉斯陵墓、阿波罗（太阳神）巨像、亚历山大灯塔。实际上，世界七大奇观是自古认定的“世界七大奇迹”，第八大奇观在世界范围内始终未有定论。希拉克评价西安秦陵兵马俑为“世界第八大奇迹”，一鸣惊人，广为流传。

希拉克对中国等亚洲国家的历史古迹兴趣甚浓，从小就受亚洲文化的熏陶，对秦俑博物馆可以说情有独钟，其夫人又专攻考古学，两人有着很多共同话语。13年之后希拉克再次访华，又提出参观秦俑博物馆的要求。参观时他认真听陪同人员讲解。他对中国历史和青铜器研究造诣极深，那栩栩如生、威武雄壮出土的兵马俑也好像遇上知音一样，认真听他评述和点赞。当他和随行人员进入博物馆隋唐展室看到唐代长安城图时，还用法文向随行人员讲解中国汉唐的丝绸之路、唐朝的三彩马、法门寺秘色瓷和唐朝的故事。他讲得眉飞色舞，随行者听得津津有味。人们称赞希拉克，钦佩他中国历史和文化的造诣。他说，西安在文化历史上的地位可同古罗马、雅典和拜占庭并列，并说必须提高西安的知名度。

离开前他在留言簿上题词：“参观世界第八大奇迹，这一奇迹以其强盛文化和悠久历史堪与罗马、雅典和拜占庭相媲美。”世界第八大奇观叫响数十年，经久不衰，这就是“世界第八大奇迹”的由来。

国宾与兵马俑的情结

国宾与兵马俑的情结多，情怀甚深。我亲历亲闻的点点滴滴，加上林林总总的传闻，似有说不完的故事。

迄今为止，秦俑博物馆已接待外国国家元首和政府首脑贵宾约200多人次。美国总统里根、克林顿，法国总统密特朗、德国总统赫尔佐克、总理科尔，日本首相竹下登、村山富市，联合国秘书长加利等都榜上有名。

1984年4月29日，美国总统里根和夫人南希专程从北京到西安访问，参观秦始皇兵马俑博物馆。当他们下到一号俑坑内时，里根和夫人在坑下仔细观看着神态各异、造型逼真的兵马俑，一边认真听着讲解，一边不断提出疑问。在陶马面前，里根抬起右手试探地问道：“我可以摸一下马吗？”得到同意后，里根轻轻地把手放在马身上，慢慢向后移动，一直摸到马的屁股。突然，他拍了一下马的屁股，又猛把手抽回，神态严肃地说：“这匹马会不会踢我？”众人捧腹大笑。从博物馆出来参观一个市场前，在博物馆内找到一个窄小的房间，安全人员给里根穿上防弹背心。就这样里根总统“拍马屁”及穿上防弹背心的笑话，由此传开。

1986年10月16日英国女王伊丽莎白二世抵达西安时，正下着蒙蒙细雨，女王车队经过市中心钟楼时，欢迎群众放出数百只鸽子，女王看到天空可爱鸽子飞翔的情景，激动万分。她站立在敞篷车内频频热烈地向群众挥动双手致意。她向中方陪同人员说，这样激动人心的震撼场面使她实在太感动了。

中午英国女王“检阅”兵马俑。英国女王和丈夫菲利普亲王冒雨来到秦俑馆。她一出车门，看见展厅门前站着一排整齐的“武士俑”，就向“武士俑”走去。突然，她发现“武士俑”在动，女王停住脚步，惊疑地望着这群朝她微笑的“武士俑”。当她知道这些“武士俑”是西安市歌舞团《秦俑魂》剧组的演员在欢迎她时，开心地笑了。

下到一号坑内，她凑近一个陶俑，从头部一直看到脚底，并说：“过去对兵马俑只是听说，见过照片，现在亲眼一看，真是惊人的奇迹！”她认真欣赏着表情各不相同的秦俑，看看这个的发饰，看看那个的胡须，反复比较着。当她走近一件将军俑时，很为他的身材魁伟而惊讶，她不由自主地惊叹道：“啊！真是将军俑，脸上很胖！”

2008 年 8 月，英国前首相布莱尔说，秦始皇兵马俑，列入世界文化遗产当之无愧。2009 年 7 月，联合国秘书长潘基文参观秦始皇兵马俑博物馆，用中文留言，留下了“人间奇迹，举世无双”的评价。2013 年 6 月，朴槿惠来到秦始皇帝陵博物院，参观结束之时，朴槿惠欣然提笔，在留言簿上用韩文题写：“我在兵马俑，亲身感觉到了悠久中国文化的真髓。”

国宾走进秦始皇兵马俑博物馆，都为这支地下大军惊叹不已，他们披坚执锐，军容严整，气势磅礴，一种神秘的魔力恍惚间把他们引入战马嘶鸣、鏖战在即的历史画面。这些兵马俑大军“醒来”之后，活动筋骨，神采奕奕，在现代文化和外交舞台上向他们展示出淹没两千多年的中国美术史上的重要篇章。历史寻踪，别有一番情趣。

小国旗，大世界

有一次，一位同事让我看一张相片，镜头是某一国家一群民众热烈欢迎胡锦涛主席到访。热情好客的欢迎场面，让人过目难忘。但仔细审视，却使我感到有点遗憾，群众手持的是一面面的六星红旗，而不是五星红旗。

显然东道主把中华人民共和国的五星红旗制作错了，误作六星红旗。国旗是主权国家的象征和标志，代表一个国家和民族的尊严。国旗在我心中别具分量。

记得 1965 年我到礼宾司任职后，处领导找我谈话，领导要我练基本功，从了解认识各国国旗国徽着手，我觉得有道理。但那时没有旗书，我只能记住个别国家的国旗国徽，当时只有 50 多个国家与我国建交，熟悉 50 多个国家国旗并非难事。

当外交部搬至朝内大街办公楼后，礼宾司在大楼东面一层办公，司的会议室不小，用衣柜隔开一小半当旗库。旗库每一格放置与我国建交国家的各种型号的国旗，大致分 5 种，有首都机场和钓鱼台宾馆悬挂的国旗、有人民大会堂宴会厅用旗、也有国宾座车旗和签字仪式的用旗。当时我不主管旗库，但我一有空就坐在那里，看看五颜六色的各国国旗。我觉得旗库是我认识各国国旗的好课堂。

此后每逢国宾访华时，首都国际机场就升起中国国旗和来访国国旗，我常常担任升国旗的任务。国家领导人在人民大会堂为国宾举行欢迎国宴，或举行政治会谈，我作为礼宾人员，也常常为悬挂中国国旗和来访国国旗奔忙。

“……五星红旗，你是我的骄傲，五星红旗，我为你自豪，为你欢呼，我为你祝福，你的名字比我生命更重要……”每当我听到《红旗飘飘》这首歌曲的时候，都思绪翩翩。

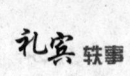

我平时注意资料积累，有空看看各国国旗，多多思考国旗的含义，日久天长，功夫不负有心人。我这个旗库培养的学生，居然先后出版了《世界各国国旗》和《最新世界各国国旗国徽》两本书。我想，各国国旗的诞生都具有一定的历史背景，是一个国家历史的剪影。世界各国国旗涵盖各国很多知识，诸如一个国家的历史、地理、动植物等等。

国旗的颜色

五颜六色的国旗，让人们看了眼花缭乱，事实上国旗颜色标志也有它的普遍性和特殊性。它们有通常的含义，当然也有特殊的象征。世界上的国旗五颜六色，主要有红、绿、蓝、黄、白、黑等色。

俄罗斯国旗自上而下由白、蓝、红三个平行相等的长方形组成。白、蓝、红三种颜色分别代表这个国家的寒带、亚寒带和温带。除了上述三带外，还有个亚热带。这个亚热带，在该国领土上所占的面积很小，因而在国旗上也就没有表示出来。俄罗斯是世界上唯一的四带之国。白、蓝、红三种颜色被称为泛斯拉夫颜色，一些斯拉夫国家的国旗也采用这三种颜色。

马里国旗的颜色为绿、黄、红，而几内亚的则是红、黄、绿。红、黄、绿三种颜色被称为泛非颜色。阿拉伯一些国家喜欢用红、白、黑为国旗的颜色，这三种颜色被称为泛阿拉伯颜色。

红色自古以来便是欢乐和胜利的象征。不少国旗用红色象征着人们为自由解放而斗争的献身精神，象征着革命烈士的鲜血。我国国旗是一面五星红旗，国旗旗面的红色象征革命，星用黄色是为着在红地上显出光明。旗上的五颗五角星及其相互关系象征中国共产党领导下的革命人民大团结。

绿色一般象征农业、森林、植物或者人民的希望和信念。多数伊斯兰国家喜爱绿色，认为它是吉祥的颜色。巴基斯坦的国旗就是由深绿色和白色构成。沙特阿拉伯把绿色作为国旗的底色。有的伊斯兰国家把绿色看成革命的象征，是吉祥和胜利的颜色。有的国家地处沙漠或半沙漠地带，人民向往绿洲，把绿色当作美好的象征。

蓝色用来表示海洋、河流、湖泊、港口、天空等，哥伦比亚国旗由黄、蓝、红三色构成：蓝色居中，象征海洋、河流、天空；黄色象征阳光、谷物和丰富的自然资源；红色象征爱国者的鲜血。毛里求斯国旗的蓝色表示这个国家位于蓝色的印度洋中。冈比亚国旗用蓝色象征爱与忠诚以及横贯全国的冈比亚河，冈比亚是以冈比亚河而得名。塞拉利昂国旗的蓝色，则表示海洋和天然港口。

黄色一般象征阳光、黄金、矿藏、国家的资源和财富等，如几内亚国旗的黄色，象征着普照几内亚的阳光和国家出产黄金；毛里求斯国旗的黄色，象征着独立的光芒照耀全岛。有些美洲国家则用黄色表示国家处于金色的美洲。

白色一般象征和平、纯洁、公正。芬兰国旗的白色，则象征芬兰白雪长存的冬天。不少非洲国家的国旗有黑色，是表示黑人的民族特点。

国旗的日月星图案

太阳、月亮和星星常被用作国旗的图案，尤以五角星为多。世界上有86个国家国旗绘有日月星图案，亚洲、非洲、美洲、大洋洲居多。

日本国名原意“日出之国”，国旗是一面太阳旗，象征着日本是太阳升起的国家。孟加拉国国旗的绿色象征美丽的土地，红色圆轮象征太阳。阿根廷国旗上有一个“五月的太阳”，象征自由的黎明。尼泊尔国旗有太阳和月亮的图案，其中一个意思是祝愿国家繁荣富强，像太阳和月亮一样与世长存。马其顿国旗的红色旗面上，正中有一轮金黄色的太阳，放射出八道光芒。

不少伊斯兰国家用新月和星星作为国旗的图案，把它们看作是穆斯林幸运的象征。巴基斯坦、土耳其、毛里塔尼亚等国的国旗均有新月和星星的标志。以五角星作为国旗的标志的很多，含义各不同。朝鲜国旗的红五角星，象征革命传统；圣多美和普林西比国旗有两颗星，表示这个国家由圣多美和普林西比两个大岛组成；美国星条旗上有五十颗白色的五角星，表示美利坚合众国由五十个州组成。美国国旗的故事很有趣，第二次世界大战结束的时候，美国国旗上只有48颗星，它代表当时美国联邦政府的48个州。但在上世纪50年代后期，阿拉斯加和夏威夷两个新的州加入联邦政府，这样有着50个州的美国，再用48颗星的国旗就显得很不合适了。新的国旗诞生了，这面50颗星的新国旗的设计者是俄亥俄州的兰开斯特市一名年仅17岁的高中生。

国旗的动植物图案

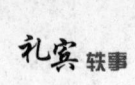

在原始社会，人们就用动物和植物的图案作为种族和氏族血统的标志，至今还有用狮子、龙、鹰等图案代表一个国家和民族的。斯里兰卡国旗是古老的狮子旗，斯里兰卡历史上被称为“狮子国”，斯里兰卡国旗上还有四片菩提叶。不丹国旗旗面中央是一条白色飞龙，飞龙四爪各抓一个白色宝珠。鹰是古罗马帝国的象征。奥地利、埃及等的国旗均有鹰的标志。赞比亚国旗有一自由飞翔的鹰，它象征着赞比亚人民自由和勇敢。黎巴嫩国旗白色长方形中的雪松，意味着挺拔强劲的力量。加拿大国旗中火红的枫叶是加拿大的民族象征。秘鲁国旗上的国徽图案中有这个地区特有的动物、羊角和金鸡纳树；斐济国旗上的国徽图案中，有三根甘蔗、一棵可可树、一串香蕉等。这些动植物生动地表示这些国家的民族和地理的特点。

国旗的其他图案

国旗上各种图案包罗万象，独特的图案都有其产生的历史背景。英国国旗由深蓝底色和红、白“米”字组成。这面国旗产生于1801年，它是由原英格兰白地红色正十字的旗帜、苏格兰蓝地白色交叉十字的旗帜和爱尔兰白地红色交叉十字的旗帜三面重叠合一而成的。澳大利亚、新西兰、斐济等英联邦成员国家的国旗均有深蓝底色和红、白“米”字型标志。莫桑比克国旗上的黄色五角星表示国际主义精神，书本象征文化教育，步枪和锄头象征广大劳动者同武装部队的团结及共同保卫祖国、建设国家。

莱索托国旗由三个平行的长方形组成，其颜色自上而下为蓝、白、绿，其宽度比例为3 : 4 : 3，在旗中间为一顶黑色的巴苏陀帽，代表人民。2006年10月3日，莱索托人民为纪念莱索托独立40周年而制作这面新的国旗。柬埔寨国旗有黄色的吴哥庙的圣塔，象征着这个国家的古老文化和历史。塞浦路斯国旗上绘有地图，是世界上国旗中唯一带有本国地图的国旗。

国旗上特殊的图案不胜枚举，只能逐一了解它、认识它。

历史最悠久的国旗

国旗通过独特的色彩和图案反映国家的政治特色和文化传统。世界上最古老并且还在使用的国旗是丹麦国旗，这面国旗诞生于1219年。丹麦国旗又称为“丹尼布洛”(丹麦语：Dannebrog)，意思为“丹麦人的旗”或“红色的旗”。红色旗面上绘有一个偏向左侧的白色十字。据丹麦史诗记载,1219年6月15日丹麦国王瓦尔德玛·维克托里斯率军作战时，一面带有白色十字的红旗从天而降，丹军转败为胜。此后白色十字的红旗就成为丹麦的国旗，每年6月15日为“国旗日”即“瓦尔德玛日”。

国旗的误读

国旗的误读，时有发生。印度尼西亚的国旗自上而下由红、白两个长方形组成，红色象征勇敢和正义，白色象征自由、公正和纯洁；而波兰的国旗自上而下则由白、红两个长方形组成，白色象征纯洁，也代表白鹰，红色象征热血。在通常情况下波兰采用不带国徽的国旗。摩纳哥的国旗与印度尼西亚的国旗颜色相同，自上而下由红、白两个长方形组成，不过，摩纳哥的国旗其长宽之比为5：4。了解三者特点，可以避免对国旗的误读。

法国的国旗旗面从左到右由蓝、白、红三个竖长方形组成。三色旗曾是法国大革命的象征，三色分别代表自由、平等、博爱。而荷兰国旗自上而下由红、白、蓝三个平行相等的长方形组成，红色象征革命胜利，白色代表自由、平等、民主，蓝色代表海洋。据说，2000年2月23日，法国总理若斯潘访问以色列，以方将法国的国旗挂倒，而变成荷兰的国旗，使法方感到尴尬。区别上述国旗竖横之别，尴尬之事也可避免。

拥有国旗的准确可靠的知识，是人们进行国际交往所必备的钥匙，礼宾官不仅要了解、熟悉它，还要会使用它。除了国旗外，还有总统旗。有的国家国家元首访华，座车必须挂国家元首旗。

我当礼宾官多年，对各国国旗国徽国歌产生极大的兴趣，了解熟悉它们，从而认识各国概况，不仅增长知识，更重要的它们是我工作的工具，受益匪浅。同样各国国名、国花、国鸟、国兽、国石、国币等等也在我感兴趣之列。当礼宾官，什么都要懂一点。

国徽里的多彩世界

国徽和国旗一样，是一个国家特有的标志和象征，具有特定的含义，其图案和使用办法一般由各国的宪法或专门法律规定。世界各国的国徽多种多样、五颜六色，一般呈圆形、椭圆形、盾形、方形，也有的其他形状。国徽图案设计严谨端庄，绚丽多彩，各有千秋。种种精心设计、绘制的国徽包罗万象、寓意深刻，既可以丰富知识，又可供艺术鉴赏，国徽里有着多彩世界。

时代的记录，历史的见证

中华人民共和国的国徽为圆形，图案的内容为国旗、天安门、齿轮和麦稻穗。五星照耀下的天安门象征中国共产党领导下的中国人民大团结，天安门是“五四”运动的发源地，也是中华人民共和国成立庆典之场所，象征中国人民的革命传统。齿轮和麦稻穗象征工人阶级领导下的工农联盟。圆形的国徽象征中国人民自“五四”运动以来的新民主主义革命斗争和工人阶级领导的以工农联盟为基础的人民民主专政的新中国的诞生。1949 年 10 月 1 日新中国的诞生是世界重要的历史事件，国徽是时代的记录、历史的见证。

有的国徽是一个国家重要历史事件的剪影和记录。国徽图案的产生或修改都有其历史背景，出自该国某一重要史实或传说。奥地利的国徽有鹰的图案，鹰的胸前悬挂奥地利的国旗，鹰的标志可追溯至 1100 年前后。第一次世界大战后奥匈帝国瓦解，奥地利于 1918 年建立共和国，原来国徽上象征王权的王冠被象征市民的壁形金冠所代替（古罗马用壁形金冠来赏给先登敌垒的人），原来象征王权的剑由代表农工的镰刀和锤子所代替。反法西斯战争胜利后，1945 年又增添鹰的锁链被打断的图案，象征人民的自由解放。

法国的国徽为椭圆形，图案是法国资产阶级革命时期采用的标志

沙捞越州华人朋友喜欢在中华人民共和国国徽下留影，右3为作者

之一——束棒。这种束棒是古罗马高级执法官用的权标，是权威的标志，束棒中捆有一柄突出的斧头。图案中间的带子上用法文写着“自由、平等、博爱”。权标两旁饰以橄榄枝叶和橡树叶。整个图案由带有古罗马军团勋章的环状圈围绕。

美国的国徽使人想起美国人民艰苦斗争获得的独立。1775年，美国人民发动了反对英国殖民统治的独立战争。1776年7月4日，华盛顿领导的“大陆军”发表“独立宣言”，宣布建立美利坚合众国。1782年产生了今天的国徽图案。美国国徽图案是一只鹰，鹰的顶冠象征在世界的主权国家中又诞生一个新的独立国家——美利坚合众国。顶冠中的13颗五角星用以代表美国最初的13个州（1818年美国国会通过法案，每当一个新的州加入合众国就在国旗上增加一颗星。现在美国国旗上已增至50颗星，但国徽上的星数未变），鹰胸前的图案为红白条纹的美国国旗。鹰的一只爪抓着橄榄枝，另一只爪握着一把箭，象征和平和武力。鹰的嘴叼着一条黄色的带子，上面写着“合众为一”，意思是美利坚合众国由很多州组成，是一个完整的国家。

俄国现时的国徽为盾徽。红色盾面上有一只金色双头鹰，鹰头上

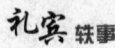

装饰着彼得大帝的三顶皇冠，鹰的右爪抓着象征皇权的权杖，左爪则握住一个金球。鹰的胸部为一小红盾，盾中有一骑白马的勇士，勇士用长矛正在刺杀被打翻在地的乌龙。这是16世纪伊凡雷帝时代所用的国徽，1991年后重新采用。双头鹰源于拜占庭帝国，鹰的一头看着西方，另一头则望着东方，象征该帝国同时统治着欧亚两个大陆。

政体、信仰、政治理想的象征

政体为君主立宪制的国家多采用象征王权的王冠作为国徽的图案。英国的王徽是大不列颠及北爱尔兰联合王国的标志。王徽图案的历史可追溯至中世纪，图案形式曾多次变化。现在的图案是一只头戴王冠代表英格兰的狮子和一只代表苏格兰的独角兽扶着一个上端有一顶王冠的椭圆形的盾。椭圆形内左上角和右下角两组图案均为红地三只金狮子，代表英格兰；右上角为金地半站立的红狮，代表苏格兰；左下角为蓝地金黄色的竖琴，代表爱尔兰（1937年南部爱尔兰宣布为独立共和国，1948年12月它宣布脱离英联邦，1949年4月英国承认其完全独立。竖琴为爱尔兰共和国国徽图案）。椭圆形盾的上端有一王冠。椭圆形周围用法文写着“恶有恶报”，下面的带子上写着“上帝和我的权利”。

丹麦王国的国徽是金黄色盾形中有三只头戴金冠的蓝色狮子和九颗红心，盾形上端有一金色的王冠。而挪威王国的国徽是带有王冠的红色盾形，盾面上有一只直立的金色狮子，头戴金冠，前肢持金柄银斧。比利时王国的国徽是在带有利奥波德勋章的方形图案中，有一直立伸着红舌头的金色狮子，方形图案后有交叉的君王节杖，方形上方有一王冠。瑞典（大小两种图案都用）、约旦哈希姆王国等国家的国徽都有王冠的标志。

伊斯兰国家多采用新月和星作为国家的标志。巴基斯坦、土耳其、毛里塔尼亚等国徽图案中均有新月和星。有的国家则用星星象征人民的自由、解放、独立、团结等，或者代表国家的行政区划。不同国徽中有不同的星星，都有其特定的含义。比如，巴西的国徽图案中，一颗以其特产咖啡叶和烟叶围绕的大五角星，象征独立和团结；圆环中的白色的五角星代表巴西的26个州和一个联邦区；中心圆形面上五颗白色的五角星代表南十字星座。

意大利的国徽图案中心为一枚带红边的五角星，星背后为一个大齿轮，齿轮两旁由橄榄枝叶和橡树枝叶环绕，国徽下面的红色带子上用意大利文写着“意大利共和国”。1945 年意大利人民反法西斯武装起义取得胜利，1946 年宣布成立意大利共和国，而国徽是 1948 年采用的。

国家的橱窗

有的国徽宛如一个国家的橱窗。通过它，人们可以看到一个国家的地理概貌、经济特点、主要自然资源等等。毛里求斯国徽为盾形，盾面上的一只船象征历史上第一批到达这个岛国的移民；一把红色的钥匙象征这个国家战略地位的重要性（毛里求斯有印度洋门户的“一把钥匙”之称）；蓝天的一颗五角星表示它被誉为印度洋的“一颗明星”；白色三角形象征这个岛国的山峰；盾面方格中的三根甘蔗及盾形外的两根甘蔗，象征这个“甜岛”的农业主要是种植甘蔗、工业以制糖为主。盾形左侧的“多多鸟”是这个国家特有的鸟，现已绝迹，右侧的鹿为该国稀有动物，绶带上写有“印度洋的明星和钥匙”字样。

新西兰国徽也是盾形，盾面上的四颗五角星是新西兰国旗上的图案，三只船象征这个国家海上贸易的重要性，羊毛表示这个国家为“畜牧之国”，麦捆代表农业，交叉的斧头表示矿业。盾形国徽由一个手持武器的毛利人和一个手持新西兰国旗的欧洲移民妇女扶着。盾形上方有一顶英国伊丽莎白女王二世加冕典礼时用的王冠，象征英国女王也是新西兰的女王。盾形下面带子上用英文写着“新西兰”。

巴基斯坦国徽图案中有棉桃、小麦等四种农作物，象征这个国家出产棉花、小麦等。塞拉利昂国徽图案中有两棵油棕树，象征它盛产棕榈油。孟加拉国国徽图案中有一黄麻叶，象征她以出产黄麻而享有盛名。牙买加国徽图案中有五个菠萝，还有一个印第安妇女提着一篮菠萝的图案，象征牙买加驰名的特产。

有的国徽就像一幅色彩鲜艳的风景画，描绘了这个国家地理风光的特色。在肯尼亚国徽的盾形面上，一只雄鸡的爪握着一把斧头，根据当地的风俗习惯，这象征着人民新的繁荣生活；下面黑色部分为肯尼亚山的轮廓，肯尼亚以肯尼亚山而得名，山下的玉米、咖啡、茶、菠萝等图案象征它出产丰富的农产品；两只狮子支撑着盾牌，图案下面的红色带子上用斯瓦希里语写着“HARAMBEE”(意为“一起”)。

不少国家用形象的图案概括本国地理特点。比如，尼日利亚国徽的盾面上有白色Y字波线形图案，象征尼日利亚最大的河流尼日尔河及其支流贝努埃河。赞比亚国徽图面上有从上而下的线状波形图案，象征在其境内的非洲著名大瀑布——“莫西瓦托恩贾瀑布”(旧称维多利亚瀑布)。

古老文明，异兽珍禽

印度是一个历史悠久、有着灿烂的古老文化的国家。印度国徽有四只象征力量、勇气和信心的狮子面向四方，立在一个圆形台基上。台基四周有四个守卫四方的守兽浮雕：西方是牛、北方是狮、东方是象、南方是马，守兽之间雕有法轮。对佛教来说，法轮是神圣的，它被看作是真理之轮、朝着进步转动之轮、永恒回转于苍穹之轮。印度国徽是仿照印度孔雀王朝阿育王时代佛教的圣地萨纳特石柱柱头狮首雕像的形象制定的。这些刻有统治信条的石柱是用以纪念佛祖释迦牟尼第一次向天下宣扬佛教教义的。阿育王时代是印度政治、宗教的昌盛时代，也是印度文化、艺术的黄金时代，因而它是印度古老文明的一个标志。

马与我们人类关系十分密切，是人类忠实的好朋友。很多国家国徽用马的图案象征国家和民族的古老文明。

土库曼斯坦国徽为圆形，绿色大同心圆顶部为新月和星，两侧为麦穗，下部是七颗棉朵；中间红色同心圆上绘有五种地毯图案，小蓝色同心圆绘有著名的阿哈尔捷金马。阿哈尔捷金马是世界上一种最古老的马种，马的毛色多为淡金黄色、枣红色、银白色，马的特点是力量大、速度快、威武剽悍、耐干旱，马的性情暴烈，这种马驯服后非常顺从。

在中国历史文献中，这种马被誉为“天马”，以奔放而著称。据说，目前全世界共有阿哈尔捷金马6000余匹，其中土库曼斯坦有3000多匹，俄罗斯2000来匹，另有1000匹分布在世界其他国家。这是世界上最好的马，中国称其“汗血马”，据说“汗血马”奔跑时，脖颈部位流出的汗中有红色物质，鲜红似血，因此被称“汗血马”。

立陶宛的国徽在一枚红色的盾徽上，一位身穿银装的骑士骑在白色骏马上，右手持着一把银剑，左手持着镶有金黄色双十字的蓝色盾牌，盾牌紧贴骑士的左肩，象征着立陶宛人英勇顽强、坚忍不拔的民族精神。

蒙古人是骑在马上长大的民族。1990 年蒙古新国徽的中心图案仍然是一匹奔跑的骏马，象征世世代代兴隆永生的祝愿。

有的国家的国徽还采用本国珍禽异兽作图案。袋鼠和鸸鹋是澳大利亚的标志，澳大利亚国徽左边是一个袋鼠，右边是一个鸸鹋，中间是一个盾，盾面上有六组图案分别象征这个国家的六个州。红色的圣乔治十字形（十字上有一只狮子、四颗星），象征新南威尔士州；王冠下的南十字形星座代表维多利亚州；蓝色的马耳他十字形代表昆士兰州；伯劳鸟代表南澳大利亚州；一只黑天鹅象征西澳大利亚州；一只红色狮子象征塔斯马尼亚州。盾形上方为一枚象征英联邦国家的七角星，背景为澳大利亚国花金合欢，绶带为澳大利亚国名。

塞拉利昂在葡萄牙语里的意思是“狮子山”。它的国徽除油棕树外，盾面上还有一头正在行进的狮子，盾形左右各有一头后足站立的狮子。马来西亚国徽的两边是两只马来虎。巴布亚新几内亚的国徽图案由一只该国特有的极乐鸟和一个欢庆节日用的长鼓构成。巴巴多斯的国徽图案有一个翼大嘴长的鹈鹕和一个背部青黑色的海豚。

国徽国旗，民族心声

不少国家的国徽上还有本国国旗的图案和颜色，因此了解国旗的意义，对一些国徽的含意就一目了然。德意志联邦共和国国徽图案是金地带红嘴红爪的黑鹰，在历史上，德国曾一度采用双头鹰的国徽，现用单头鹰的国徽。波兰国徽盾面上则是一只黄嘴黄爪、展翅欲飞的白色雄鹰，红色的长方形象征升起的太阳，雄鹰是波兰的象征，国徽的意义是太阳升起，雄鹰飞翔。肯尼亚国徽的盾形颜色是肯尼亚国旗的颜色，黑色代表肯尼亚人民，绿色代表农业和自然资源，红色象征为自由而斗争，白色象征团结、和平。索马里、瑞士等国徽盾形的颜色均是本国国旗的颜色和图案。

很多国徽画面下的绶带上，用英、法文或本国的文字书写格言。这些格言有的寄托着这个国家民族的期望，或者表达民族的心声，反映民族的精神，例如，赞比亚的国徽上写着："一个赞比亚，一个民族"；加蓬的国徽上写着："团结、劳动、正义"；尼日利亚的国徽上写着："团结和信心"；马里的国徽上写着："一个民族、一个目标、一个信仰"；冈比亚的国徽上写着："进步、和平、繁荣"；巴巴多斯的国徽上写着："自尊和勤勉"；新加坡的国徽上写着："前进吧，新加坡"。

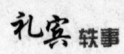

国歌旋律声彻春秋

熟悉了解各国国歌是礼宾官的必修课。为了安排欢迎国宾的仪式，我常将我国驻外使馆提供的有关国家的国歌录音带送至中国人民解放军军乐团，请他们为演奏来访国国歌排演。日子长了，积累的资料珍惜如宝，一旦听到耳熟能详的国歌时，就联想翩翩，真有温故知新之感。

国歌就像国旗国徽一样，是一个国家的标志，民族之象征，是表现一个国家和民族精神的灵魂的歌曲，即是被政府和人民认为能代表该国家政府和人民意志的乐曲，是用来歌颂与鼓励一个民族的信心与凝聚力的。一般来说它们都会带有爱国主义色彩、呼唤起人们内心深处的国家情怀，中华人民共和国国歌为《义勇军进行曲》。

国歌通常由国家确认或依法制定，常常在集会、升旗仪式、正式体育比赛仪式、国际交往举行的隆重仪式等等重要场合上演奏或演唱，以示国家和民族的尊严。

各国国歌歌曲和歌词丰富多彩，各有千秋，不拘一格，歌曲和歌词长短不一。通常认为16世纪荷兰的《威廉·凡·那骚》为世界最早的国歌。就歌词而言，各国政体不同，历史背景、民族各异、地理环境等等各有特点和差异，因而各国国歌歌词千差万别，内容涵盖诸多方面：赞美国家的光荣历史和锦绣河山，抒发爱国思想；阐明政治方向和革命目标；歌颂国家历史文化传统、地理环境、民族性格、风俗生活和宗教信念；反映革命斗争和重大政治事件；庆祝独立自由和革命的胜利；歌颂国家宪法；歌颂和祝福元首；歌颂国旗和国徽；歌颂民族英雄等等。歌词千差万别，五彩缤纷。

见证历史春秋

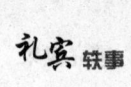

各国国歌的产生都有一定的历史背景，见证历史春秋。有些国家以革命时代的军歌作为国歌。我国国歌《义勇军进行曲》产生于民族危亡时期，1935 年初，日本帝国主义继侵占我东北三省之后，又把魔爪伸进了华北大地，就在中华民族处于生死存亡的紧急关头，体现中华民族坚韧精神的《义勇军进行曲》诞生了。它唱出中华民族抵御外侮、奋发图强的心声，这首救亡歌曲响彻祖国各个角落，中国人民高歌唱至抗日战争和解放战争的完全胜利。它反映了中国人民的革命传统，体现了居安思危的思想，激励了中国人民的爱国主义精神。新中国成立后，《义勇军进行曲》成为中华人民共和国国歌。

法国的《马赛曲》是一首名闻遐迩的资产阶级革命歌曲。它产生于 1792 年，原名《莱因军团战歌》，作者鲁热 · 得 · 利尔是法国东北边境战略要地斯特拉斯堡驻军的一个工兵中尉。当时奥地利、普鲁士仇视并武装干涉法国革命，人们唱这首歌曲表达他们争取民主的革命意志、反对外国反动暴君的干涉，表达他们的爱国热情。1792 年 8 月 10 日，马赛义勇军唱着这首曲子到了巴黎，遂广泛流传而被称为《马赛曲》。1795 年 7 月，被定为法国国歌。第二帝国时此国歌被废弃，第三共和国曾于 1879 年重新确定以《马赛曲》为国歌。第二次世界大战期间，《马赛曲》被禁唱。战后第四共和国又以它为国歌，沿用至今。据记载，1975 年，法国总统吉斯卡尔 · 德斯坦授意巴黎共和警卫军军乐团把它改编为庄严的颂歌，同年 11 月 11 日在巴黎凯旋门的无名战士墓前举行第一次世界大战停战纪念仪式时首次演奏，此后两个曲谱并用。《马赛曲》其中一段歌词是这样写的："前进，祖国儿女，快奋起，光荣的一天等着你！你看暴君正对着我们举起染满鲜血的旗，举起染满鲜血的旗！听见没有？凶残的士兵嗥叫在我们国土上，他们冲到你身边，杀死你的妻子和儿郎。武装起来，同胞！把队伍组织好，前进，前进！……"今天当法国人民唱起国歌时，怎能忘记那拿起武器，争取自由，反对外国武装干涉的年代？

秘鲁国歌诞生于 1821 年，拉美民族独立运动领袖圣马丁率革命军于 1821 年彻底击败西班牙政府的殖民军并攻取利马，宣告秘鲁独立，1822 年 4 月 15 日圣马丁颁布法令正式确定共和国国歌。国歌第一段歌词是这样：我们是自由的人，让我们永远做自由的人。太阳啊，请用你的光辉为我们作证，我们不会背叛那庄严的誓言，祖国发出的已化作永恒的誓言。秘鲁人长久以来受苦难，厄运锁链扣身上；当牛做马被奴役，长久以来默默承受一声不响，一旦神明怒声吼，响彻海岸尽自由，奴隶觉悟被唤醒，扬眉吐气高昂头。词曲充满了战斗的激情，表达秘鲁人民对殖民统治者的强烈义愤和对自由平等博爱的热切向往。

巴西国歌诞生于独立年代。1909 年，著名诗人奥里索 · 杜克 · 埃斯特拉达根据著名音乐家弗朗西斯科 · 达席尔瓦 1831 年谱写的国歌乐曲填写了歌词，后经审定，于 1922 年被定为国歌。歌词原为纪念 1822 年 9 月 7 日巴西独立而作。缘起当时巴西摄政王佩德罗在圣保罗郊外伊比兰加河畔发出“不独立，毋宁死”的呼声，故国歌名为《听，伊比兰加的呼声》，表达了巴西人民对自由的渴望和对祖国的热爱。

“在伊匹兰加平静的河岸上，响起了英雄民族的呼声；自由的太阳放射着光芒，顿时把祖国的天空照亮。如果凭着坚强的双手，我们配得上谋求平等，我们将从自由的怀里得到这件礼物，哪怕献出生命。啊，祖国，向你致敬，向你致敬！巴西，壮丽的梦闪耀活泼的光，给大地带来了爱和希望。看明净的天空里放射着灿烂的南十字星座的光芒。你具有巨人的性格，巴西，你美丽、坚强，充满勇气，你的前程无比辉煌。……亲爱的祖国巴西！你使我们热血沸腾，啊亲爱的祖国巴西！”

世界上众多国家，如亚洲、非洲和拉丁美洲国家的国歌均忠实记录他们为保卫祖国，为民族独立、民族解放和民族振兴而斗争的可歌可泣的历史。

记录时代风云

世界上一些国家随着政权的更迭、时代的变迁，国歌也不断变化，如实记录时代变革的历史进程。俄罗斯国家的国歌经历多次的变化。

在十月革命后，苏联废除了沙俄时代的国歌《上帝啊！保佑沙皇》，以《国际歌》作为国歌。1944 年以正式国歌代替《国际歌》，歌词赞扬了“伟大的列宁指明路程，斯大林教导要忠于人民，他鼓励我们去建立功勋。”那是人类历史上出现的第一首社会主义国家的国歌。赫鲁晓夫上台后，规定只演奏歌曲，不唱歌词。勃列日涅夫执政后于1977年修改宪法，同年也修改了国歌歌词，随后起用新的国歌。新国歌删去了那些赞扬斯大林的词句和第三段歌颂苏联红军的内容。1991年叶利钦上台，确立了三色国旗和以双头鹰为图案的国徽，接着他选中了19世纪“俄罗斯大音乐家”格林卡的作品《爱国者之歌》为临时国歌，但没有配词。1998年杜马中的共产党人投票倡议重新使用《牢不可破的联盟》为国歌，那首歌曲产生于1943年，当时苏联的大部分欧洲领土正被纳粹德国占领，就是这首催人奋进的进行曲鼓舞苏联人民反对外国侵略者，但倡议被叶利钦否决。

普京执政后表示，他倾向于恢复原苏联国歌为国歌，但歌词内容必须修改。2000年12月，俄罗斯立法沿用《牢不可破的联盟》为国歌，重新填词。2001年元旦零点，莫斯科红场第一次唱响了俄罗斯的新国歌，新国歌删去了一些意识形态的内容，弘扬了民族意识，引起人们的普遍关注。新国歌由三段组成，每段后面重复副歌，其歌词大意是这样：“俄罗斯，我们神圣的祖国，俄罗斯，我们可爱的国家，坚强的意志，无限的荣光，你的财富源远流长；从南海到北疆，森林和田野无限宽广，世界上只有你，你是神佑的可爱故乡；瞩望未来的时光，我们的生活充满希望。无论过去、现在、还是将来，对祖国忠诚赋予我们力量！”副歌：“赞美你，我们自由的祖国，你是各族人民友谊的堡垒。祖祖辈辈沉积的智慧，带领我们奔向胜利远方。”普京带领大家引吭高歌。俄罗斯国歌的变迁是时代变化的历史记录。

德国国歌是法勒斯雷本作词、约瑟夫·海顿作曲的《德意志之歌》，其第三段于1922年被魏玛共和国第一任总统定为国歌，至今沿用。

1841年，德国诗人冯·法勒斯雷本写了《德意志之歌》，第一段第一句便是“德意志，德意志高于一切，高于世界上的一切。”当时，德国尚未统一，小王国纷争割据，诗人想借此表达德意志人民期盼统一的心情。但二战后因写有德意志至上的国歌被禁唱。20世纪50年代初，德国国内对于是否还用它为国歌，进行激烈的辩论。1952年，《德意志之歌》依然定为德国国歌，但废弃第一段“德意志高于一切”的内容，只用原诗的第三段：统一、主权和自由，为了德意志祖国；让我们一起为了这个目标而努力，像兄弟那样团结起来，献出我们的双手和真心。此后，在各种正式场合演唱或播放德国国歌时，都只用第三段歌词，摒弃“德国至高无上”的词句。国际上不时出现“德国国歌风波”，都是因为演唱或播放了已废弃第一段国歌歌词所致。

国家和国旗赞歌

许多国家国歌歌词充满激情，赞美他们的国家的光荣历史和锦绣河山、抒发他们的爱国思想、政治方向和革命目标；有的则歌颂他们的传统文化、地理风貌、风俗生活、宗教信仰和民族性格等等，例如印度的国歌《人民的意志》、挪威国歌《我们热爱这片土地》、瑞典国歌《你古老你自由》、澳大利亚的国歌为《前进的澳大利亚》等，都是热情洋溢、浮想联翩、诗意盎然的赞歌。

《人民的意志》于1950年1月24日由印度制宪会议正式通过为印度国歌，其歌词是印度著名作家泰戈尔用孟加拉文写的一首诗，这首诗于1911年创作，次年公开发表，后由作者谱曲，它是一篇向印度命运的主宰者祈求赐福的祷文，是一首深情动听的诗篇，它唤起人们的爱国情绪，争取自由斗争，圣雄甘地曾给予它高度评价。

孟加拉国的国歌《金色的孟加拉》，采用印度诗人泰戈尔的诗，其中有一段歌词是这样：“啊，我的金色的孟加拉，我爱你。啊，我的母亲，我心里永远歌唱你的蓝天，你的空气，你的蓝天，你的空气。金色的孟加拉，我的母亲，我爱你。在那十一月和十二月里，芒果林中清香扑鼻，使我心醉，使我神迷。十一月和十二月里，芒果林中清香扑鼻。在那九月里和十月里，稻谷一片金黄，长得无比温柔，无比美丽。”

美国国歌是《星条旗永不落》。巴尔的摩城是美国国歌的诞生地，那里的人们为此感到自豪和骄傲。1814年，英国军队在火烧华盛顿之后，从海上和陆路同时向巴尔的摩城发起进攻。英国军舰对守卫巴尔的摩内港的美军进行炮击。9月13日，一个名为弗朗西斯·斯科特·克伊的青年律师，为交涉营救一位被英军俘虏的医生，登上停泊在切萨庇克海湾的英国军舰“明顿”号，英方同意其要求上了军舰，但当时英方正在备战，部署攻击马克亨利要塞，为了保密，把他扣留在军舰上。这位青年在船上度过了一夜，这一夜里他目睹英军通宵达旦地向要塞开火，心情焦急，忐忑不安地望着连天的炮火，担心美军会遭受损失，黎明时分，他兴奋地看到在炮火烟雾弥漫中的星条旗依然飘扬在要塞上空，对此他感慨万分，挥笔写出下《星条旗永不落》一诗。其中一段这样写着：“哦，你可看见，透过一线曙光，我们对着什么，发出欢呼的声浪？谁的阔条明星，冒着一夜炮火，依然迎风招展，在我军碉堡上？火炮闪闪发光，炸弹轰轰作响，它们都是见证，国旗安然无恙。你看星条旗不是还高高飘扬在这自由国家、勇士的家乡……”

《星条旗永不落》歌颂美军顽强抵抗英军的英雄事迹，立刻引起轰动。1931 年 3 月 3 日，美国国会决定将这首诗作为美国国歌歌词。

君主颂歌

英国国歌《神佑女王》其中一段歌词“上帝保佑女王，祝她万寿无疆，神佑女王。常胜利，沐荣光；孚民望，心欢畅；治国家，王运长；神佑女王……”这是历史长久的君主立宪制国家的国歌。沙特阿拉伯的国歌《我们敬爱的国王万岁》，日本国歌《君之代》出自《古今集》贺歌，年代久远。苏丹的国歌也是祝颂苏丹的赞歌。泰国国歌《颂圣歌》原为皇家颂歌，供国王和王后到场时演奏之用，音乐是 1872 年为国王拉玛五世作的。现在的歌词是 1913 年改作的，1934 年被定为国歌。另一曲也作泰国国歌使用，其大意为：“我们泰国的勤劳人民，相亲相爱，大家一条心。永远不忘互相尊敬，团结起来，保卫和平，手携手，一同前进。我们不怕战争，愿意为祖国作出牺牲，不惜献出我们的生命。”外国元首和政府首脑访泰，泰方奏此国歌。1976 年泰国总理访华时，在宴会上演奏《颂圣歌》，在机场则演奏另一曲国歌。

国歌象征一个国家和民族的尊严，世界上很多国家均有明文规定，公民必须热爱国歌，自觉维护国歌的庄严，以严肃的态度演奏或演唱国歌，并从中得到爱国主义教育。

大熊猫的特殊“使命”

世界上不少国家有象征本国的国兽，有的国家对于国兽虽然没有明文规定，但在传统上把一种深受人们喜爱的动物当作国兽。中国把大熊猫当国兽，称它为“熊猫大使”，常担负和平友谊的使命出国。大熊猫的特殊“使命”功不可没，它见证了新中国外交史上值得书写的篇章。

中国国宝大熊猫

大熊猫是中国特有的珍贵动物，深受世界人民的喜爱。大熊猫体型肥硕似熊，憨态可掬，头圆尾短。头部和身体毛色绝大多数为黑白相间，即鼻吻端、眼圈、两耳、四肢及肩胛部为黑色，头颈部、躯干和尾巴为白色，腹部淡棕色或灰黑色。其体长 120—180cm；尾长 10—20cm，白色；肩高一般为 65—70cm；体重 60—125kg。背部毛粗而致密，腹部毛细而长。

大熊猫栖息于长江上游各山系的高山深谷，那里气候温凉潮湿，它们是一种喜湿性动物。它们活动的区域多在土质肥厚、森林茂盛、箭竹生长良好、气温相对较为稳定、隐蔽条件良好的地方。大熊猫居住于海拔 2400—3500 米的高山竹林中，食物主要是高山、亚高山上的数十种竹类，偶食其它植物，大熊猫日食量很大，每天还到泉水或溪流饮水。

大熊猫的食谱非常特殊，几乎包括了在高山地区可以找到的各种竹子，大熊猫独特的食物特性使它被当地人称作“竹熊”。在野外，除了睡眠或短距离活动，大熊猫每天取食的时间长达 14 个小时，一只大熊猫每天进食 12 至 38 公斤食物。

大熊猫不会冬眠，怕热，不怕冷，会爬树，会游泳。大熊猫的听觉很灵敏，嗅觉也很灵敏。大熊猫长期生活在深山密林之中，大部分熊猫的视力很差，它们是天生的近视眼。大熊猫的祖先是食肉动物，至今它们仍然保留着祖先的一些特性，有时候，仍然要吃肉。大熊猫长得可亲，受到人们的喜爱。

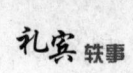

“熊猫大使”履新

大熊猫已成为中国人民友好的使者，它们漂洋过海，传播友谊，被称为“友好大使”，大熊猫自然而然有着特殊“使命”。朝鲜、美国、英国、日本、法国、德国、墨西哥和西班牙等国均有中国大熊猫。

韩国《中央日报》曾报道，象征中国的熊猫很早以前就开始担任“动物外交官”。中国“熊猫外交”源于公元 685 年唐朝武则天向日本赠送的 1 对熊猫。现代大熊猫被称为中国的“熊猫大使”“友好大使”，积极促进了中国与外国的友谊和相互了解。据记载，从公元 685 年到 1982 年，中国一共向国外赠送了约 40 只大熊猫。

上世纪 50 年代，中国向苏联赠送了 2 只熊猫；60 年代，朝鲜相继获得 5 只大熊猫；70 年代，向美国（1972 年）、日本（1972 年）、法国（1973 年）、英国（1974 年）、西德（1974 年）、墨西哥（1975 年）和西班牙（1978 年）相继赠送大熊猫。

这些国家获得大熊猫时，他们的国家领导和人民都欣喜若狂，庆幸万分。1972 年 2 月，美国总统尼克松访华，他在北京举行盛大答谢宴会。在宴会将结束时，周总理同尼克松夫人说，我们完全理解美国人民很希望有中国最珍贵动物——大熊猫，尽管我国目前饲养的熊猫也非常少，但考虑到美国人民的强烈愿望，我们决定赠送 1 对大熊猫给美国。尼克松夫人将信将疑地问周总理，这是真的？周总理点点头，尼克松夫人十分高兴地告诉在旁的尼克松总统，随即在主桌上的尼克松起身为此特大喜讯举杯，并感谢中国的慷慨和好意。这一喜讯震惊了在场的中外记者。美国记者抢到这个消息，马上离开人民大会堂宴会厅发稿去了。

中美关系刚刚破冰，中国就赠送了 2 只大熊猫玲玲和兴兴，它们来到位于华盛顿的美国国家动物园，作为首批使者，开始两国之间的民间熊猫情缘。目前共有 4 对熊猫“夫妇”和 4 个熊猫宝宝分别住在美国 4 家动物园内，每天迎接来自美国各地的熊猫爱好者，给美国人民送去欢笑和友谊。

1982年之后，大熊猫生态环境恶化导致其数量急剧减少，中国停止了向外国赠送大熊猫的做法。1984年后，开启了“熊猫租借”方案。中国短期内给外国动物园租借大熊猫，对方支付租金。后来停止了以商业目的租借大熊猫的做法，代之以“大熊猫合作繁殖”的名义，给外国租借熊猫，通常以10年为期。目前，奥地利、泰国、马来西亚也各有2只大熊猫，新加坡也获租1对大熊猫。

当前，熊猫面临绝种危险，据报道，全球只剩下1900多只。为宣传大熊猫，人们呼吁世界采取措施，保护熊猫。随后，不少“熊猫爱心大使”也诞生了。

据记载，目前全球已有12个国家的17个动物园与中国建立了大熊猫长期合作研究关系，共有43只大熊猫（含出生幼崽）在海外，其中41只所有权属于中国，另外有2只生活在墨西哥的大熊猫，是此前中国赠送墨西哥大熊猫的后代。

1972年，中国向日本赠送大熊猫菲菲和欢欢。1985年这对大熊猫生下“女儿”童童，1988年生下“儿子”悠悠，但童童虽到婚龄，在日本却没有配偶，经双方友好协商，决定在中国为童童招“女婿”（“女婿”叫陵陵，1985年9月5日生于北京动物园），同时让悠悠回归中国故乡。1992年4月6日至10日，中共中央总书记江泽民应日本政府的邀请访问日本，宫泽首相在首相官邸举行盛大欢迎宴会前，举行中日熊猫互换仪式。仪式上中国驻日本大使杨振亚将陵陵的相片交给日本东京知事铃木俊一；东京知事铃木俊一则将悠悠的相片交给中国驻日本大使杨振亚。那次江总书记一行访日，笔者作为礼宾官随行，很高兴见证中日熊猫互换仪式的隆重场面。

中国大熊猫出国主要有三种途径：1982年以前是赠送，1984年改为租借，现在是开展合作繁殖大熊猫。尽管大熊猫出国途径不同，从事友好活动却是一致的。人们称此为“熊猫外交”，为新中国外交写下光辉的一页。

大熊猫享受“国宾”待遇

国宾级待遇通常会提供给国家元首、政府首脑及具有突出贡献的人士。据法国媒体报道，2012年1月，中国租借给法国的大熊猫欢欢和圆仔由美国联邦快递公司波音777飞机和专车，从中国运达巴黎博瓦勒野生动物园。两位熊猫“特使”不但登上了法国的专机，还享受到了红地毯的“国宾待遇”，受到法国内阁部长以及中国驻法大使等的特别迎接。博瓦勒野生动物园相关负责人鲁道夫·德罗德表示：“大熊猫是中国的国宝，代表了中国政府和人民的友谊，表明中国对法国的友好和信任。所以我们以外交贵宾的标准来迎接它们。”

2014 年 2 月 23 日，中国 4 岁的雌性大熊猫“好好”和雄性大熊猫“星徽”乘坐专机抵达比利时首都布鲁塞尔，开始了它们在比利时为期 15 年的大熊猫国际科研合作之旅，布鲁塞尔机场给予它们最高级别的欢迎。

抵达时，人们看到“星徽”和“好好”搭乘的专机机身上，装饰着 2 只熊猫和竹子的图案，写着“好好”和“星徽”的名字。专机在停机坪上滑行的同时，两辆消防车用高压水枪对专机进行了“接风洗尘”的仪式，这是布鲁塞尔机场给予贵宾的最高欢迎的礼仪。

比利时首相迪吕波、副首相兼国防大臣德·克莱姆、副首相兼养老金大臣德克罗等比利时政府高官，中国驻比利时大使等都到机场迎接。比利时首相在现场发表讲话，迪吕波说：“对我们的国家来说，这是一个巨大的荣耀和骄傲。我代表比利时政府感谢中国政府，同意与比利时及全体比利时人民分享中国国宝。中国同意将 2 只熊猫租借给比利时 15 年，这个时限比惯例长很多，这个事实充分表明了中国与比利时之间的彼此信任以及愿意加强双边关系的意愿。”中国驻比利时大使在致辞中表示，他相信“好好”和“星徽”会不辱使命，为两国人民友好交往续写佳话，也希望它们能够在比利时生儿育女，培养中比友好的接班人。“好好”和“星徽”当天就安顿在比利时布吕热莱特市天堂动物园的新家。

国外的大熊猫都有中国名字

大熊猫在中国对外交流史上，扮演着极为重要的角色。它们生活在世界各地，据报道，目前共有 45 只中国籍大熊猫生活在海外，很有趣，它们都有中国的名字，例如，美国的“美仑”“美奂”“云子”“小礼物”“白云”“高高”“贝贝”“伦伦”“洋洋”“美香”“添添”；日本的“樱滨”“桃滨”“真真”“力力”“仙女”“比力”“永明”“良滨”；英国的“阳光”“甜甜”；法国的“圆仔”“欢欢”；奥地利的“龙徽”“阳阳”“福豹”；西班牙的“冰星”“花嘴巴”“星宝”；新加坡的“凯凯”“嘉嘉”“武杰”“沪宝”；泰国的“林惠”“冰河”；马来西亚的“兴兴”“靓靓”；澳大利亚的“网网”“福妮”；加拿大的“大毛”“二顺”；韩国的“爱宝”和“乐宝”等。

海外大熊猫的名字承载两国人民的情谊，也符合大熊猫在外交中所起的角色意义。给这些大熊猫起个朗朗上口的名字，反映出它们极为可爱的特点。新加坡有“凯凯”和“嘉嘉”，为纪念新加坡和中国建立外交关系 20 周年，中国将这 2 只大熊猫租借给新加坡。这 2 个名字让人觉得温暖："嘉”不仅音似“家”，而且还和“新加坡”的第二个字读音相同，“凯”有凯旋的意思，也是新加坡常见的中文名。

甚至连那些生于中国之外、人工养殖的大熊猫也以中文命名，就像 2003 年出生在美国圣迭戈动物园的大熊猫一样，它被命名为“美生”，意为“生于美国”。

各国外交“国服”大不同

外交使团被人们称为穿礼服的人群。外交官的服饰，在某种程度上代表着一个国家的形象。在国外，大家辨认陌生人的国籍，除了肤色就是看其穿戴的服饰了。

我与中山装

各国外交官的衣着都有严格的要求。记得1965年我大学毕业进外交部礼宾司报到第一天，领导就很关心我的“形象工程”，让我向行政司仓库管理处借冬、夏中山装各一套。当时，中山装为我国对外正式礼服。外交部干部的礼服几乎穿着清一色的黑色和深蓝色的中山装。蓝色的中山装人们称“北京蓝”，我也喜欢这种“北京蓝”中山装，那时北京晴朗的天空万里无云，碧空如洗，一望无际，一片蔚蓝。

后来我了解到，中山装是以革命先行者孙中山命名的男用服装，上身左右各有两个带盖子和扣子的口袋，下身是西式长裤。中山装的形制分别寓意为：前身四个口袋表示国之四维(礼、义、廉、耻)，前襟五个纽扣象征五权分立(行政、立法、司法、考试、监察)，袖口三粒纽扣表示三民主义(民族、民权、民生)，后背不破缝则表示国家和平统一之大义。

为接待来访国宾，礼宾司同事几乎每个人在司里衣橱里存有两套“国服”。当时我也存两套“国服”，以便及时换装上阵，两套中山装挺管用。

1969年3月我被调至中国驻卡拉奇总领事馆工作，1975年调回外交部礼宾司。1978年1月26日，邓小平副总理对缅甸进行正式访问，我荣幸随行。这次访问举世瞩目，那是中国人民胜利粉碎“四人帮”之后第一位中国高级领导人出国访问。外国媒体也纷纷对邓副总理的出访进行报道和评论。外电说，邓小平这次出访，标志着中国同周边国家的睦邻友好关系将得到全面的改善和发展。

访问前我做了很多准备工作。我特意前往东交民巷“红都”店订制两套中山装，一套是黑色，另一套是浅蓝色，随邓小平副总理正式访问缅甸。

访问结束后，这两套中山装成为我接待访华国宾的“礼服”，我换着穿这两套中山装进出钓鱼台国宾馆。

周总理喜欢穿着中山装，给我留下不可磨灭的印象。他喜欢用国产衣料做成的中山装，他常穿一套浅灰色的中山装，还有一件灰色春秋夹大衣和一件浅藏青色海军呢冬大衣。他认为中山装最能够表现中国人的面貌。上世纪60年代初，海外出版一本周恩来传记，书名是《穿灰色衣服的伟人》，说他的穿衣方式也反映了他的性格，那就是规矩严整，清洁平展，认真仔细，一丝不苟。

1971年10月25日，联合国第26届大会通过决议，恢复中华人民共和国在联合国及其一切机构的合法席位。出席联大的中国代表团出发前夕，周总理接见代表团，还嘱咐代表团成员的注意服饰穿着，说出席正式会议时，中国代表要穿中山装，不要穿西服。他说，你们可是代表中国啊！

后来随着时间的推移和礼仪简化，外交部干部开始穿着清一色的“国货西服”。我被派往中国驻日本大使馆工作时，也加入西装革履的行列。在我记忆里礼宾司没有正式通知西装为“国服”。1983年11月，时任中共中央总书记胡耀邦访问日本，当时我在驻日使馆工作，参加接待。我记得当时胡总书记身着西服在日本电视中亮相，震惊了日本观众。这意味着中国领导人对外不一定穿着“正式服装”——中山装。事实上，那时中国领导人在国内会见外宾时也开始穿着西服了。

在对外正式活动中，中国的女外交官大多身着西服，在国庆招待会等大型活动时，也有选择穿旗袍的。旗袍是我国的民族服装，雅致大方，不仅深受中国妇女青睐，也越来越受到外国朋友的喜爱。

虽然穿着有了变化，但我还是念念不忘那两套中山装。1994年3月我被任命为中国驻古晋总领事，赴任时我也带上两套中山装备用，有时我也根据情况，穿着中山装出席外交活动。

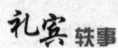

如今我退休了，这两套中山装还珍藏在我衣橱里，它们珍藏着我随邓小平副总理访问缅甸的美好记忆。

中山装是社会的一种历史，一种文化，一种生活。中山装也是外交官的一种心路，一种记录。对于中山装我几乎一辈子都不会忘记，它承载了我很多的希望和欢喜，也记录了我很多的经历和故事。

风格独特的各国国服

世界上不同国家和民族在举行正式礼仪活动时，都会按照各自习俗穿戴正式的礼服。

西方国家传统的礼服，男士的分为晨礼服、便礼服和燕尾服，女士的分为常礼服、小礼服、大礼服。

俄罗斯联邦颁布的外交官正式礼服为黑色的双排扣礼服，礼服的领子上方及袖口处绣有金色的花纹，扣子也是金色的，上面是压制而成的国徽图案，保留了苏联时期外交官礼服的颜色、式样及花纹，礼服的衣料采用薄的毛料。大使以下的外交官，其级别可以通过领章上星星的数目判断，如一级公使为三颗星，二级公使为二颗星等等。

中东地区阿拉伯国家外交官的礼服多为阿拉伯大袍。男士身着大袍，外加披风，包头巾上戴头箍。阿拉伯大袍多为白色，衣袖宽大，袍长至脚，除白色外也有深蓝、深灰、深棕色和黑色。对生活在炎热多雨地区的人们来说，大袍有着无法取代的优越性，具抗热护身的优点。大袍在吸收外来热量的同时，里面形成一个通风管，空气自下而上流通，让人体感到凉爽。阿拉伯地区的国家元首、政府首脑和高级外交官一般都穿大袍出席庆典。

和服被称为日本的国服。女士身着和服走动时就如同一块前后晃动的画布，因此和服在日本又被称为“赏花幕”。据史料记载，公元8世纪中国唐代的服饰传入日本，对日本的和服形成产生很大影响。今天日本的和服，大约是在600年前基本定型的。和服的图案与色彩以反映大自然的居多，款式纷繁，四季不同，又有婚、宴、丧、礼之分。

韩服被誉为韩国国服。传统的韩服相当华丽，男士多身着长裤、肩被外套、头戴纱帽、脚穿木靴；女子则普遍穿着红裙和黄短衣，并且以发簪和飘带为配饰。韩服种类繁多，有节日服、婚礼服、花甲宴服等。

印度的国服，男士的称“托蒂”，女士的叫作“纱丽”。“托蒂”是一块三四米长的白色布料，从腰间缠起，裹至膝部或脚部。“纱丽”是印度妇女最钟爱的一种服装，据说已有四五千年的历史。一块一米多宽、五六米长的布料，通常自腰部缠起，绕过胸前，一端搭在肩上。“纱丽”庄重、雅致、大方、美丽，印度有“诗国”之称，“纱丽”被称为印度国服的诗。随着社会的发展，男士的除“托蒂”外，通常在上身加上宽大的衬衣，名为“古尔达”；女士的上身配上了“杰姆普尔”的紧身胸衣，下身配以“贝蒂戈尔”的衬裙。

东南亚国家地处热带，那里人们的穿戴要适应炎热气候的特点。越南的国服称为“奥黛”，男子穿着“奥黛”长衫和裤子，女子的“奥黛”由上衣和裤子组成。上衣像中国的旗袍，长至膝盖，两侧腰身收紧，从腰部开叉，下身配一条白色或是同花色的裤子。越南的妇女对“奥黛”情有独钟。

印度尼西亚的国服称“巴迪”。印尼政府规定，凡参加全国性重大节庆，政府官员都必须穿国服——“巴迪”，男士穿“巴迪”长袖上衣，头戴“北芝”帽，脚穿皮鞋；女士上身穿“格巴雅”民族服饰。

在马来西亚，当地男士的国服也叫“巴迪”。“巴迪”设计优美，款式别致，以图案讲究对称而闻名，其编织手法细腻，有的为蜡染布制成，有的以丝绸作原料，质地虽有不同，但大多宽大轻薄。“巴迪”有长袖、短袖之分，出席晚宴者穿着长袖“巴迪”。笔者曾任中国驻古晋总领事多年，为了入乡随俗，出席当地外事活动时常常穿着“巴迪”前往，很受当地人欢迎。传统的马来妇女服饰由上衣和纱笼构成，上衣衣宽袖长，纱笼长达足踝。马来妇女穿着传统服装时，还会在头上披一条颜色艳丽的薄纱巾，纱巾垂挂至肩膀或胸前。

国服风采各异，宛如地球村中争奇中斗艳的百花，各国外交官身着各国国服在一起，象征世界丰富多彩的多元文化。

APEC 峰会上的“服装秀”

APEC 独具特色的领导人非正式会议自 1993 年以来一年举行一次，第九次会议在中国上海举行，2014 年 APEC 峰会在北京举行，21 个 APEC 成员领导人相聚一堂，举行非正式会议，各抒已见，谈笑风生，他们不签订任何协议，但他们的承诺和共识以及宣言等本身却具有极大的权威性。

领导人非正式会议其特点之一是连服装也是非正式的，令人难忘。他们像度假和休闲一样，不穿西装，不打领带，可以任其所好。克林顿总统曾穿着牛仔裤出席第一次会议，随后每年一次的非正式会议“APEC 成员”领导人穿着也随意，东道主按照惯例为他们提供东道国具有民族特色的服装，他们照起相来自然而然便成为服装秀。

历届“服装秀”回顾

1994 年，APEC 在印尼茂物举行。印尼总统苏哈托量体裁衣，为每位领导人做了一件巴迪衫（BATTIK，一种蜡染印尼衬衣），花色各异。各位领导人登场，集体照相时，可谓百花齐放，走动时他们宛如演出一场巴迪衫服装秀。次年，APEC 在日本大阪举行，领导人穿着都比较随意。1996 年，APEC 在菲律宾苏比克举行，菲律宾总统拉莫斯曾送每位领导人一件巴隆（菲国服）。这种丝质衬衣，长可及臀，领口也可以扎领带，长袖，袖口如同西服上装，前领口直到下襟两侧，都有抽丝镂空图案，花纹各异，颇为大方。上世纪 50 年代初，这种服装被正式推为菲律宾男子的国服，成为外交场合、庆祝活动和宴会的正式礼服。

1997 年，APEC 在加拿大温哥华举行，加拿大总统克雷蒂安送给出席者每人一件特别的牛皮夹克。次年，APEC 在吉隆坡举行，东道主马来西亚给每位客人送了一件色彩艳丽、极富热带情调的马来巴迪衬衫。

1999 年，APEC 在奥克兰举行，领导人的“制服”是由新西兰的优质羊毛制成，包括一件帆船茄克、一件长袖马球衬衣及一条黑裤。

2000 年，APEC 在文莱举行，各国领导人穿的是一种最具文莱特色叫“MIB”的宝蓝色衬衫。2001 年，APEC 在上海举行，中国唐装成了本届 APEC 会议领导人的服装，不少领导人选择了中式红色锦缎唐装。2002 年 APEC 在墨西哥举行，领导人服装是墨西哥东南沿海地区印第安人爱穿的“瓜亚贝拉”的白衬衫。“瓜亚贝拉”为小翻领，四个贴兜，胸前衣襟上绣有花纹，长袖，多为浅色，墨西哥男子爱穿此服装。“瓜亚贝拉”既可在一般场合穿着，也可以作为参加重要活动的正式服装。

2003 年，APEC 在泰国举行，东道主为各位领导人制作民族服装的面料为泰丝，这种织入金线的丝绸以前是泰国皇室的专属服装，后来也为平民穿着。2004 年智利圣地亚哥会议，各成员领导人身着智利传统民族服饰“查曼托”在智利总统府内院集体合影留念，这次领导人穿着传统的套头披肩“查曼多”。据说，每件衣服需要巧妇连续工作四个月时间才能做成。

2005 年和 2006 年，APEC 分别在韩国釜山和越南河内举行。韩式大褂“图鲁马吉”和越式“奥黛”的越南服饰登场。2009 年，APEC 各成员领导人身穿精心设计的新加坡传统服装，在“新加坡之夜”上集体合影。2013 年的东道主印尼把峰会带去了巴厘岛，重新恢复了“巴迪衫”特色服装。

每年 APEC 会议，领导人会穿什么样的传统服饰亮相，都是人们关心的焦点。人们都热切期待一年一度的 APEC 服装秀登台。事实上 APEC 峰会领导人穿上东道主的民族服装，共同会见记者，顿时会给人一种“大家庭的和谐与兴旺气氛的感觉”，引起全世界瞩目，所以人们称它为全家福服装秀。

“新中装”之新

人们说，2014 年 APEC 北京峰会“更上一层楼”。2014 年 11 月 10 日，北京峰会各成员领导人出席在国家游泳中心“水立方”举行的 APEC 领导人欢迎宴会。宴会前他们穿着“新中装”拍下了具有浓郁中国特色的亚太大家庭“全家福”。习近平主席、美国总统奥巴马、俄国总统普京三国领导人当晚不约而同都选择“皇家紫”中式服装，引人注目。其他成员和配偶“新中装”也吸引了世界人民的眼球。“新中装”是一系列展示中国人新形象的中式服装。在北京 APEC 领导人都着“新中装”，中国人看起来很顺眼，也倍感亲切。

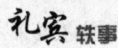

这套中式服装款式分为三种：男领导人为立领、对开襟、连肩袖，提花万字纹宋锦面料、饰海水江崖纹上衣；女领导人为立领、对襟、连肩袖，双宫缎面料、饰海水江崖纹外套；女配偶为开襟、连肩袖外套，内搭立领旗袍裙。

“新中装”其根为“中”，其魂为“礼”，其形为“新”，合此三者，谓之“新中装”。“新中装”是用“海水江崖纹”的设计，赋予 21 个经济体山水相依、守望相护的寓意。它体现中国人的气质和向往，上善若水，和谐一致，共圆亚太梦。

“新中装”之新在于服装设计的新思路：在继承中创新，在创新中继承。“新中装”不仅体现中国传统元素，例如，有着悠久历史的服装——唐装、旗袍等非常精细的制作方法，同时在对中国元素的使用上，用现代化和国际化的手法来表现，彰显东道国的文化内涵，展现大国风范，又尊重和融入其他国家及民族的元素。

这次北京 APEC 峰会意义重大，历史影响深远。“新中装”与这次 APEC 峰会主题吻合，其主题是共建面向未来的亚太伙伴关系。这次 APEC 会议的三大议题之一就是促进创新发展，推动经济改革和增长。“新中装”体现中国人民改革创新的精神，承前启后，开创未来成为各位领导人共同的目标。

喜人抢眼的唐装

2001 年，APEC 峰会在上海举行，此届 APEC 会议的领袖们选择了中式锦缎唐装。当年 APEC 峰会领导人活动多在上海国际会议中心或在上海科技馆举行。迎宾仪式、领导人集体合影、领导人与工商咨询理事会对话会、江泽民主席为与会的各经济体领导人举行欢迎宴会、观看焰火表演、领导人举行的非正式会议等，他们穿着中式唐装，在科技馆前再次集体合影，全家福唐装秀留下了永恒的纪念。在以长城画为背景向媒体宣称领导人宣言，更凸显APEC峰会在中国召开的寓意。在峰会上，中美和中俄领导人的双边会晤成为抢眼的镜头。

在APEC上海峰会上江主席选择了中式红色锦缎唐装，红色象征着热情好客的中国人民。

唐装泛指所有“中式服装”，而非仅指“唐朝服装”，正如“唐人”一词泛称中国人一样。有文献记载：“唐人者，诸番呼华人之称也。凡海外诸国尽然。”据此，“唐人–唐人街–唐装”大致是泛指的。从狭义上说，唐装是指APEC会议各位领导人所穿“唐装”，其时款式基本上是清末中式着装风格，其款式结构特点：一是立领、一是连袖、一是对襟、一是盘扣，其面料主要使用织锦缎面料。

唐装代表了中国传统文化，体现穿着者对中华民族、文化的认同。记得自APEC上海峰会后还刮起中国唐装风，使唐装这个古老的国粹走进21世纪的现代生活。

唐装喜人抢眼，媒体说中国领导人 在APEC会议上“更抢眼”，言之有理。中国经济的迅速崛起引起世界的关注，给亚太经合组织带来明显的影响。中国领导人在APEC大阪会议提出了开展经济合作的五项主张，是中国对APEC做出的重要而独特的贡献，受到APEC成员和国际舆论的广泛欢迎和赞赏。

从2001年上海APEC峰会的唐装到2014年北京APEC峰会的“新中装”，它们见证了中国在APEC中的重要角色，也见证了时代的变迁。

后　记

《礼宾轶事》新书出版了，我感到十分庆幸，这本既可丰富自己又可启迪他人的书，出版很有意义。我只是将亲身经历的一些事情，平实白描地记录下来，不求面面俱到，只求真实准确。但愿此书的出版对社会有益，对外交和礼宾人员有参考价值。

我再次感谢外交部老干部笔会会长蔡方柏大使为此书写了序言。在撰写此书过程中令我尤其感动和难忘的是，外交部老干部笔会常务副会长刘新生大使为我的新书出版给予大力的支持和宝贵帮助。同时我得到五洲传播出版社的大力支持和指导，尤其是该出版社图书出版中心高磊副主任，工作高度认真负责，为该书出版做了很多有益的工作，《世界博览》编辑多国丽热情支持和具体帮助，外交部老干部笔会审书小组的全力支持，我谨在此向他们表示诚挚的感谢。

我的夫人胡爱真同志，她关心并积极支持我写完书稿，通读书稿很多文章，提出多处建议，我特此表示谢意。

书中必有不足或遗漏之处，请读者批评指正。